한국 교회 처음 여성들

믿음이란
한 알의 밀알이 땅에 떨어져 죽음으로 많은 열매를 맺음과 같이
진리의 열매를 위하여 스스로 죽는 것을 뜻합니다.
눈으로 볼 수는 없으나 영원히 살아 있는 진리와
목숨을 맞바꾸는 자들을 우리는 믿는 이라고 부릅니다.
「믿음의 글들」은 평생, 혹은 가장 귀한 순간에
진리를 위하여 죽거나 죽기를 결단하는
참 믿는 이들의, 참 믿는 이들을 위한 참 믿음의 글들입니다.

한국 교회 처음 여성들

개화기 여성 리더들의 **혈전**의 역사

이덕주 지음

홍성사

"이름도 없이 빛도 없이 복음과 민족을 위해
몸 바쳐 수고하신 이 땅의 어머님들께 이 책을 바칩니다."

여는 글

남성이 여성 이야기를 쓰게 된 내력

1990년 9월 기독교문사에서 이 책이 처음 출판될 때 다음과 같이 서문을 시작했다.

"요즈음 여성신학이 꽤나 인기 있는 듯하다. 민중신학과 함께 제3세대 신학으로 자리를 잡아 가는 느낌이다. 우리 주변에도 여성신학에 관심을 두고 공부하는 사람이 많아졌다. 여성신학은 한국의 신학을 더욱 풍요롭게 해 줄 것임에 틀림없다.

그러나 '남성'인 나는 한국에서 여성신학 하는 분들께 소박한 바람이 있다. 여성신학의 구조나 방법론에 대해 말하는 것이 아니다. 재료의 문제다. 이제는 '우리 것'에 관심을 두어야 할 때가 아닌가? 여성신학이 수입 신학의 한계를 벗어나야만 한국 여성들에게 의미 있는 신학이 될 것은 분명하다. 그런 의미에서 한국에서 여성신학 하는 분들이 우리 것, 특히 '한국 기독교 여성들의 신앙체험과 삶'에 좀더 깊은 관심을 가져 주길 바란다. 한국 여성신학의 출발을 이 땅에서 하자는 말이다."

그 무렵 서구에서 신학을 공부하고 돌아온 여성신학자들을 통해 한국 교계와 신학계에 여성신학이 소개되고 본격적인 연구와 토론이 진행되고 있었다. 그런데 평소 '토착화 신학'에 관심이 깊던 나는 여성신학을 논하는 분들이 지나치게 서구 중심의 자료와 방법론을 취하는 것을 보며, '과연 문화와 환경이 전혀 다른 한국 교회 여성들의 지지를 얻을 수 있을까?' 하는 의구심을 갖게 되었다. 그래서 '여성신학의 토착화'를 기대하는 마음으로 주제와 방법론은 서구에서 배워 온다 해도, 재료와 내용은 우리 것으로 하자는 호소를 하게 되었다. 즉, 이 땅에서 복음을 받아들여 삶으로 실천했던 우리의 할머니와 어머니, 언니(누이)들의 이야기로부터 한국 교회 여성신학을 풀어 가자는 의미였다. 이러한 생각과 바람 속에서 한국 초대교회사에 등장했던 여성들의 개종과 변화, 희생과 헌신을 담은 자료들을 찾아내고, 이를 한국 교회와 신학계에 소개하는 것을 집필 목적으로 삼게 되었다.

하지만 남성인 내가 여성들의 이야기를 쓴다는 것에는 한계가 있고 왜곡과 오해의 여지도 없지 않았다. 그럼에도 여성 이야기를 쓰게 된 데는 두 가지 이유가 있었으니, 첫째 여성 교회사학자들이 등장하기까지 공백을 메우기 위함이고, 둘째 남성 교회사학도로서 한국 교회사 서술에서 성적(性的) 균형을 유지하기 위함이었다. 예전에 비하면 많이 나아졌지만 아직도 한국 신학계에서 한국 교회사 분야가 차지하는 비중이 크지 않다. 그중에서도 특히 여성사의 비중은 극히 미약한 실정이다. 과거에도 그렇고 현재 한국 교회 구성원의 7, 80퍼센트가 여성인 것에 비해, 한국 교회 성장의 주역이었던 이 여성들에 대한 평가는 지극히 인색했음을 부인할 수 없다. 그렇게 된 데는 여러 가지 이유가 있겠으나 무엇보다 여성 교회사학자의 빈곤이 가장 큰 원인일 것이다. 그동안 한국 교회사를 정리한 학자들이 대부분 남성이어서 교회사 속의 여성의 몫을 애써 외면하거나 무관심했던 결과라 하겠다. 이에 여성의 시각으로 한국 교회사를 정리하고 서술할 여성 학자들이 나와서 남성 중심의 교회사를 교정해 주기를 기대하는 마음으로, 나는 한국 교회 여성사 자료를 소개하고자 했었다.

먼저 나 자신이 이 작업을 통해 '남성 중심적' 사고와 집필 태도에 상당 부분 교정받았음을 고백한다. 이 책 초판을 낸 직후 한국 감리교 여선교회 90년 역사를 정리한《한국 감리교회 여선교회의 역사》(1991년)와 감리교의 대표적 여성 사회복지기관인 태화기독교사회복지관의 70년 역사를 정리한《태화기독교사회복지관의 역사》(1993년)를 집필할 기회가 있었다. 그런데 원고의 독회 과정에서 여성신학에 일가견이 있는 편찬위원들과 토론을 하면서, 무의식적으로 드러나는 나의 남성 중심적 글쓰기 습관과 해석에 신랄한 비판을 받았다. 그 과정을 통해 남성이지만 여성을 이해하고 염두에 두면서 자료를 읽고 글을 쓰는 법을 배워 나갔다. 완벽하지는 않지만 양성 평등 시각에서 교회사를 정리하고 서술하려는 자세를 갖게 된 것이 가장 큰 소득이었다.

본래 이 글은 〈새가정〉과 〈생활신앙〉 같은 평신도 잡지에 연재했던 것이다. 학술적 논문 형식보다는 평신도들이 이해하기 쉽게 이야기 형태로 쓸 것과 그동안 잘 알려지지 않은 인물을 발굴하여 소개하는 것을 목적으로 했었기 때문에, 김활란·유관순·최용신·임영신·박현숙 같은 유명

인사들은 제외하였다. 이런 유명 인사에 대해서는 이미 여러 책과 관련 논문들이 나와 있기 때문이었다. 그래서 그동안 별로 알려지지 않았지만 앞서 언급한 유명 인물들에 뒤지지 않은 업적을 남긴 '무명'의 여성들을 발굴하고 소개하는 것에 초점을 맞추었다. 이런 원칙으로 선정하여 이 책에 수록한 인물은 크게 세 분야로 나눌 수 있다.

첫째는 '복음을 받아들인 처음 여성들'로 이들은 19세기 말 남성위주의 전제 봉건주의가 유세를 떨치던 시기에 용기 있게 복음을 받아들여 신앙의 빛에서 자신을 재발견하고 '여성 해방'의 기틀을 닦은 인물들이다.

둘째는 '민중과 교회를 위해 몸 바친 여성들'로 이들은 일제 시대 교회 발전과 사회선교에 헌신한 인물들이다. 사회사업과 문화사역, 여성 교육과 절제운동, 그리고 해외선교 등을 통해 교회 성장과 사회 변혁을 추구했던 이들이야말로 한국 교회뿐 아니라 일반사회의 '여성운동' 선구자라 할 수 있다.

셋째는 '민족과 나라를 사랑한 여성들'로 이들은 복음을 통해 자유와 해방의 가치를 체득한 후 한말과 일제 시대 민족 독립운동에 헌신한 인물들이다. 외세의 억압과 지배로부터 민족의 독립과 해방을 추구했던 이들 교회 여성들은 결코 남성에 뒤지지 않는 투쟁과 수난의 역사를 살았다.

절판된 책을 다시 내기까지

앞서 언급하였듯 이 책은 기독교문사에서 1990년에 초판을 내고 1993년 2쇄까지 낸 후 절판되었던 것이다. 오랜 세월 잊혔던 것을 이번에 개

정판으로 다시 출간하게 된 것은 전적으로 홍성사 편집부의 결단과 의지 때문이다. '잊고 살던 우리 조상들의 신앙 이야기'를 부활시켜 나태한 오늘 우리의 신앙 회복에 활력을 주는 것을 문서선교의 사명으로 여기는 젊은 두 여성 편집인이 절판된 이 책을 되살리기로 결심하고 나를 찾아왔다. 이미 한 번 나온 책이고, 내용에서도 추가할 게 별로 없다고 생각한 원고를 다시 출간한다는 것이 썩 내키지는 않았지만, 독자가 많이 없는 교회사 책을 출판하여 척박한 한국 교회사 분야에 관심을 불러일으키려는 젊은 편집인들의 요구를 거절할 수만은 없었다. 최근 들어 국내외 신학교에서 한국 교회 여성사를 전공하는 연구자와 학자가 늘어나면서 내용이 부족하지만 이 책을 간간히 찾는다는 사실도 출판을 결심하게 만든 요인 중 하나가 되었다.

초판 원고를 다시 읽어 보니 부끄러웠다. 그 사이 자료도 많이 발굴되었을 뿐 아니라, 16년 전 한국 교회사를 공부하던 초기에 쓴 글이라 내용에서도 적지 않은 오류가 발견되었고 표현에서도 미숙한 부분이 많았다. 한 달 정도면 수정할 수 있으리라 생각했는데 자료 검증과 내용 보충이 만만치 않아 수정 작업만 꼬박 세 달이 걸렸다. 그래도 아쉬운 점이 많지만 어차피 이 책을 처음 쓸 때 학술적인 연구보다는 평신도도 쉽게 읽을 수 있는 데에 주안점을 두었던 것을 감안해서 형식과 분위기는 초판의 것 그대로 살리고, 내용은 대폭 수정·보완하기로 했다. 그렇게 하다 보니 초판 때보다 원고가 많이 늘어났다. 초판 때는 잡지에 실린 원고를 그대로 인쇄하였기 때문에 각 인물별 원고 분량이 같았지만 이번에는 자료에 따라 원고 분량도 차이가 났다. 그래서 내용상 중복되는 면이 있는 몇몇 인물은 빼고 순서도 약간 바꾸게 되었다.

이 책을 낼 수 있도록 허락한 홍성사 정애주 사장님과 이번 출판에 동기와 용기를 부여해 준 편집부의 이현주 님, 한수경 님에게 감사한 마음이다. 모두 문서선교에 특별한 사명감을 갖고 계신 여성 출판인들이다.

그리고 이 책의 원고를 수정하는 기간 내내 18년 전에 돌아가신 어머님 생각이 떠나지 않았다. 오늘의 내가 있도록 낳아 주시고 신앙의 유산을 물려 주신 어머니 윤태신 권사는 이 책에 등장하는 초대교회 여성들이 공통적으로 겪었던 가난과 고난, 슬픔과 고독, 시련과 난관을 오직 신앙 하나로 극복하여 승리의 삶을 보여 주신 분이다. 때가 되면 어머니 이야기도 쓰고 싶다. 어머니 별세 후 부족한 동생을 위해 기도하며 어머니 역할을 해 준 나의 누님 이정희 장로, 멋없고 재미없는 남편을 언제나 밝은 웃음으로 대하는 아내에게도 고마운 마음뿐이다. 작년에 영국 유학을 떠나 셰필드 대학원에서 성서학과 여성학, 문화비평과 한국 교회사를 접목시켜 새로운 관점에서 '우리 할머니들의 신앙 이야기'를 풀어 보고 싶다는 나의 딸 용지에게 이 책이 조금이나마 도움이 되었으면 좋겠다. 어디 용지뿐이랴. 어두웠던 시절, 질곡의 삶 속에서도 복음의 빛으로 이 땅을 밝히며 살았던 우리의 할머니와 어머니와 누이들의 이야기에 관심을 갖고 귀 기울이는 모든 사람들, 그리고 오늘의 상황에서 그런 조상들의 이야기 속편을 살아가려는 모든 여성들에게 이 책이 조금이나마 도움이 된다면 더 바랄 것이 없겠다.

2007년 5월 8일 어버이날에
냉천골 감신대 만보재卍甫齋에서

이덕주

여는 글 6

I. 복음을 받아들인 처음 여성들

1. 여명기의 화덕
   휘장 세례의 주인공 전삼덕 20
2. 조선 여자의 해방 선언
   평양 전도부인 김세지 31
3. 여성운동의 여명
   보호여회와 진명여학교 창설자 여메례 45
4. 이름을 세 번 바꾼 여인
   한국인 최초 여성 의사 박에스더 57
5. 귀신의 포로에서 복음의 포로가 된 여인
   해주지방 전도부인 주룰루 67
6. 새로운 세상으로 통하는 열쇠
   이화학당 최초 한국인 교사 이경숙 85
7. 이 땅에 뿌려진 작은 겨자씨
   평양·강서지방 선교 개척자 노살롬 97
8. 해방과 변혁의 상징
   한국인 최초 미국 대학 문학사 하란사 109

II. 민중과 교회를 위해 몸 바친 여성들

9. 조선 땅의 어머니
   여류 자선사업가 왕재덕 128
10. 과부 선생님
    정화여학교 설립자 김정혜 136
11. 국경을 넘어 땅 끝까지 복음을
    한국인 최초 해외 여선교사 최나오미 145
12. 금주운동은 나라 살리는 운동
    절제운동의 선구자 손메례 154
13. 거리의 여장부
    독립운동과 여전도회 지도자 김성무 165
14. 피 뿌린 씨암탉
    성결교 순교자 문준경 174
15. 거문고에 실은 조선의 노래
    여류 시조시인 장정심 183
16. 거리의 성자
    전주 고아원 설립자 방애인 196

차례

III. 민족과 나라를 사랑한 여성들

17. 조선의 누이
    애국부인회 지도자 김마리아 210
18. 의병의 아내에서 독립군 지휘자로
    여류 무장 독립운동가 남자현 219
19. 애국 할머니
    맹산호굴독립단장 조신성 229
20. 독립운동의 어머니
    대한애국부인회 총재 오신도 243
21. 꺼지지 않는 저항의 불꽃
    독립운동과 유린보육원 설립자 어윤희 254
22. 죽어서도 만세를 부르리라
    요절한 처녀 독립운동가 김경희 266
23. 만세 부른 것도 죄란 말이오?
    선천 독립운동과 여성운동 선구자 강기일 274
24. 무궁화 바느질 할머니
    자수를 통한 민족혼 수호자 장선희 283

참고문헌 294

I 복음을 받아들인 처음 여성들

조선 시대 여성들의 외출 모습
봉건 시대 유교의 가부장 문화 속에서 여성들은 편하게 나다닐 수가 없었다.

사회적 신분 차이를 극복하고 신앙 안에서 결혼한 박에스더와 박유산

김세지가 창설한 평양 남산현교회 보호여회 회원들(1910년대)
'여성을 위한 여성 조직'인 보호여회는 여성의 자기 능력계발과 구제활동을 주요 목적으로 하였다.

선교 초기 여선교사와 조선의 아이들(1890년대)
여선교사들이 세운 여자학교를 통해 우리 여성들은 조금씩 배움에 눈뜨게 되었다.

가마를 타고 여행하는 여선교사
선교 초기 서양 여선교사들은 조선인들에게 커다란 구경거리였다.

감리교부인성경학원 1회 졸업생들

하란사
"우리가 캄캄하기를 이 등불 꺼진 것과 같으니 우리에게 학문의 밝은 빛을 비쳐 줄 수 없겠습니까?"

주룰루가 개척한 해주읍교회 초기 교인들
누구보다도 파란만장한 삶을 살았던 주룰루는 어떤 사람을 만나도 복음에 마음을 열도록 만들 수 있었다.

1. 여명기의 화덕
휘장 세례의 주인공 전삼덕

1903년 5월, 평양 남산현교회에서는 400여 명의 남녀 교인이 운집한 가운데 부인 글짓기 대회가 열렸다. 조선에서는 처음 있는 여성 글짓기 대회라 사회적인 관심도 적지 않았다. 그때까지도 글을 읽거나 시를 짓는 것은 양반들의 전유물이었다. 간혹 기생들이 글을 짓는 경우가 있었지만 가정집 부인들이 공개적인 장소에서 글을 쓰고 발표하는 일은 극히 드물었을 뿐 아니라 금기사항이기도 했다. 그런데 여성들이 공개적인 자리, 그것도 남성들을 방청객으로 놓고 글을 짓고 발표한 것이다.

이 날 시제詩題는 '화덕'(난로)이었고 운韻은 '게, 네, 세'였다. 시를 짓되 주제는 화덕으로 하고 1, 2, 4연의 끝 자는 '게', '네', '세'로 마쳐야 한다는 규칙이었다. 남성들이 한시漢詩를 지을 때 정하던 규칙을 그대로 차용한 것이다. 다른 점이 있다면 한문에서 한글로 문자만 바뀌었을 뿐이다. '언문諺文' 혹은 '암클'이라 하여 남성들에게 천대받던 한글이 여성들에 의해 재발견되는 순간이었다.

조선 초유 여성 글짓기 대회

그날 지은 많은 시 중에 다음 네 작품이 우수작으로 선정되어 회중 앞에서 낭송되었고 〈신학월보〉(1903. 11.)에 실려 오늘까지 읽히고 있다. 먼저 강씨 메불의 시다. 성(姓)은 강이고 이름은 메불이다.

> 저기놓인 쇠통보게
> 엄동설한 요긴하네
> 추운사람 덥게하니
> 생각건대 화덕일세

그 다음을 임씨 통달이 이었다.

> 식은지체 되지말게
> 항상사람 덥게하네
> 네가참말 화덕이냐
> 덥게하니 화덕일세

그 다음을 전씨 삼덕이 이었다.

> 찬화덕에 불씨두게
> 석탄불로 덥게하네
> 우리마음 차고차나
> 성신불로 덥게하세

마지막으로 김씨 소라가 이었다.

> 맘이찬자 이리오게
> 천국화덕 여기있네
> 예수천하 화덕되니
> 온화하고 더움일세

  교회 여성들은 조선 시대 민중가사의 전형인 4·4조로 시를 지었다. 각자 지은 것인데도 네 편의 시가 서로 연결된다. 시제로 주어진 '화덕'은 단지 방 안의 공기를 데우는 기구로 끝나지 않고 마음과 영혼을 덥혀 주는 '성신 불'을 담은 '천국 화덕', '예수 화덕'이 되었다. 이렇듯 초기 한국 교회 여성들은 신앙을 통해 얻은 자유의 은총을 노래했고, 그것이 초기 교회 여성들의 신앙고백이 되어 뒤를 따르는 여성들의 마음을 움직였다.
  이 글짓기 대회에 참석하여 "찬 화덕에 불씨"를 노래함으로 누구보다도 먼저 봉건사회 여성의 한계를 깨친 데 성공한 인물이 바로 전씨 삼덕, 전삼덕소三德이다.

양반집 여인 풍속

　전삼덕은 1843년(헌종 9년) 평남 강서군 강서면 벽위에서 양반집 딸로 태어났다. 양반 가문의 혜택으로 어려서부터 한문과 한글을 깨칠 수 있었고 그 당시 풍습대로 열일곱 살 때 같은 강서면 와새말에 사는 김선주金善柱에게 시집을 갔다. 남편은 고종 갑자년(1864년)에, 증광시增廣試에 합격하여 서북 사람으로는 드물게 정부의 신임을 받아 서울에서 공조참의工曹參議, 우부승지右副承旨를 하여 '김 승지'라고 불렸다. 전삼덕은 벼슬살이하는 남편을 따라 1885년 서울로 갔다가 보령 군수로 부임하는 남편을 따라 보령으로 갔고 1890년경 남편이 관직을 사임하고 고향에 정착하게 됨으로써, 그도 강서로 돌아오게 되었다. 당시 모든 여인들처럼 '남편 따라' 다니는 인생이었다. 재물과 명성을 모두 갖춘 집안의 안주인이었지만 외출이 제한된 규방생활은 여성으로서의 신분적 제한을 뼈저리게 느끼게 했다. 게다가 고향으로 돌아온 남편이 젊은 여인을 첩으로 들이자 충격을 받게 되었다. 훗날 전삼덕은 당시 심정을 이렇게 표현하였다.

　　옛날 양반집 풍속에는 여자가 문 밖 출입을 하려면 반드시 보교(가마의 일종)나 가마를 타고 앞에 하인을 세우고 출입을 하였으므로 문벌을 가진 가문에 태어나 그와 같은 양반집으로 가서 살게 된 나는 좀처럼 문 밖 출입을 할 수가 없었다. 그럭저럭 내 나이 점점 많아지니 남편 보기에 젊어서만치 아름답지 못하였던지 그는 첩을 얻어 살며 나를 모른 체하므로 나는 자연히 쓸쓸한 생활을 하게 되었다.

이같이 외로움을 겪던 전삼덕에게 인생의 전기轉機를 마련해 준 사건이 생겼으니 평양에 들어와 있는 예수교에 대한 소문이 강서까지 전달된 것이다.

> 내가 예수를 처음 믿을 때에 예수가 누구신지 또 그가 무엇을 하셨는지 다 알고 믿은 것은 아니요 그저 호기심으로 한번 믿어 볼 생각으로 믿은 것뿐이었다.

누가 찾아와서 전도한 것도 아니었다. 교인을 만나 어떤 종교인지 자세히 알아보고 선택한 것도 아니었다. 바람 따라 들려온 소문에 마음이 끌린 것이다. 사실 남편의 첩살림으로 정신적 소외감에 사로잡혔던 전삼덕에게 '예수교'는 호기심의 차원을 넘어 새로운 삶을 향한 돌파구이며 도전이었다. 그는 남편과 시집 식구들의 눈초리를 무릅쓰고 가마를 타고 80리 평양 나들이 길을 떠났다. 평양에 도착하자마자 예수교 전도인을 찾았는데 어떤 사람이 선교사 홀W. J. Hall의 집을 가르쳐 주었다. 의료 선교사인 홀은 당시 평양 서문 밖 언덕에 집을 마련하고 시약소施藥所 형태로 병원선교를 시작하고 있었다. 홀은 자신을 방문한 조선 여인이 양반집 부인인 것을 알았고, 더구나 기독교 진리에 대해 알고자 스스로 찾아온 터라 정성스럽게 맞이하였다. 홀의 집에는 마침 강서 출신인 오석형이 조수로 지내고 있었기에 전삼덕은 자연스럽게 그에게서 기독교 진리를 배우게 되었다. 이미 한글을 깨쳤던 전삼덕은 홀이 주는 한글 전도책자인《신덕경信德經》과《세례문답》,《미이미교회문답》등을 읽으며 공부했다.

이때부터 전삼덕의 구도생활이 시작되었다. 집에 돌아온 뒤로 두 며느리를 전도하여 구도행렬에 동참시키는 데 성공하였고 남편과 시집 식구들의 탄압과 방해 속에서도 매주 평양 남산현교회에 참석하였다.

휘장을 사이에 두고 행해진 세례의식

평양 선교의 기틀을 닦는 데 성공한 홀은 1894년 청일전쟁 직후 평양에 창궐한 콜레라 환자들을 치료하다 콜레라에 감염되었고, 결국 그해 11월 별세하여 서울 양화진(현 양화진외국인선교사묘원)에 묻혔다.

1895년 여름, 위기를 맞은 평양지방 선교 현황을 파악하기 위해 미감리회 한국 선교를 관리하고 있던 스크랜턴W. B. Scranton 선교사가 왔다. 스크랜턴은 홀이 양육해 놓은 토착 전도인 오석형과 김창식, 이은승 등을 대동하고 평양 인근을 순방하던 중 강서의 전삼덕을 방문했다. 스크랜턴은 진사 출신인 전삼덕의 남편을 전도하려 했지만 완고한 마음을 꺾지 못했다. 대신 2년 동안 신앙생활을 해 온 전삼덕에게 세례 받을 것을 권하였더니, 세례를 받겠다고 순순히 응했다. 복음을 거부한 남편이지만 이미 2년 동안 교회 출입을 했던 부인의 결심까지 막을 수는 없었다. 그런데 전삼덕은 그때까지 세례를 어떻게 받는 것인지 몰랐다.

> 나는 세례가 어떻게 하는 것인지 모르거니와 우리나라 풍속에는 여자는 모르는 남자와 대면치 못하는 법이 있으니 어찌하여야 하리까 하고 물으니 그(스크랜턴 선교사)가 대답하기를 그러면 방 가운데 휘장을 치고 머리 하나 내놓을 만한 구멍을 낸 후에 그리로 머리만 내밀 것 같으면 물을 머

리 위에 얹어 세례를 베풀겠다고 하였다. 나는 그의 가르쳐 주는 대로 하여 나의 작은 딸과 함께 처음으로 세례를 받았다.

'남녀칠세부동석'이라 해서 일곱 살 이상만 되면 남녀가 한자리에 있어선 안 된다는 유교 풍습이 강하던 시절, 양반집 부인이 외간 남자, 그것도 서양 남자에게 얼굴을 보이고 세례를 받는다는 것은 상상도 할 수 없는 일이었다. 세례는 받아야겠고, 의심의 눈초리를 거두지 않는 남편을 비롯한 주변 남성들에게 책잡히지 않을 방법이 없을까 해서 고안해 낸 것이 '휘장 세례揮帳洗禮'였다. 방 한가운데 휘장을 치고 그 가운데 머리 하나 들어갈 수 있는 구멍을 낸 후 머리를 내밀면 저쪽에서 목사가 물을 떨어뜨려 세례를 주는 것이다. 이로써 북한지역에서의 첫 번째 여성 세례가 거행되었다.

전삼덕이 세례를 받기 위해 방 한가운데 쳐 놓은 휘장, 그리고 그 휘장 한가운데 난 구멍! 비록 머리 하나 들어갈 수 있는 작은 구멍이었지만 이 구멍이 지니는 역사적·신학적 의미는 실로 크다. 유교의 가부장 문화와 질서가 지배했던 수백 년 동안 이 땅의 부인들은 규방에 갇혀 지내야만 했다. 어쩌다 집 밖으로 나올 땐 쓰개치마로 얼굴 전체를 가려야 했고 제사를 드릴 때도 남성들이 절을 하는 사당 안에는 들어가지 못하고 멀찌감치 밖에서 바라만 볼 뿐이었다. 양반일수록 여성에 대한 규제가 더욱 심했다. 우리나라 봉건사회에서 남성과 여성 사이에는 예루살렘 성전의 성전 뜰과 여인의 뜰을 구분하는 휘장보다 더 두꺼운 휘장이 쳐져 있었다. 그런데 기독교 복음이 들어오면서 그 휘장에 균열이 생기기 시작한 것이다. 그리고 마침내 여성이 세례를 받고 그리스도인으로 다시 태어나는 순간, 그 두꺼운 휘장 '한가운데' 구멍이 뚫렸다. 이 구멍을 통해 남녀 간의 평등 대화가 시작되었다. 전삼덕의 방 한가운데 쳐진 휘장과 그 가운데 뚫린 구멍은 기나긴 세월 동안 가부장적 사회인습과 체제에 매여 있던 여성들의 해방을 선언하는 거대한 혁명의 첫 돌파구였다.

전도부인의 삶

세례를 받은 후 전삼덕은 더욱 열심을 내어 매주 빠지지 않고 평양으로 가서 예배에 참석하였다. 얼마 후에는 두 며느리까지 세례를 받게 되었다. 이처럼 한 가정의 여성들이 모두 신자가 되자 남편의 방해와 박해도 큰 위력을 발휘하지 못했다. 4, 5년이 지난 후에는 아들 익수益洙와 진수晉洙의 물질적인 후원과 평양 출신의 전도인 김재찬의 주동으로 강서읍교회를 설립하기에 이르렀다. 강서읍에 교회가 설립된 후로 더욱 활발한 활동을 전개하게 된 전삼덕은 김재찬의 부인 노살롬과 함께 아이들을 교회에 모아 가르치기 시작했다. 한편 평양에서 매년 개최되는 여자 사경회에도 빠지지 않고 참석하여 전도인 훈련을 쌓았다.

1901년 평양지방 여선교회사업을 관장하기 위해 부임한 여선교사 에스티E. M. Estey는 전삼덕을 전도부인傳道婦人, Bible Woman으로 채용하여 함종에 파견하였다. 전도부인이란 선교 초기에 선교사들의 지휘를 받으며 시골에 나가 성경책과 전도책자를 팔면서 전도하던 여성 사역자를 일컫는다. 남성의 경우엔 권서勸書 혹은 매서인賣書人이라 불렀다. 전도부인이 된 전삼덕은 장병일 권사와 함께 함종으로 가서 전도하며 아이들을 가르치기 시작했다. 함종 사람들은 진사 벼슬까지 한 남편을 둔 부유한 양반집 부인이 책을 팔러 다니는 모습을 이해할 수 없었다. 그래서 이렇게 수군거렸다.

"잘사는 년이 무엇에 미쳐서 저 꼴을 하고 다니느냐."

이런 조롱과 비난이 들려올 때마다 전삼덕은 이렇게 대답했다.

"내가 예수 믿기 전에는 자유하지 못했더니 이제 예수를 알고 난 후 이처럼 기쁘고 행복한데, 아직도 그 기쁨을 누리지 못하고 있는 이 땅의 여성들에게 자유와 해방의 복음을 전하여 그들도 나와 같은 기쁨을 누리게 하는 것이 또한 좋은 일 아닌가?"

전삼덕은 전심으로 전도인의 사명에 충실하였다. 그를 파송한 에스티도 전삼덕의 열심에 크게 감명을 받았다. 에스티가 쓴 1903년 선교보고에는 이렇게 쓰어 있다.

> 전도부인은 충성을 다해 일하고 있습니다. 함종사업은 아주 흥왕하고 있습니다. 우리의 신실한 전삼덕은 좋은 집을 버리고 이 황량한 곳에 와서 훌륭한 전도인으로, 교사로서 놀라운 성공을 거두고 있습니다. 서너 명 여자 아이들을 가르치고 있으며 그의 노력으로 많은 사람들이 그리스도인의 삶으로 인도되고 있습니다.

전삼덕의 노력으로 교인 수가 늘고 교회도 설립되었다. 그의 활동은 당시 많은 전도인의 규범이 되었다. 1903년 〈신학월보〉에 실린 강서읍교회 관련 기사다.

학교 선생은 강서 김 승지의 부인 전씨 삼덕 씨라. 이 부인이 가산의 부요한 것과 자손들의 효양함을 받기 원치 아니하시고 집을 떠나 타읍에 가서 외로이 계시며 학도를 배양하시니 참 부인은 예수의 마음을 본받아 그의 뜻을 이루려 하시는 부인이니라.

환갑을 넘기고 건강 때문에 객지생활을 하기 어렵게 된 1910년까지 전삼덕은 전도부인으로 계속 활동하였다. 그리고 전도부인 직을 사임하고 고향에 돌아온 뒤에도 전도와 교육에 대한 그의 열심은 식지 않았다. 고향 사람들에게 열심히 전도한 결과, 1917년 학동교회와 숭덕학교를 설립했다. 평양에 있던 여선교사 로빈스H. P. Robins가 교장이 되고 전삼덕은 학감이 되어 학생들을 가르쳤다. 전삼덕은 특히 남존여비 풍조가 심한 폐쇄사회 속에 파고들어 집집마다 찾아다니며 여성도 교육을 받아야 한다는 사실을 강조하였고 찾아오는 여자 아이들을 무료로 가르쳤다. 고향에서 10여 년 전도한 결과 교회도 크게 부흥하였다. 그의 전도를 받아 교인이 된 사람은 대략 600명에 이르며 그중에 교회와 사회 각계각층에서 지도급 인물로 성장한 사람도 많았다. 목사가 된 사람으로는 오기선·정보현·박석훈·김봉식·김영신 등이 있다.

1925년 2월 27일 학동교회에서 '전삼덕 여사 전도 30주년 기념식'이 열렸다. 그의 전도로 설립된 강서·함종·삼화 등지의 아홉 교회가 연합으로 개최한 이 기념식에서 전삼덕은 다음과 같은 말로 자신의 생애를 정리하였다.

나는 눈이 있어도 보지 못했고 귀가 있어도 듣지 못했으며 입이 있어도 말하지 못했다. 그러나 예수를 안 후로 나는 자주한 인간이 되었다.

이 한마디야말로 그의 생애를 요약한 것이며 기독교가 한국 여성들에게 끼친 영향을 대변한 것이라 하겠다. 전삼덕은 오랜 봉건적 체제의 굴레 속에 묶여 창조적 능력을 발휘할 수 없었던 한국 여성의 '한限'과 '한恨'을 기독교 신앙을 통해 극복하고 초월하여 자유와 해방이 주는 창조적 삶을 살았다. 이렇게 되기까지 전통사회의 끊임없는 방해가 있었지만 그것을 몸으로 깨뜨리며 앞서 나간 선구자의 삶이었기에 전삼덕의 도전과 모험은 더욱 빛났다.

이 같은 승리의 생활을 마치고 전삼덕은 1932년 별세하였다. 그 신앙의 대를 이어 손녀 김폴린金保隣은 이화학당 대학부와 미국 에번스턴 대학, 노스웨스트 대학, 일본 아오야마 대학 등지에서 기독교 교육학을 전공하고 감리교신학대학 교수로 활약하였다. 여성에겐 한없이 냉랭했던 가부장적 사회의 굴레 속에서 신앙으로 한번 데워진 '성신의 화덕'은 열기를 잃지 않고 시간과 공간을 초월해 그 뜨거움을 전하고 있다.

2. 조선 여자의 해방 선언
평양 전도부인 김세지

1907년 2월 평양에서 대부흥운동이 한창 진행되던 시기, 남산현교회에서도 부흥회가 열렸다. 그때 많은 교인들이 앞 다투어 자신이 과거에 지은 죄를 공개 자복하였는데 그 내용이 너무 적나라하여 그 자리에 참석했던 선교사들이 적잖은 충격을 받았다.

그 무렵 평양지방 여성 선교를 담당하고 있던 노블M. W. Noble 부인은 그때 목격한 평양 교인들의 회개 장면을 자신의 일기에 적어 두었던 바, "세디의 자백Sadie's confession"이란 제목으로 제법 긴 글을 남겼는데 그만큼 전도부인이었던 세디의 회개에서 받은 충격과 감동이 컸음을 의미한다.

세디의 고백

　세디는 자기 죄 때문에 괴로워했다. 그녀는 울면서 손으로 마루를 쳤다. 그리고 주체할 수 없을 정도로 괴로워하다가 마음을 억눌렀던 죄를 회중들 앞에서 털어놓았다. 그 하나가 사랑 없이 분노로 행한 것인데 교회 나오던 부인이 죽었을 때 교인들이 기대했던 것처럼 당연히 자신이 가서 시체에 염을 해야 했는데 사랑하는 마음 없이 가서 형식적으로 하였고 한 번은 가기를 거부했다며 자백했다. 그리고 목사에 대해 불만을 품었던 죄도 자백하였다. 또한 다른 사람들이 무서운 죄를 자백하는 것을 보고 바리새인적인 태도를 취했었다는 것을 자백하는 단계에 이르러 자신을 주체할 수 없을 정도가 되었다. 세디는 개종하기 전, 어두운 생활을 하던 당시 죄도 회개하였는데 자기 죄 때문에 어머니가 일찍 돌아가시게 되었다며 괴로워했다.

　세디는 전도부인으로 활동하면서 지은 죄도 괴로웠지만 예수 믿기 전, 암울했던 시절에 지은 죄로 인해 더욱 괴로워했다. 죽은 어머니와 관련된 내용은 다음과 같았다.

　세디 나이 열아홉 살 때, 그보다 나이 어린 남편이 죽었다. 그러자 어머니가 와서 그를 친정으로 데려가려 했다. 어머니와 함께 친정으로 가던 중 어느 마을에 들렀는데 거기 살고 있던 친척 남자가 다음 마을에 세디를 채 가려는 사내들이 기다리고 있다며 자기 집에 숨으라 했다. 강도떼를 무서워했던 어머니는 시키는 대로 하자고 했다. 그런데 그 친척은 나쁜 사람이라 강제로 세디를 아내로 삼았다. 세디는 그 남자와 3개월 동안 억지로 살다가 그가 살인혐의로 체포되어 감옥에 들어가자 그 집을 도망쳐 나왔다. 그리고 평양으로 들어와 자기보다 나이 많은 과부를 만나게 되었는데 그 과부가 세디를 딸처럼 돌봐 주었다. 그 과부 집에서 3개월인가 6개월을 살다가 그의 주선으로 어느 홀아비와 결혼하였다. 그 홀아비는 세디를 사랑했고 돌봐 주려 하였지만 몇 달 후 감옥에서 풀려난 전남편이 세디의 행방을 알고 찾아와 데려가겠다며 억지를 부렸다. 그 때문에 곤욕을 치른 새 남편은 견디지 못하고 세디에게 나가라고 하였다. 세디는 관청을 찾아가 그 친척 남자의 손아귀에서 구해 달라고 호소하였다. 그러나 관장은 돈만 좋아하던 사람이라 친척 남자를 따라 가라고 명령하면서 볼기 50대를 친 후에 세디를 풀어 주었다. 그러나 그 친척 남자는 수개월 후 죽었고 세디는 사랑하는 새 남편에게 돌아갔다.

부끄러운 과거를 이처럼 적나라하게, 숨김없이 털어놓는 전도부인의 자백을 들으며 선교사는 경악을 금치 못했지만 그 자리에 있던 조선 부인들은 눈물을 흘리며 동감했다. 그 시절의 조선 부인, 특히 어려서 남편을 잃은 과부들이 겪어야 했던 아픈 과거였기 때문이다. 전도부인의 자백은 통곡으로 끝났다.

세디는 이야기 마지막 대목에 이르러 괴로움에 사무쳐 꼬꾸라졌다. 친척 남자가 원하고 어머니가 부탁했을 때, 그 남자 집에 곧바로 들어가지 않았던 것을 그토록 괴로워하였다. 어머니는 돈 얼마 때문에 그 남자가 시키는 대로 할 수밖에 없었는데 그 때문에 살인사건에도 연루되어 감옥에 들어갔다가 거기서 죽게 된 것이다. 세디는 자기 때문에 어머니의 삶이 불행하게 끝났다며 하나님께 용서해 달라고 울부짖었다. 세디는 모녀가 불행의 구렁에 빠졌을 때 어머니를 "머리 허연 노친네"라 부르며 구박하였던 것이 무엇보다 큰 죄라고 생각했다.

이처럼 평양 대부흥운동이 일어났을 때, 전도부인들은 사역하면서 저질렀던 실수와 잘못뿐 아니라 예수 믿기 전에 범한 죄까지도 공개적으로 자백하면서 용서를 구했다. 이런 공개 자복으로 교회 안에서 그들의 권위가 떨어지기보다는 오히려 높아졌다. 회개와 중생이라는 '영적' 체험을 한 이들은 선교사나 교인들에게 신뢰할 수 있는 '영적' 지도자로 인정을 받게 되었다. 부흥운동 이후 이들의 사역이 더욱 활기를 띤 것은 당연하다. 평양 대부흥운동 때 자신의 적나라한 과거를 자백하고 이를 통해 영적 권위와 위상이 더욱 높아진 전도부인, 선교사들 사이에서 '세디'라 불렸던 평양지방의 전설적인 전도부인 김세지金世智 이야기다.

보쌈 위기의 과부생활

김세지는 1865년 10월 17일 평남 평원군 영유읍에서 딸만 넷 있는 집안에 막내로 출생했다. 열두 살 때 부친이 사망했고, 그 당시 관습대로 열여섯 살 되던 해 가족의 뜻에 따라 낯모르는 정씨 성 남자와 결혼하였다. 그러나 남편은 2년 만에 자식 없이 사망하였고 그때부터 '보쌈 위기' 속에 과부생활이 시작되었다. 훗날 김세지의 회고다.

그때는 어디 젊은 과부가 있다는 소문만 나면 장가들려 하는 홀아비가 사람을 많이 데리고 밤중에 아무도 모르게 와서 업어다가 살아도 아무 상관이 없고 또 여자가 아무리 살기가 싫다 하더라도 어찌할 수 없이 업혀 가서 사는 일이 종종 있었다. 업어 갈 때에 만일 과부가 싫다고 소리를 지르면 입을 막아서 말을 못하게 하는 일도 있었다. 나는 이같이 위험한 시대에 태어났다가 불행히 청춘에 과부가 된 탓으로 신변에 위험한 일과 고생도 많이 겪으며 지내었다.

1907년 평양 부흥운동 때 공개적으로 자복했던 '과거사' 내용대로였다. 그렇게 보쌈 결혼의 위기를 겪으며 4, 5년을 지내다가 평양에 사는 김종겸金宗謙과 1888년 재혼하였다. 본래 강서군 사람으로 평양에 나와 살던 홀아비 김종겸은 재산과 학문을 겸비한 선비였다. 관청에도 출입하던 관료 출신이었으나 사상은 어느 정도 개화된 사람이었다. 감리교 선교사 홀이 평양에 병원과 학교와 교회를 시작했을 때 전처소생의 두 아이를 예수교학교(후의 광성학교)에 보낼 정도였다. 홀은 1893년 한국인 조사 김창식과 함께 평양에서 전도하기 시작했는데 그 첫 열매가 오석형이었다. 오석형은 평양에 들어와 노름꾼으로 지내다가 전도를 받고 새사람이 된 사람으로 김종겸의 팔촌 아우뻘이었다. 오석형은 김종겸을 찾아가 아이들만 교회에 보낼 것이 아니라 어른도 나가야 한다고 권하였다. 그러나 김종겸은 "관청에 출입하는 사람이 야소교를 믿을 수 있겠는가?" 하며 거절하였다. 오석형은 포기하지 않고 김종겸의 부인 김 씨에게 전도하였다. 김 씨도 처음엔 별 관심이 없었다.

"그래, 당신 말과 같이 예수를 믿으면 어떠하단 말이오?"

"만일 나의 말한 대로 예수 씨를 믿으면 집안이 평안할 것이요, 남자는 주색잡기를 버리고 살림을 힘써 하여 내외간 화순하게 되리이다."

'남자는 주색잡기를 버린다'는 말에 귀가 번쩍 뜨였다. 그 무렵 남편은 그 나이 또래 사내들이 그러하듯 외도에 빠져 있었다. 기생집을 자주 드나드는 남편 때문에 부부 사이는 물론 가족 모두가 불행한 나날을 보내고 있던 참이었다. 이미 두 번이나 남편을 잃은 경험이 있던 터라 김 씨의 마음은 더욱 괴로웠다. 그런데 남편의 주색잡기를 막을 수 있는 교敎가 있다고 하니 믿어 볼 마음이 생겼다. 김 씨는 오석형을 따라 교회에 나가기 시작했다.

부인이 교회에 나가는 사실을 알게 된 남편 김종겸은 "이제 우리 집안 망했구나!" 하며 교회에서 돌아오던 부인을 구타하고 감금하였으며, 못된 외도습관은 나아질 기미가 보이지 않았다. 그러나 박해가 심할수록 김 씨 부인의 교회에 대한 열정은 더해만 갔다. 처음엔 남편 외도를 막을 방책을 가르쳐 준다고 하여 나갔지만 예배당에 가서 말씀을 듣는 동안 기독교가 무엇인지 깨닫게 되었고 '영생'을 사모하게 되었다. 그리고 남편도 그 영생에 동참하게 되기를 위해 기도하기 시작했다. 외도는 둘째 문제가 되었다.

세례 받으며 얻은 이름

김씨 부인이 예배당에 나가기 시작한 지 얼마 되지 않아 동학농민혁명이 일어나고 이어 청일전쟁이 터져 평양은 청·일 양국 군대의 격전장이 되었다. 평양 주민들은 성 밖으로 피신하였는데 이때 김종겸 일가도 남천으로 피난 갔다가 돌아왔다. 전쟁과 난리 통에 평양성이 많은 피해를 입었지만 오히려 교인 수는 폭발적으로 증가하는 계기가 되었다. 그 난리 중에도 선교사가 돌보던 교회는 치외법권적 성역이 되어 청·일 양국 군인들의 공격을 받지 않았고, 그래서 믿지 않는 사람들까지 생명과 재산을 지키기 위해 십자기가 걸려 있는 교회로 찾아들었던 것이다. 교회는 민중의 생명과 재산을 충실히 보호해 주었다.

그 무렵 김씨 부인은 남편을 위해 계속 기도하고 있었다. 그리고 마침내 응답이 내렸다.

1895년 봄 어느 주일 아침인데, 나는 자리에서 아직 일어나기 전부터 그날 남편 모르게 예배 보러 나갈 궁리를 하고 있던 중 나의 시아우 오석형 씨가 학생을 보내어 나더러 어서 예배 보러 오라고 하는 소리가 귀에 들렸다. 깜짝 놀라 일어나니 너무 걱정하다가 꿈을 그렇게 꾼 것이었다. 나는 자리에서 일어나 자는 남편이 회개하기를 위하여 간절히 기도를 드리고 나서 생각하기를 조반 후에는 틈을 타서 예배당에 가서 예배를 보리라 하고 밥을 지어 가지고 남편과 같이 먹을 즈음에 남편이 얼굴에 이상한 빛을 띄우며 하는 말이 "참 오늘 아침에 이상한 일을 보았소. 내가 막 자리에서 일어나려 할 때에 예배당에서 학생이 와서 말하기를 나를 부른다 함으로 꿈도 아니었는데 문을 열고 내다보니 아무도 없더이다. 당신이 나를 위해서 기도하더니 아마도 하나님이 나를 부르시는 것이외다. 그동안 내가 당신에게 잘못한 일이 많소. 나를 용서하시오. 나도 예수 믿을까 하니 오늘은 예배당에나 가 볼까?" 하였다.

주일 새벽, 비몽사몽간에 부부가 같은 체험을 한 것이다. 둘은 이를 하늘의 계시로 받아들였고 남편은 흔쾌히 예배당에 나가기로 결심했다. 부부가 이처럼 밥상 결의를 다지고 있을 때, 과연 오석형이 보낸 학생이 들어와 "오늘 내외분을 예배당에서 청합니다"라는 전갈을 전했다. 이런 일을 겪고 난 김씨 부인은 "이는 확실히 하나님이 역사하신 일이요, 사람의 힘으로 된 일이 아님을" 깨달았다. 믿음이 더욱 공고해진 것은 물론이다.

그 무렵 노블 부인이 평양에 왔다. 미감리회 선교부는 평양 선교를 개척하다가 희생된 홀 선교사의 후임으로 노블W. A. Noble 부부를 파송하였고, 이들은 1896년 10월부터 평양을 거점으로 북한지역 선교를 담당하게 되었다. 여성 선교를 담당한 노블 부인은 교회 여성들에게 제일 먼저 한글을 가르쳐 성경을 읽도록 하였다. 그리고 봄·가을로 부인 사경회를 열어 성경을 가르쳤으며 매주 금요일 오일회(五日會, 오늘날의 속회 혹은 구역예배)를 조직하여 역시 성경을 가르쳤다. 김씨 부인도 체계적인 공부를 시작했다.

나는 처음에 그 부인의 권고로 오일회에 다니기 시작하여 언문을 깨친 후에 책으로는 《미이미교 문답》을 처음 배웠다. 나는 집에서 바느질을 할 때에도 입으로 그 책을 외며 마침내 한 권을 다 외어 가지고 그 부인께 강講해 바치니 부인은 나를 심히 칭찬하며 또 권하는 말이 눈으로 보지만 말고 손으로 쓰는 것도 배워야 한다고 하고 자꾸 써 보라고 하였다.

'강해 바친다'는 것은 조선 시대 서당에서 학생들이 훈장 앞에서 경서 經書 문장을 외우고 풀이하여 그 실력을 평가받는 방법인데, 여성 교육이 전무했던 봉건 시대에 남성들의 전유물이었던 '강'을 이제 교회 여성들이 여선교사 앞에서 하게 된 것이다. 김씨 부인은 문맹에서 깨어나 글을 읽고 쓰고 발표하기 시작했다. 그것은 새로운 경험이었고 감동이었다. 그리고 마침내 세례를 받으면서 새 이름을 얻는 감격까지 누리게 되었다.

> 그럼으로 나는 집안일이 바쁜 중에도 그의 가르쳐 주는 대로 틈틈이 쓰기와 읽는 것을 연습하며 성경공부에 열심한 결과 부인이 평양 오시던 해(1896년) 10월에 드디어 노블 목사에게 세례를 받고 '셰듸Sadie'라는 이름을 얻었다. 나의 이름은 그의 부인이 지어 준 것인데 오랫동안 이름이 없이 살던 나는 주의 은혜를 힘입어 세례 받던 날로부터 여자 된 권리 중에 한 가지를 찾게 되었다. 이로 보면 조선 여자의 해방은 우리 그리스도교로부터 시작되었다고 할 만하다.

선교 초기 세례 받는 교회 여성들의 이름은 주로 외국인 선교사들이 지어 주었다. 선교사들은 성경이나 기독교 역사에 나오는 유명한 여성들의 이름, 혹은 자기 주변 인물, 어떤 때는 자신의 이름을 주기도 했다. 교회 여성들은 이런 '서양식' 이름을 한문으로 음역해 사용하였다. 김씨 부인은 세례를 받으면서 노블 부인에게 '세디'라는 이름을 지어 받았고 그것을 한자 '세지世智'로 음역해서 사용하였다. 김씨 부인에서 김세지로 바뀌는 순간이었다. 그것은 단순히 교인 됨의 의미를 뛰어넘는 거대한 사건이었다.

남성들은 어려서부터 아명兒名이다, 자字다, 호號다 해서 서너 개씩 호칭을 갖고 있었지만 여성은 그럴 만한 호칭이 없었다. '아무개(남성) 딸'에서 시작하여 '아무개 부인(대)', '아무개 어머니', '아무개 할머니' 하여 어려서부터 늙을 때까지 남성의 종속 칭호로 불렸다. 이름이 있다 해도 '섭섭이', '종네', '끝년이' 등 부르지 않는 것이 더 좋을 듯싶은 그런 것이었다. 이름은 단순한 호칭이 아니다. 이름은 그 이름으로 불리는 존재의 생김새와 동작, 생각과 의지를 총체적으로 상징한다. 특히 성경에서 이름은 창조의 권위와 의미를 지니고 있다(창 2:19-20). 그래서 '이름 없는 존재'라는 것은 곧 존재 가치가 없는 사람이라는 경멸의 의미를 담고 있다. 봉건 시대 조선 여성들이 그러했다.

그런데 이 땅의 여성들이 세례를 받으면서 이름을 얻게 되었다. 이는 "성부와 성자와 성령의 이름으로 아무개에게 세례를 주노라"는 세례식에서 수세자(受洗子)의 이름이 필요하기 때문이기도 했지만, 이미 이름을 가지고 있던 남성 교인들과 달리 '이름 없던' 여성들은 세례와 함께 이름을 지어 받음으로 비로소 남성과 동등한 존재로 인정받게 되었음을 의미하였다. 봉건 시대 가정과 사회에서 침묵을 강요받던 조선 여성들이 기독교를 통해 글을 깨치고 자기 의사를 남에게 밝힐 수 있게 되었을 뿐 아니라 세례를 받으면서 '이름 있는' 존재가 되었다. 김세지가 세례를 받으며 이름을 얻은 것을 두고 "여자 된 권리 중 하나를 찾게 되었다", "조선 여자의 해방은 우리 그리스도교로부터 비롯되었다"고 표현한 이유가 여기에 있다. 이처럼 초기 교회 여성들에게 세례는 해방과 자유의 사건이었다.

기독교를 통해 자유와 해방을 체득한 김세지는 그 경험을 여성들과 나누기 시작했다. 1897년 11월 노블 부인이 조선에서 처음 실시한 여성 사경회에 참석한 것을 시작으로, 매년 봄·가을 두 차례 열리는 대사경회에

한 번도 빠지지 않고 참석했다. 그리고 이 사경회가 나중에 여자 성경학원으로 발전함에 따라 김세지도 그 학교 학생이 되어 1908년에 졸업장을 받았다. 그리고 노블 부인의 추천으로 전도부인이 되어 평안도와 황해도 일대를 돌아다니며 성경을 팔면서 복음을 전하였다. 그 무렵 김세지와 함께 평양지방 전도부인으로 활동한 이들로 김다비다, 이이사벨, 김서커스, 강도르가 등이 있었는데 모두 예수 믿고 이름을 지어 받은 여성들이다. 김세지는 김다비다와 짝이 되어 평양 시내와 대동강 건너 복룡동, 칠산리, 왜성 등 아홉 고을을 돌며 전도하여 교회를 세웠다.

김세지는 1902년 남편 김종겸이 콜레라로 별세하는 슬픔을 겪었으나 이를 신앙으로 극복하고 오히려 더욱 적극적으로 전도에 임했다. 노블 부인을 포함한 평양 선교사들은 김세지의 전도활동에 경의를 표하였다. 특히 1907년 2월 평양 대부흥운동 때 김세지가 그처럼 자신의 '과거 죄'를 철저하게 회개한 이후 전도에 임했을 때 놀라운 결과가 나타났는데, 노블 부인이 다음과 같이 보고하였다.

근 천오백 명 여성 교인들이 출석하는 우리(남산현) 교회에 속해 활동하고 있는 김세디는 지난 한 해 동안 가정 심방을 모두 2,016회나 하였습니다. 또 상당량의 기독교 서적도 팔았습니다. 내가 보고서를 쓸 때 그에게 특별히 언급할 것이 없느냐고 물으니 "이미 일 년 전에 보고드린 대로지요. 다만 지난해엔 우리 교인들 중에 죽은 사람의 숫자가 늘어난 것 말고는 특별한 게 없지요" 하였습니다. 김세디는 매달 2회 이상 상사喪事를 당한 가정을 방문하여 위로하고 일을 도와주었다고 보고하였습니다. 그는 이 일에 특별한 관심을 두었는데 새신자나 불신자들은 시체 다루기를 두려

위하여 종종 그에게 도움을 요청하였고 그때마다 마다하지 않고 찾아가 시체를 다루었답니다. 이 일은 장의사나 가까운 유족만이 하는 일인데도 말입니다.

일 년 동안 2,016회 가정 심방을 하였다면 주일을 포함하여 매일 대여섯 가정을 방문한 셈이다. 그 외에 매달 두 번 이상 장례가 난 집을 찾아가 시체를 염殮하면서 전도하였다. '양반집 부인' 출신으로는 도저히 할 수 없는 '천한' 일이었지만 그를 자유케 한 복음의 능력으로, 복음을 전하려는 일념으로 그 일을 기쁨으로 감당하였다. 이렇게 전도부인 김세지는 남성보다는 여성, 여성 중에서도 과부·기생·판수(점치는 일을 직업으로 삼는 소경)·무당·고아들에게 특별한 관심을 두었다. 소외된 계층의 어인들이 주요 전도대상이었다. 노블 부인은 김세지가 전도한 김봉옥이란 점장이의 무구巫具를 미국으로 가져가 선교사역의 증거로 삼기도 했다. 1903-15년의 선교사 보고에 의하면 김세지는 매년 2, 3천 회의 가정 방문을 실시했고 매년 30여 명의 새신자를 얻은 것으로 나타나고 있다. 그러나 김세지는 단순한 전도인만이 아니라 여성운동가이기도 했다.

여성을 위한 여성 조직

김세지는 신앙생활을 시작하면서 무엇보다 교회 안에 여성 조직이 필요함을 인식하였다. 그리하여 노블 부인의 찬성을 얻어 1903년 평양 남산현교회 여신도들과 '보호여회保護女會, Ladies Aid Society'를 조직하였다. 서울에서는 이미 1900년 11월 정동교회에서 여메례가 보호여회를 조직하여 여성 선교활동을 벌이고 있었는데, 3년 후 평양에서 김세지가 주동이 되어 모임을 조직한 것이다. 보호여회의 일차적인 목적은 전도와 선교였으나 교회 여성의 자기 능력계발과 구제활동도 주요한 목적이었다. 보호여회 회원들은 월 회비 10전씩을 거두어 전도와 구제비로 사용하였는데, 1911년부터 신양리에 전도부인 한 명을 파송할 수 있었고 1916년에는 만주에 선교사 한 명을 파송하였다. 김세지는 또 1916년 교회 안의 과부들을 구제할 목적으로 '과부회寡婦會, Widows Relief Association'까지 조직하여 과부들의 자립과 구제를 꾀했다. 보호여회와 과부회의 근본 목적은 '여성이 여성을women to women' 전도하거나 구제하고, 남성에게 의존하지 않고 여성의 힘으로 자립·자급하자는 취지였다.

전도부인으로, 보호여회와 과부회 회장으로 활약하면서 김세지는 평양지방 교계뿐 아니라 일반 여성계 지도자로 두각을 나타냈다. 그런 배경에서 삼일운동 직후 평양지역 교회 여성들이 조직한 항일 비밀결사 애국부인회 조직에 임원으로 참여하게 되었다. 삼일운동의 열기가 한껏 타오르던 1919년 6월, 평양의 장로교와 감리교 여성들이 애국부인회를 조직하여 활동하기 시작했는데, 감리교 측은 바로 남산현교회의 보호여회를 기반으로 형성되었다. 이때 보호여회 회장인 김세지를 비롯하여 홍메례와 오신도·안정석·박승일·이성실·손진실 등 남산현교회 보호여회의 핵심세력이 대거 참여하였고 이들 감리교 조직이 1919년 11월 장로교 조직과 합동하여 '대한애국부인회'를 창설할 때 김세지는 부재무부장이 되어 군자금 모금의 실질적인 책임을 지게 되었다. 애국부인회는 일 년간 2,107원을 모금하여 상하이와 만주에 독립운동자금을 보냈다.

그러나 애국부인회 조직은 1920년 10월경에 탄로나 100여 명의 관련자들이 검거되었는데 김세지도 이때 체포되었다. 수개월 후 비록 불기소로 풀려나기는 했으나 경찰에서 받은 비인간적인 고문과 악형으로 건강을 심하게 해치고 말았다. 김세지는 1921년 석방된 후 삼엄한 일본 경찰의 감시와 방해를 극복하면서 와해된 보호여회를 70명 회원으로 재건하였고, 보호여회 기금으로 1923년 칠성문 밖에 교회를 개척하였다. 감옥에서 당한 고문 후유증으로 전과 같이 활발한 활동은 할 수 없었지만 지방 전도도 계속하였다.

1922년 5월 15일, 평양 남산현교회에서 '김세지 전도부인 성역 25주년 기념식'이 성대하게 열렸다. 그날 남산현교회 교인들에게 금배지를 받은 김세지의 모습에서, 30년 전 보쌈 결혼의 공포에 싸여 이리저리 도망치던 애기 과부의 불쌍한 모습은 전혀 찾아볼 수 없었다. 전도부인으로, 보호여회와 과부회 회장으로, 애국부인회 임원으로 당당하고 자신에 찬 삶을 살았던 김세지는 모든 변화와 축복의 원인을 그리스도에게 돌렸다.

자녀들도 신앙의 대를 이었다. 아들 득수得洙는 일제 시대 평양 광성고등보통학교 교장을 역임했고, 첫째 딸 매륜邁倫은 한국 감리교회 초대 감독 양주삼 목사의 부인이 되었으며, 둘째 딸 반석磐石은 변홍규 목사의 부인이 되었다. 김세지는 1933년 제3회 감리교 종교교육대회에서 종교교육 공로자 표창을 받은 것으로 공적公的 활동을 마치고 해방 후 월남하여 막내사위 변홍규 목사 댁에 머물다가 별세하였다.

3. 여성운동의 여명
보호여회와 진명여학교 창설자 여메례

한국 전통사회에서 성姓을 간다는 것은 가장 야만적이면서도 비인간적인 행위로 취급되어 왔다. 성을 간다는 것은 비천한 신분의 사람들이나 하는 짓이었고, 자신의 확고한 결심이나 약속을 나타낼 때 "성을 갈겠다!"라고 표현하기도 했다. 그만큼 성이란 귀중한 것이고 또 종교적 신성함까지도 포함하고 있었다.

그런데 성을 셋이나 가지고 있는 여인이 있다. 그것도 여전히 봉건주의 체계가 마지막 위세를 발휘하고 있던 19세기 말, 20세기 초에 살았던 한국 여인에게 이런 일이 벌어졌다. 여余씨 성에서 출발해서 황黃씨 성으로 불리다가 양梁씨 성을 거쳐 다시 본래의 성으로 돌아와 여메례余袂禮로 생을 마친 한 전도인의 이야기다.

부모에게 버림받고 선교사 양녀가 되다

여메례는 조선 말기인 1872년(고종 9년) 2월 22일 경남 마산의 여씨 가문에서 외동딸로 출생했다. 그의 가정환경을 밝혀 줄 만한 자세한 자료가 없어 안타까우나 집안은 그다지 넉넉한 편은 아니었던 듯싶다. 게다가 그가 어릴 때 부모가 점을 쳤는데 딸이 부모와 함께 살면 단명短命할 것이라는 점괘가 나왔다. 부모는 딸을 양녀로 보낼 곳을 찾다가 "버려진 아이들을 데려다 먹여 주고 재워 주며 가르쳐 주는 곳이 있다"는 소문을 듣고 서울 정동의 이화학당 스크랜턴 대부인M. F. Scranton에게 '버리듯' 맡기고 돌아갔다. 이렇게 해서 그는 스크랜턴 대부인의 양녀가 되어 이화학당에서 공부하였고 세례를 받으면서 '메리Mary'라는 세례명을 받았다. 이는 스크랜턴 대부인의 이름을 그대로 받은 것인데 메리를 한자로 음역한 것이 '메례袂禮'이다. 그래서 '여메례'가 되었다. 영어에 뛰어난 재능을 보인 여메례는 이화학당을 졸업한 후 의사인 홀 부인에게 간호학을 배우고, 정동에 있던 여성 전용 병원인 보구여관保救女館, 후의 동대문부인병원)에서 간호사 겸 전도부인으로 근무하였다.

1894년을 전후로 그는 황씨 성을 가진 교인과 결혼하였다. 이때부터 서양식으로 남편 성을 따서 '황메례', '황씨 메례', 혹은 '여메례황'으로 불렸다. 그러나 남편과 함께한 시간은 길지 않았다. 남편은 결혼 3개월 만에 혼자 미국 유학길에 올랐다가 얼마 후 그곳에서 사망하였다. 신혼 3개월 만에 과부가 된 황메례는 슬픔을 극복하기 위해 더욱 열심히 보구여관 일에 몰두하였다. 그의 헌신적 활동은 선교사들의 감탄을 자아냈다. 1895년 미감리회 여선교회 연례보고에 나타난 그의 활약상이다.

우리 병원과 시약소에서 이루어진 사역 가운데 가장 중요한 것으로 우리 병원 수석 간호사이자 전도부인인 황메례 부인의 사역을 언급하지 않을 수 없습니다. 간호사로서 그는 입원 환자들의 열을 재며 약을 주고 상처를 씻어 냅니다. 전도부인으로서 그는 환자 및 병원 직원들과 함께 매일 아침 기도회와 성경읽기 모임을 열고 있습니다. 매일 정오에는 시약소 응접실에서 약을 타러 오는 사람들에게 성경을 읽어 주거나 설명하고 함께 기도해 주었으며 응접실에서 주일 오후마다 예배를 인도하는데 1,786명이 그의 전도를 들었습니다. 매 주일 평균 34명이 참석하는데 많이 올 때는 144명까지 참석했습니다. 주간 중에 나가서 전도한 사람이 모두 3,302명이 되고 그중 글을 읽을 수 있는 사람이 146명인데 개신교인이 146명이고 천주교인이 50명입니다. 황씨 부인은 시간을 정해 놓고 일을 하지 않습니다. 방문할 환자나 교인이 있으면 언제든 나갑니다. 그는 지난 한 해 동안 기독교 서적과 전도지, 쪽복음을 384부 팔았고 열 부는 그냥 주었습니다.

선교사들 사이에 황메례는 '능력 있고 신실한' 사역자로 인정받았다. 영어까지 잘하였기에 토착교회 여성 신도를 대표하는 인물이 되었다. 그래서 1897년 10월 31일, 정동교회에서 선교사들이 주동하여 엡윗청년회(Epworth league, 감리교 청년회 조직) 여성지회로 조이스회Joyce chapter를 창설할 때 이화학당 선교사 프라이L. A. Frey가 회장을, 황메례가 부회장을 맡게 된 것이다. 이 조이스회는 한국 교회사뿐 아니라 일반 근대사에 나타난 최초 여성단체이다. 이화학당 교사와 학생, 정동교회 여성 교인들로 조직된 조이스회는 토론회를 자주 열어 여성 의식계몽을 추구하였다.

1897년 12월 31일 저녁, 정동교회에서 엡윗청년회 토론회가 열렸다. 이 날 토론회는 정동교회 새 예배당(현 문화재 예배당) 헌당식을 기념하여 엡윗청년회 남성지회인 워른회Warren chapter와 조이스회가 합동으로 개최한 것인데 주제는 "여성에게 교육을 시키는 것이 가하뇨?"였다. 아직은 수구적인 분위기가 남아 있어 여성이 직접 연사로 나서지는 못하고 남성 회원들이 찬반으로 나누어 토론을 시작하였다. 찬성 편에는 미국 시민권자이자 독립협회를 이끌고 있던 서재필과 김연근이, 반대편에는 미국 유학을 다녀왔으나 여성 교육에 부정적인 입장을 취하였던 윤치호와 조한규가 각각 연사로 나서 자기 의견을 피력하였다. 서재필은 미국의 예를 들면서 여성도 교육을 받고 사회에 진출하여 자기 능력을 발휘해야 한다는 취지로, 김연근은 동양의 '음양조화론'을 근거로 찬성 발언을 하였다. 그러자 윤치호가 나서 "예수의 제자와 공자, 맹자가 좋은 말로 백성을 가르쳤으되 녹의홍상綠衣紅裳에 여인이란 말을 듣지 못하였고, 영웅열사들이 공을 이루며 후세에 이름을 전하였으되 지분脂粉을 단장한 여인이란 말을 듣지 못하였다"고 지적했다. 조한규는 "남자는 여자의 머리가 됨이라"는 성경구절과 창세기의 타락 기사를 예로 들어 "하와가 선악을 알게 하는 나무 열매를 따 먹은 것이 인류 타락의 근원이 되었다"며 여성 교육의 위험까지 언급하고 나섰다.

　이처럼 토론 분위기가 반대편으로 기울어 가자, 토론장 뒤쪽에 방청객으로 앉아 있던 조이스회 회원들 가운데서 돌발적인 발언이 튀어 나왔다. 그날 현장에 있던 〈대한크리스도인 회보〉 기자가 그 장면을 다음과 같이 보도하였다.

또한 교중 부인들이 말씀하되 이와(하와)가 비록 죄를 지었으나 마리아가 아니시면 예수께서 어찌 세상에 오셔서 죄를 대속하셨으리오 하여 형제들과 자매들이 일장一場을 토론討論하였더라.

비록 짧은 보도였지만 이 기사가 갖고 있는 의미는 실로 컸다. 비록 그날 주제가 '교육에 있어 남녀평등'이었지만 예정된 토론은 남성 연사들만의 찬반 연설이었다. 여성들은 감히 연사로 나설 수 없었고 남성들의 토론장에 참관을 허락받은 것만도 대단한 일이었다. 그런데 그냥 듣고만 있어야 할 여성들이 남성들의 토론에 끼어들었다. 인류 타락의 원인을 하와에게 돌리는 남성 교인들의 발언에 "하와만 보지 말고 마리아도 보시오!" 하고 외치는 여성들의 함성을 계기로 질서정연하게 진행되던 남성들만의 연설이 '형제와 자매들의 일장 토론'으로 바뀌었다. 침묵을 강요받았던 여성들이 드디어 남성들 앞에서 자기 의견을 밝히기 시작하였다! 이처럼 '하와'에 집착한 남성들 앞에서 '마리아'를 거론하며 '남녀 간의 일장토론'을 이끌어 낸 장본인이 누구인지 신문 기사는 밝히지 않았지만 토론장에서 조이스회 회원들을 지휘한 인물이 황메례였을 것은 쉽게 짐작할 수 있다. '마리아Mary'가 바로 그의 이름이 아니었던가!

보호여회 창설

조이스회는 여성운동가로서 황메례의 위상을 한층 높여 주었다. 하지만 황메례는 높아진 위상을 자신의 명예를 위해 쓰지 않고 오히려 가난하고 소외된 여성을 위해 능력을 발휘하였다. 1900년 11월 11일, 순수 한국인 교회 여성들만으로 조직된 보호여회가 만들어졌다. 1900년 8월 아펜젤러H. G. Appenzeller가 2차 안식년 휴가를 얻어 귀국하게 되었을 때, 이들 부부를 위해 정동교회 여성 교인들이 단체사진을 찍어 기념선물로 주기로 했다. 사진이 귀한 시절이라 교인들이 각각 얼마씩 내서 사진촬영 비용을 충당했는데, 정산해 보니 사진 값을 치르고도 1원 10전이 남았다. 교인들은 그 남은 돈을 어떻게 처리할 것인지를 놓고 논의하였다.

"얼마가 되더라도 남은 돈을 나누어 각자에게 돌려주자."

"지난번에 사진을 찍지 못한 교인이 있으니 돈을 더 내서 이번에는 그들도 함께 찍어 한국에 나와 있는 여선교사 세 분에게 선물로 주자."

의견이 분분한 중에 황메례가 의견을 냈다.

"우리가 선물하려고 거두었다가 남은 돈으로 재정을 삼고 한 회를 모으되, 이 회는 특히 우리 교우 중 빈한한 자를 돕기로 하자. 사진을 찍어 선교사 세 분에게 선물하여 기쁘게 하는 것보다 빈궁한 여러 교우들을 구제하여 그들을 기쁘게 하는 것이 어찌 아름답지 아니하리오."

회중 모두가 황메례의 의견에 찬성하였다. 이렇게 해서 새로운 여성단체가 만들어졌다. 의견이 통일되자 황메례는 "우리 힘으로는 무슨 일이든지 할 수 없으니 하나님께 기도합시다" 하였다. 그때 드린 기도 전문이다.

> 이 회가 작정되게 하옵시고 또 주께서 이 회의 머리가 되시고 우리를 가르쳐 주사 이 회가 진보케 하옵시고 이 회가 크게 흥왕하여 회우 수효가 여러 만 명이 되게 하옵소서. 이것은 우리 구세주 예수 씨 이름을 의지하

여 비옵나이다. 아멘.

이렇게 해서 만들어진 단체가 바로 '보호여회'이다. 가난한 여성을 여성이 보호하고 돕자는 취지였다. 보호여회는 조이스회와 함께 오늘날 한국 감리교회 여선교회의 모체가 되었는데 보호여회를 창설할 당시 회원 28명이 "회우 수효가 여러 만 명이 되게 하옵소서"라고 기도하였던 바, 오늘날 감리교 여선교회 회원 수는 20만 명을 넘게 되었다. 황매례의 기도가 그대로 응답된 것이다. 그는 보호여회 초대 회장으로 추대되었는데, 조이스회가 여성 계몽에 주력했다면 보호여회는 구제활동에 주력했다. 보호여회 회원들은 매월 자신이 정한 대로 회비를 냈고 그것을 모아 성탄절이나 부활절에 교회 안팎의 가난한 여성들을 구제하였다. 그리고 능력이 있는 여성들에겐 '방물장수'를 할 수 있는 자금을 대어 주어 구조적 빈곤에서 해방되도록 도왔다. 이렇게 보호여회 자금으로 방물장수가 된 여인들은 성경책도 가지고 다니며 팔아 자연스럽게 전도부인 역할까지 감당하였다.

보구여관이 동대문으로 이사를 간 1900년 이후, 황매례는 모교인 이화학당 교사 겸 전도부인이 되어 학생들을 지도하였다. 그는 정동교회 교인들과 조이스회와 보호여회를 조직했던 것처럼 이화학당에서도 학생 자치단체인 '사랑회Loving Society'를 만들었다. 이 모임에 대해 당시 이화학당 교장 페인J. O. Paine은 이렇게 보고하였다.

소위 그들이 말하는 사랑회라는 학생 조직에 대해 말씀드리고자 합니다. 그들은 '남을 해치지 말라, 무례하지 말라, 남을 괴롭히지 말라, 서로 사랑하라, 선생님이나 어른들에게 순종하라, 겸손하라' 등등의 많은 규칙을 만들어 놓았습니다. 회장이 매일 그 규칙을 낭독하고 매달 한 번 월례회에서는 회장이 황씨 부인에게 보고합니다. 이 모임을 만들고 지도하고 있는 인물이 바로 황씨 부인입니다. 이 작은 모임을 통해 그들이 이 같은 규칙들을 매일 실천해 나감으로 우리 학생들의 생활을 변화시켜 주님을 위해 봉사하는 데 더욱 훌륭한 일꾼들이 될 것임을 확신하는 바입니다.

1903년 3월 일본 시찰의 기회를 얻은 황메례는 일본의 현대식 여성 교육기관의 활발한 활동에 크게 감명을 받고 돌아왔다. 돌아온 후 1904년부터 스크랜턴 대부인이 담당하고 있는 상동교회 주일학교에서 성경과 영어를 가르치는 한편, 스크랜턴 대부인의 권고로 수원에 있는 삼일여자학교에까지 가서 영어를 가르쳤다.

진명여학교 설립

황메례는 단순한 개화여성이 아니라 선구적 교육가로서 두각을 나타내기 시작하였다. 교육에 대한 남다른 열정으로, 자신에게 주어진 교육의 기회를 잃지 않고 이를 통해 민족 계몽의 꿈을 실현해 나가기 시작하였다. 그런 그에게 더 원대한 교육의 꿈을 실현할 기회가 찾아왔다. 황메례가 상동교회에서 가르치던 학생 중에 엄씨 성을 가진 여자 아이가 있었다. 그런데 그 아이의 부친이 당시 고종 황제의 후비後妃인 엄비嚴妃의 사촌동생 엄준원이었다. 군부총장의 자리에 있으면서 엄비의 뜻을 따라 근대식 여학교 설립을 준비하고 있던 엄준원은 교사 황메례를 엄비에게 소개하였고, 진취적 사상을 갖고 있던 엄비와 개화여성 황메례는 쉽게 친해질 수 있었다. 이에 근대식 여학교 설립계획은 박차를 가하게 되어 자하골(현재 창성동) 천여 평 토지와 큰 기와집을 하사받고 진명進明여학교를 설립하였다.

1906년 4월 21일 개교한 이 학교 교장엔 엄준원이 취임하였으나 학교 운영의 실질적인 업무는 학감으로 취임한 황메례가 맡았다. 그는 학생들과 함께 기숙하며 기울어져 가는 민족의 장래를 걱정하는 가운데 학생들에게 민족정신을 불어넣어 주기에 전력을 기울였다. 그의 활동 범위는 진명에만 국한된 것이 아니었다. 영어에 능통했던 황메례는 어전 통역관이 되어 고종 황제 앞에서 통역을 하기도 했고, 전국을 순회하며 여성 계몽을 주제로 강연회를 개최하기도 하였다. 1907년 7월 평양을 방문한 황메례는 안창호와 함께 강연하였는데 그 광경을 〈대한매일신보〉(1907. 7. 18.) 기자는 이렇게 소개하고 있다.

> 평양지방에 여자 교육을 관찰 차 황실에서 경성 진명여학교 총교사 황부인 메례 씨를 특파하신바 광무 11년 7월 8일에 본지 명륜당 내에서 여자교육연구회를 열었는데 각 학도는 방학의 때를 당하여 7, 8백 명이 모임에 참석하였고 일반사회는 1천8,9백 명이 동편東便으로 방청하였는데 대황제폐하 만세와 황태자전하 천세千歲와 엄귀비 전하 천세를 세 번 부른 후에 진명여학교 생도는 애국가로 축사를 다투어 부르고 그 다음으로 앉은 후 부인 연설원은 황 부인 메례 씨와 김 부인 혈년 씨와 12세 여자 옥어진 씨요 남자 연설원은 안창호, 김의경 씨인데 박수갈채함은 말로

다하기 어렵고 바로 그 자리에서 보조금 636원 2전 5리에 달하였다더라.

이처럼 황메례는 교회를 넘어 일반사회에서 여성 교육계를 대표하는 인사가 되었다. 그러나 1910년 한일합병이 되면서 그의 교육활동은 전면 중단되었다. 왕실의 보조를 받던 진명학교는 일본인의 손에 넘어가 민족 교육과는 정반대의 식민지 교육기관이 되었고, 이와 함께 황메례도 학감 자리를 빼앗기고 말았다.

성결교 전도사로 생을 마치다

황메례는 진명여학교에서 쫓겨난 후 한동안 실의에 빠져 방황하다가 양홍묵梁弘默을 만나 재혼함으로 새로운 삶의 전기를 맞았다. 양홍묵은 배재학당 재학 중 한국 최초 학생단체인 협성회協成會 회장으로 1898년 〈협성회회보〉를 발간하였고, 이것을 다시 〈매일신문〉으로 개제하여 발행한 개화 운동가이자 언론인이었다. 그도 어전 통역관으로 궁중에 출입하였고 외국어학교 교관을 거쳐 김해와 청도, 경주 군수를 역임했다. 한일합병 당시 그는 내무부 협판을 지냈는데 결혼했다가 아내와 사별한 상태였다. 황메례는 이런 양홍묵과 결혼함으로 황메례라는 이름이 양메례로 바뀌었다.

그러나 양홍묵과의 결혼생활도 오래 계속되지 못했다. 양홍묵과 5, 6년 함께 살다가 남편이 먼저 별세하여 다시 과부가 되었다. 그는 양홍묵의 전처소생인 어린 아들 양현채를 데리고 남편 고향인 충북 청원군 부용면 부강으로 내려갔다. 그때 나이 마흔을 넘겨 쉰을 바라보고 있었다. 그는 남편이 남기고 간 아들을 키우는 것으로 자신의 역할을 다하리라 생각했다. 그러나 그 생각대로 되지 않았다. 부강에는 아직 교회가 없었다. 여메레가 속했던 감리교회는 장로교와의 선교지역 협정 때문에 부강에 교회를 세울 수 없었다. 부강은 장로교 선교구역이었기 때문이다. 그러던 중 감리교와 같은 '웨슬리 신앙' 전통의 동양선교회東洋宣敎會, Oriental Missionary Society 성결교회 창설자 킬보른E. A. Kilbourne 선교사가 부강에 왔다가 여메레를 만났다. 이것이 계기가 되어 그의 집에서 성결교회를 시작했다. 처음에는 가정예배로 시작했다가 1921년부터 곽재근 전도사를 파송함으로 정식 교회가 되었다.

그것으로 끝나지 않았다. 여메레는 킬보른의 강력한 권고로 경성성서학원(현 서울신학대학교)에 입학하여 목회자 수업을 받기 시작했다. 이 학교를 1923년 12회로 졸업한 후 성서학원 여자부 부사감이 되어 여학생들의 생활을 지도하기 시작했고, 1925년부터는 교수가 되어 학생들에게 영어를 가르쳤으며, 1929년에는 성서학원 여자부 사감이 되었다. 그리고 1931년 성서학원을 떠나 일선 목회의 길에 발을 들여놓았다.

첫 부임지는 청주교회였다. 김승만 목사가 담임하고 있던 이 교회 전도사로 부임하여 일 년간 시무하다가 1932년 조치원교회로 옮겼다. 여메레의 성서학원 제자로 당시 조치원교회를 담임하였던 김정호 목사는 여메레 전도사를 다음과 같이 회상하였다.

> 그분의 성품으로 말하자면 포용성이 있고 원만하여 누구라도 받아들였으며 또한 애국적인 사상을 품고 의롭게 살려고 노력하였다고 할 수 있

습니다. 그러면서도 일찍이 개화한 여성으로 행동에는 과단성이 있었으며 서구적인 사상가였고 무엇보다 사랑의 실천에 인색함이 없었습니다. 남편(양홍묵)이 남긴 유산으로 부유한 생활을 누릴 수도 있었으나 그는 자기 재산을 가난한 교역자나 교인들에게 남모르게 나누어 주는 일에 열심이었고 돌아가실 즈음에는 거의 개인 재산이라곤 찾아볼 수 없는 형편이었습니다. 말 그대로 개인적인 호의호식을 포기하고 하나님과 교회를 위해 모든 것을 희생하신 고결한 주의 종이었습니다.

제자의 목회를 돕던 여메례 전도사는 1933년 2월 27일, 조치원교회 교인이 운영하던 사진관에서 사진을 찍던 중 혈압으로 쓰러져 세상을 떠났다. 김정호 목사의 주례로 열린 여메례의 장례식에는 평소 그의 도움을 받아 오던 수많은 교역자와 교인들이 모여 눈물을 흘렸다. 여메례의 시신은 조치원 공동묘지에 쓸쓸히 안장되었는데 해방 후 그의 묘지를 찾으려는 운동이 진명여학교와 성결교회를 중심으로 전개되었으나 6·25전쟁으로 너무나 변해 버린 지역 상황 때문에 묘지를 확인할 수 없었다.

경상도 마산, 이름 모를 곳에서 태어나 기독교를 통해 자신의 잠재능력을 최대한 발휘하여 교육계에 뚜렷한 발자취를 남겼던 여메례. 그는 말년을 이름 없는 그리스도의 종으로 농촌교회를 찾아 봉사하다가 결국 이름 모를 무덤에 묻혀 오늘에 이르고 있다. 성이 셋이었을 만큼 파란만장했던 그의 일생은 다만 부강교회에 세운 '여메례전도사기념비'를 통해 후세에 전달되고 있을 뿐이다.

4. 이름을 세 번 바꾼 여인
한국인 최초 여성 의사 박에스더

"박유산朴有山의 무덤을 찾았습니다!"

미국 워싱턴에서 유학 중인 제자에게서 온 연락이었다. 박유산이 미국 땅에 묻힌 지 100여 년 만에 한국인으로는 처음으로, 그것도 성姓이 같은 후배가 찾아가 성묘를 한 것이다.

박유산은 한국인 최초 여성 미국 유학생이자 한국인 최초 여성 의사로 이름을 남긴 박에스더朴愛施德의 남편이다. 박에스더는 이름을 세 번이나 바꾸면서 개화와 격동의 시대를 도전과 개척 정신으로 살아낸 여성운동 선구자였다. '김점동'에서 '김에스더'를 거쳐 '박에스더'로 이름이 바뀌면서 그의 삶의 방향과 내용도 바뀌었다.

김점동 시절

첫 번째 이름은 김점동金點童. 1876년(고종 13년) 3월 16일 서울 정동에서 평범한 선비인 광산光山 김씨 홍택弘澤의 넷째 딸로 태어나면서 얻은 이름이다. 위로 딸만 셋이 있었는데 언니 중엔 정신貞信여학교 초대 교사였던 신마리아申瑪利亞가 있다(신씨와 결혼해서 성이 바뀐 것이다). 가난한 선비였던 그의 부친은 딸만 넷이니, 양자를 하나 들여 대를 이으려 하였다. 김점동이 열 살 될 무렵 미국 선교사들이 정동에서 선교활동을 시작했는데, 이때 그의 부친은 양자와 함께 미감리회 초대 선교사 아펜젤러의 집에 들어가 잡무를 보게 되었다. 그의 부친이 잡무를 보게 된 동기는 신앙적인 것이 아니고 밥벌이가 목적이었다.

정동에서 미감리회 여선교사 스크랜턴 대부인이 이화학당을 열었지만 서양인을 두려워하는 당시 상황 때문에 제대로 학생을 모집하지 못한 상태였다. 스크랜턴 부인이 주로 하는 일은 거리에서 고아를 찾거나 가난한 집을 찾아다니며 딸을 무료로 교육시켜 주겠노라고 부모를 설득하여 학생들을 모집하는 것이었다. 기독교인은 아니지만 선교사들의 일을 돕고 있던 김점동의 부친은 딸을 이화학당에 입학시키려 했다. 훗날 박에스더는 그때를 이렇게 회고하였다.

> 내 나이 열 살 적에 아버지는 나를 스크랜턴 부인에게 데려다 주셨다. 아주 추운 때였는데 스크랜턴 부인이 나를 스토브 가까이 오라고 하셨다. 나는 그전에 스토브라는 것은 본 적이 없었으므로 처음에는 그 서양 부인이 나를 그 속에 집어넣으려는 줄 알고 겁을 집어 먹었지만 그분의 아

름답고 친절한 얼굴을 보고는 나를 불에 집어넣으려는 건 아니구나 하고 생각했다. 그 당시 학당에는 나 말고 세 명의 여자 아이가 있었다. 그때의 나는 밥 먹는 일 외에 아무것도 몰랐고 하나님이 계시다는 사실도 몰랐다.

'밥 먹는 일 외에 아무것도 모르던' 김점동은 이화학당에 발을 들여놓으면서 서서히 변화되기 시작했다. 생소한 분위기의 이화학당 생활은 오래지 않아 그의 영혼을 사로잡게 되었다. 당시 이화학당에서 스크랜턴 부인은 영어와 산수 등 일반 과목도 가르쳤으나 무엇보다 중점을 둔 것은 주기도문, 찬송, 기도 등의 예배의식이었다. 이러한 예배의식은 무신론자 김점동을 서서히 깨우치게 만들었다.

김에스더 시절

두 번째 이름인 김에스더는 1891년 1월 25일 선교사 올링거F. Ohlinger에게 세례를 받으면서 얻은 이름이다. '점동'이란 이름 대신 선교사들이 붙여 준 '에스더Esther'라는 이름을 쓰게 된 것이다.

김에스더는 이화학당에 입학하면서 새로운 학문에 호기심을 갖고 열심히 공부했는데, 특히 흥미를 끈 과목은 영어와 오르간 연주였다. 그의 영어 실력은 남들보다 뛰어나 선교사들의 사랑을 독차지하였다. 한편 김에스더는 기독교라는 이방 종교에 대해서도 호기심을 넘어 탐구의 차원으로 접근하게 되었다. 기도와 찬송, 성경공부 등 생소하기만 했던 기독교의 신앙행위를 스스로 이해하고 실천해 나가기 시작했다.

세례 받기 전인 1888년 어느 여름, 폭풍우가 몰아치던 밤이었다. 기숙사 방 안에 있던 열두 살 소녀 김점동은 두려움에 사로잡혔다. 선교사들이 설교시간에 들려주었던 노아의 홍수 이야기가 생각났다. 무자비한 하나님의 심판이 공포 속에 그를 사로잡았다. 이와 함께 죄에 대한 뚜렷하고도 두려운 인식이 엄습하면서 영혼의 불안을 느끼게 되었다. 그런데 그 방에 같이 있던 동료 학생도 마침 그 순간에 김점동과 똑같이 노아 홍수와 죄를 생각하고 있었음을 서로 확인하게 되었고, 여기에서 신비함을 느낀 두 소녀는 무릎을 꿇고 기도하기 시작했다. 죄를 자백하며 구원을 비는 기도가 계속되면서 두려움과 불신이 사라지고 마음속에 확신과 평안이 가득 차게 되는 신앙체험이 이루어졌다. 김점동의 인생을 변화시킨 '위대한 밤'이었다. 이튿날부터 그는 동료 학생들과 함께 정기기도회를 갖기 시작했다. 찬송과 기도로 이루어지는 이 기도회는 학생들뿐 아니라 선교사들에게도 깊은 감명을 주었다. 믿음의 확신을 얻은 김점동은 다른 동료 학생 두 명과 함께 세례를 받았고 '김에스더'로서 제2의 인생을 살기 시작하였다.

영어 실력이 뛰어났던 김에스더는 정동에 있던 보구여관에서 선교사 셔우드R. Sherwood를 도와 일하기 시작했다. 보구여관은 1887년에 내한한 여성 의료 선교사 하워드M. Howard가 설립한 한국 최초의 여성 전용 병원인데, 하워드가 풍토병으로 일 년 만에 귀국하여 문을 닫게 될 처지에 셔우드가 내한하여 맡게 되었다. 셔우드는 이 병원 의사이자 이화학당 교사로 일을 시작하였는데 영어를 잘했던 김에스더가 셔우드의 통역으로 일하게 된 것이다. 셔우드와의 만남은 그의 인생을 다시 한 번 변화시켰다.

1888년 여름밤의 회심체험을 통해 그리스도를 위해 살기로 작정한 김에스더는 셔우드의 헌신적인 모습을 지켜보며 자신도 의료인으로서 헌신하기로 마음먹게 되었다. 셔우드 역시 그런 김에스더의 꿈을 살려 주기 위해 최선을 다했다. 하워드나 셔우드가 내한한 것은 당시 조선의 상황에서 참으로 힘들었던 '여성 진료' 때문이었다. 1885년 5월 내한한 스크랜턴은 정동에 도착하자마자 병원을 설립하고 진료를 시작했지만 조선 여인들은 병원에 오지도 않을뿐더러, 찾아가더라도 진료를 거부하는 난감한 현실에 부딪혔다. 봉건적 내외법內外法 문화에 철저했던 조선 여인들이 "어떻게 외간 남자, 그것도 서양 남자에게 몸을 보일 수 있느냐?"며 진료를 거부한 것이다. 이에 스크랜턴은 선교본부에 "여성 의사를 빨리 보내 달라"고 요청하였고, 하워드와 셔우드가 들어와 '여성 전용' 병원을 설립했던 것이다. 여성 의사가 진료한다니까 여성 환자들이 오기는 했으나, 의사가 서양인이니 조선 여인들은 마음과 몸을 완전히 개방하지는 않았다. 그래서 셔우드는 '조선 여성이 조선 여성을' 치료하는 것이 최상의 방법이라고 생각하게 되었다. 그래서 보구여관 안에 '의학반'을 만들어 기초 의학을 가르치기 시작했고 김에스더도 그 반에 들어가게 되었다. 셔우드는 특별한 애정과 관심으로 김에스더를 지도하였다.

박에스더 시절

세 번째 이름인 박에스더는 1893년 5월 24일 박유산이라는 청년과 결혼하면서 서양식으로 성을 바꾸어 생긴 것이다. 박유산은 셔우드의 남편인 홀의 조수였다. 서우드가 1890년 한국에 나올 때 미국에는 그의 약혼자가 있었다. 약혼자인 홀도 의사로, 대학 졸업 후 뉴욕 빈민가에서 의료활동 중에 서우드를 만나게 되었다. 그러나 오래전부터 해외선교를 결심했던 서우드가 한국에 나왔고, 일 년 후인 1891년 12월 홀도 사랑하는 연인을 따라 한국으로 왔다. 둘은 1892년 6월, 올링거 목사의 주례로 '한국 땅에서 최초로 서양식 결혼'을 하였다. 그리고 일 년 후 홀의 조수였던 박유산과 서우드의 학생이었던 김에스더가 역시 '서양식으로' 결혼을 했다. 그러나 그 둘의 결혼은 당시 조혼早婚 풍습을 따르려는 김에스더 친가의 요구가 강하게 작용한 결혼이었다. 열여섯 살의 과년(?)한 딸이 병원이라는 공개 장소에서 미혼인 채로 활동하는 것에 마음이 쓰인 그의 부모가 서둘러 짝을 찾았던 것이다. 사실 박유산은 김에스더 집안에 비하면 사회적 신분이 낮았다. 그것이 결혼의 장애요소였으나 어차피 결혼을 해야 한다면 신앙인을 선택하려는 김에스더의 확고한 신념에 부모도 어쩔 수 없었다. 홀 부인(서우드)에게 보낸 김에스더의 편지는 당시 그의 고민하는 심경을 대변해 주고 있다.

> 3일 동안 저는 뜬눈으로 고민했습니다. 왜냐하면 저는 남자를 결코 좋아하지 않을 뿐 아니라 바느질도 잘 못합니다. 그러나 우리의 관습은 누구나 결혼을 해야 합니다. 이 점은 저도 어쩔 수 없습니다. 비록 제가 남자를 싫어해도 말입니다. 만일 하나님께서 박 씨를 저의 남편으로 삼고자 하시면 지체가 높고 낮음이 무슨 소용이 있겠느냐고 어머님께 말씀드리겠습니다. 저는 부자거나 가난하거나 지체가 높고 낮음을 개의치 않습니다.

남편 박유산은 아내를 위해 헌신적인 삶을 살았다. 아내의 사회적 활동이나 학문을 방해하기는커녕 오히려 그 일을 위하여 자신의 희생을 기꺼이 감수하였다.

한편 결혼한 홀 부부가 미감리회 한국 선교회 결정에 따라 평양 개척선교의 사명을 띠고 1894년 5월 평양으로 이주할 때 박에스더 가족도 동행하였다. 그러나 평양생활은 오래가지 못했다. 동학농민혁명과 뒤이은 청일전쟁으로 평양은 전쟁 마당이 되었고 전쟁 후에는 부상자와 시체들이 즐비한 평양에 전염병까지 창궐하여 많은 사람들이 죽어 나갔다. 이런 상황에서 홀은 평양에 남아 환자들을 치료하다가 과로로 열병에 걸렸고, 서울로 후송되었으나 끝내 회복되지 못하고 그해 11월 24일 아내의 손을 잡은 채 별세하였다. 자기 때문에 한국에 나왔다가 3년 만에 목숨을 잃은 남편을 양화진 언덕에 안장한 홀 부인은 한 살짜리 아들과 복중의 아이를 품고 귀국하였다.

슬픔은 홀 부인에게만 있는 것이 아니었다. 박에스더 부부 역시 충격과 슬픔에 잠겼다. 인생의 안내자이자 든든한 후원자였던 홀 부부가 떠난 후 박에스더 부부의 미래도 어떻게 될지 모르는 형편이었다. 여기서 박에스더는 모험을 하기로 했다. 그는 홀 부인에게 자신도 미국에 가서 의학공부를 하고 싶다는 뜻을 밝혔다. 그러지 않아도 박에스더를 병원 후계자로 키우려 했던 홀 부인이었기에 기꺼이 이들 부부를 데리고 갔다. 이로써 박에스더는 한국 여성으로서는 최초의 미국 유학생이 되었다. 그러나 한국에서 '영어 잘한다'는 소리를 들었던 그도 미국에서 의학수업을 받기 위해서는 기초부터 다시 공부해야 했다. 박에스더는 홀 부인의 주선으로 1895년 2월 뉴욕 리버티 공립학교에 입학하였고 그해 9월 뉴욕 유아병원에 간호사로 근무하며 의료 실습을 받기 시작했다. 그리고 1896년 10월 볼티모어 여자의과대학(후의 존스홉킨스 대학)에 입학하여 정식으로 의학수업을 받기 시작하였다.

　이처럼 박에스더가 차질 없이 의학공부를 할 수 있도록 주선한 홀 부인은 1898년 11월 다시 한국으로 나왔다. 홀 부인은 미국에 있는 3년 동안 딸을 출산했고 남편의 전기(Life of William James Hall)를 출판했으며, 그 판매 수익금과 친지들의 헌금을 모아 남편을 기념하는 '기홀병원紀笏病院, Hall Memorial Hospital'을 평양에 설립하였다. 이 병원은 후에 장로교 병원(광혜여원)과 합하여 평양연합기독병원이 되었다. 홀 부인은 또한 미국에 머무는 동안 점자를 배웠는데, 이는 홀 부부가 평양에서 처음 얻은 신자 오석형의 딸이 맹인이라 그를 가르치기 위해 자신이 먼저 배운 것이었다. 평양에 돌아온 후 홀 부인은 한글 점자를 고안하여 오석형의 딸 하나를 놓고 점자를 가르쳤으니 이것이 한국 근대 맹인교육의 효시가 되었다. 이처럼 홀 부인은 남편이 희생된 평양에 병원과 맹아학교를 세우고 또 그 후에 서울에 여자의과대학을 설립하여 여성 의료인을 양성하면서 43년간 의료선교와 봉사활동을 하였다. 그리고 1933년 9월, 68세의 나이로 은퇴한 후 귀국하였다.

　한편, 볼티모어 여자의과대학에 입학한 박에스더는 학업을 무사히 마치고 1900년 6월 의학박사 학위(M. D.)를 받고 졸업하면서 한국인 최초 여성 의사가 되었다. (남성 의사로는 1889년 미국에서 의사 면허증을 받은 서재필이 있다.) 그러나 이토록 명예로운 졸업식이었지만 박에스더의 마음은 기쁘지 않았다. 그의 졸업을 제일 기뻐하며 축하했을 남편이 그 자리에 없었기 때문이다. 박유산의 미국 여행 목적은 오로지 아내의 유학 뒷바라지였다.

그는 아내가 공부하는 동안 홀 부인의 친정인 셔우드 집안 농장에 들어가 생활비와 학비를 벌었다. 그렇게 6년 동안 노동을 하며 아내의 공부를 뒷바라지하다가 졸업과 귀국을 두 달 앞둔 4월 28일 급성 폐결핵으로 숨을 거두고 말았다. 박에스더는 볼티모어 공동묘지에 남편의 유해를 묻고 묘비에 이렇게 새겨 넣었다.

> I was a stranger and ye took me in.
> 내가 나그네 되었을 때에 영접하였고(마 25: 35).

자신은 학교에서 미국인 교수와 학생들과 열심히 의학공부를 하는 동안 남편은 말도 통하지 않고 음식과 문화도 전혀 다른 미국인 농장에 들어가 일을 하면서 느꼈을 아픔과 외로움을 생각하며 눈물로 새긴 비문이었다. 6년 전 홀 부인이 남편 유해를 양화진 묘지에 묻고 미국으로 돌아갔듯, 이번에는 박에스더가 남편 유해를 볼티모어에 묻고 홀로 귀국 길에 올랐다.

귀국한 박에스더는 서울 보구여관을 맡아 비로소 '한국 여성이 한국 여성을' 진료하는 새로운 시대를 열었다. 이후 박에스더는 서울 보구여관과 평양 기홀병원을 오가며 진료활동을 폈고 황해도와 평안도 일대를 순회하며 병원에 올 수 없는 여성 환자들을 진료하였다. 뿐만 아니라 평양 맹아학교와 간호사 양성원 그리고 전도부인을 양성하는 여자성경학원 교수로서도 활약하였다. 박에스더는 자신을 필요로 하는 곳이라면 어디든지 찾아갔다. 그의 명성은 교회를 벗어나 일반사회에도 퍼져 나갔다. 1909년 4월 28일 경희궁에서 고종 황제가 임석臨席한 가운데 대한부인회

주최로 '해외유학 여성 환영회'가 베풀어졌는데 그때 박에스더는 하란사, 윤정원과 함께 은장銀章을 받았다.

그러나 그의 몸은 이미 지칠 대로 지친 상태였다. 박에스더는 과중한 업무로 건강을 잃고 수개월 투병생활을 하다가, 끝끝내 회복되지 못하고 1910년 4월 13일 34세의 짧은 삶을 마감하였다. 최종 병명은 남편과 같은 결핵이었고 홀 부인이 그의 마지막 순간을 지켰다.

김점동, 김에스더, 박에스더에 이르는 이름의 변화는 곧 삶의 변화였다. "밥 먹는 것밖에 모르며 하나님이 계신 줄조차 모르던" 김점동이 하나님의 충실한 종이 되어 육신과 영혼의 질병에 찌든 이 땅의 여성들을 위해 짧으나 고귀한 삶을 바치기까지는 두 번에 걸친 이름의 변화가 있었다. 그리고 그 이름의 변화 때마다 그의 인생을 안내한 벽안의 선교사들이 있었다.

5. 귀신의 포로에서 복음의 포로가 된 여인
해주지방 전도부인 주룰루

그때 조선 사람의 가정치고 사신邪神우상을 섬기지 않는 집이 별로 없었는데 우리 집에서는 이름도 모르고 섬기는 신이 스물둘이었고 이름 알고 섬기는 신이 열하나였다. 이름을 알고 섬기던 신인즉 천궁대감, 칠성제석, 복족제비신, 담을제석, 용궁제석, 성인제석, 터주악앗씨, 수문장신, 산신수신 및 미륵 등으로 여기다 이름 모르고 섬기는 신들을 도합하면 서른세 가지나 되었는데…….

참으로 많기도 많았다. 초대교회 시절 평양지방 전도부인으로 활약했던 김서커스가 증언한 것처럼 예수 믿기 전 조선 가정에서 섬기던 귀신들이 그렇게 많았다. 이런 귀신 섬기는 일은 전적으로 가정주부의 몫이었다. 집안에 좋지 않은 일이 생길라치면 "귀신을 잘 못 섬겨서 그렇다"며 닦달하는 어른들 눈초리에 숨죽이고 살아야 했던 가정부인들이었다. 조선의 귀신들은 조선 여성들에게 공포와 억압의 사슬이었다.

귀신을 섬기고 귀신에 사로잡혀 살다가 그리스도의 복음으로 자유를 얻은 사람, 그리고 해주지방의 전설적인 전도부인이 되어 귀신의 포로였던 조선 여성들을 해방시킨 주룰루朱訥婁 부인의 이야기다.

무당집 딸

나는 1879년 4월 24일에 경기도 개성군 화장산 아래서 출생하였다. 내 부모 가정에는 부친 양친과 오라비 장록이와 어린 나를 합하여 단지 네 식구뿐이었다. 부모는 가세가 본래 넉넉하지 못하였기 때문에 나는 나이 네 살까지 부모 슬하에 있다가 그 후에는 황해도 해주 사시는 외조모 집에 가서 어린 몸을 의탁하고 살게 되었다.

그의 증언에도 나오듯 주룰루의 어린 시절은 가난과 이별의 경험으로 시작된다. 어릴 때 이름은 '주포기'. 딸이 태어나니까 '포기했다'는 뜻에서 붙인 이름인지도 모른다. 그렇게 경기도 개성의 가난한 집안에 태어난 그는 네 살 때 황해도 해주에 있는 외할머니 집으로 간다. 가족이 모두 간 것이 아니라 주포기 혼자만 갔다. 개성의 부모는 어린 딸 하나 먹여 살리는 것조차 벅찰 정도로 가난했다. 외갓집도 가난하기는 마찬가지였다. 그런데 외할머니는 마을 사람들이 두려워하는 큰 무당이었다.

그때 나의 외조모는 신장神將이라고 하는 우상의 화상을 그려 바람벽에 붙이고 그것이 온 인간의 화복을 주장한다 하여 모든 사람을 유혹하여 그 화상을 숭배케 하는 것으로 업을 삼아 살았다.

집 떠난 네 살짜리 아이의 첫 경험은 얼룩얼룩한 신장 그림으로 둘러싸인 방 안에서 베풀어지는 무당 푸닥거리 구경이었다. 처음에야 신기했으나, 시간이 점점 흐를수록 무섭고 소름끼치는 느낌이 강하게 찾아들었다. 외갓집에 간 지 일 년 만에 다시 개성 집으로 돌아가라는 어른들의 말이 그렇게 반가울 수가 없었다. 그러나 일 년 만에 돌아온 집은 전보다 더 어려운 형편이었다. 아버지가 소식 없이 집을 나간 후 생사조차 모른 채 일 년의 세월이 흘렀다.

남편의 가출에 충격을 받은 어머니는 알아듣지 못할 말을 횡설수설 늘어놓고 있었다. 그러더니 어느 날 갑자기 관공關公을 섬겨야 한다며 관운장 그림 일곱 장을 벽 사면에 붙였다. 관공을 섬기는 무당이 된 것이다. 집에서도 점치고 푸닥거리하는 일이 벌어졌다. 외할머니가 무당이더니 어머니까지 무당이 되었다. 어머니가 무당 일을 하게 되면서 굶는 날이 줄어든 것은 다행이었지만 동네 사람들이 그를 '무당집 딸'이라 부르는 것이 싫었다. 천민 중의 천민이 무당 아닌가?

나는 어려서부터 외조모와 모친이 이같이 미신에 침혹하신 것을 극도로 분하게 여겼다. '어찌하면 우리 집안에 모든 미신을 없애 버리고 다른 사람의 집안과 같이 한번 문호를 빛나게 하여 볼꼬? 부친이나 어서 속히 돌아왔으면 좋으련만' 하고 나는 자탄하기를 마지아니하다가도 이웃집 글방에서 남자 아이들이 글 읽는 소리를 들을 때에는 나의 여자로 태어난 것을 원망하고 말하기를 '어찌하여 나는 여자로 태어나서 저런 남자 아이들과 같이 글을 못 배우고 따라서 무식하게 되어 부친의 사존생망死存生亡을 모르고 있으니 이 어찌 금수보다 낫다 하랴' 하고 주야 탄식으로 세월을 보내던 중…….

철이 들면서 가난보다 교육받지 못하는 것이 더 큰 불행임을 깨달았다. '왜 남자는 배우는데 여자는 배우지 못하게 하는가?' 그러나 이런 불만과 고민은 처한 환경을 극복하려는 도전과 용기의 근원이 되었다. 남자 아이들이 들고 다니던 '이야기책'을 읽고 싶은 생각에서 '어깨너머 공부'로 열흘 만에 한글을 깨쳤다.

그리고 얼마 후 청일전쟁이 터졌다. 죄 없는 조선 민중들은 양국 군대의 충돌로 피를 흘리고 약탈당해야만 했다. 청일전쟁이 터지기 얼마 전 오빠 장록은 가출한 지 십 년도 넘은 아버지를 찾겠다며 나간 뒤로 소식이 끊겼다. 결국 두 모녀만 해주 동면 수봉골이란 산골로 피난 갔다. 그곳도 불안하기는 마찬가지였다. 머잖아 일본 군대가 들이닥칠 터인데, "일본군은 조선 처녀를 보는 대로 잡아간다"는 소문이 나돌았다. 어머니는 열여섯 살인 딸의 혼사를 서둘렀다. 그래서 수봉골에 사는 농사꾼 김기섭과 결혼하게 되었다.

시집 살림 역시 빈궁한 형편이어서 제대로 식조차 올리지 못한 채 호미를 들고 밭에 나가야만 했다. 시집에는 시부모뿐 아니라 시집 큰아버지도 함께 살고 있었다. 남편이 둘째 아들이어서 맏동서의 눈총까지 받아야 했다. 그래서 차라리 집 밖의 논과 밭이 편했다. 남편이라도 자상한 면이 있으면 좋으련만, 남편의 사랑은 신혼 첫날부터 기대할 수 없었다. 가난에

다 폭력까지 겹쳐 견디다 못한 주포기는 시집살이 3년 만에 친정으로 몰래 도망쳤다. 그러나 친정에서는 출가외인이라며 "시집으로 돌아가라"고 등을 밀었다. 결국 어디도로 갈 수 없는 형편이 되었다.

> 시댁에서 오라는 재촉은 성화같고 친정에서는 어서 가라고 걱정이 심함으로 나는 양편의 협박을 견디지 못하여 마음속에 결심하기를 내가 시집으로 간 뒤에는 기회를 엿보아 가지고 불평 많은 세상을 떠나서 산중으로 들어가서 머리 깎고 중이 되어서 오래전에 집을 떠나가신 후로 종적이 묘연하신 부친과 오라버니를 찾아보겠다 하고 시집에 간 후에는 이날 저날 세월을 보내며 기회를 얻지 못하다가

머리 깎고 중이 되려던 계획도 수포로 돌아갔다. 임신을 하게 된 것이다. 1899년, 스무 살 때 아들을 낳았다. 그렇다고 시집 식구들의 대우가 나아진 것은 없었고, 이유 없는 구박과 박해는 좀처럼 그치지 않았다. 중이 되어, 집 나간 아버지와 오빠를 찾아보겠다던 꿈은 수포로 돌아갔으나, 대신 무당이 되어서라도 시집을 벗어나고픈 생각이 들기 시작했다. 무당 일이라면 어려서부터 외할머니, 어머니가 하는 것을 보아 온 터에 잘할 수 있을 것 같았다. 그러나 그것도 안 되었다.

외할머니의 개종

1901년 어느 날, 주포기는 우연히 한 부인을 만나게 되었다. 나이가 지

굿하게 든 그 부인은 지금까지 만난 어떤 사람에게서도 느낄 수 없었던 따뜻함으로 그를 대했다. 알고 보니 예수 믿는 부인이었다. 그 부인이 하는 말의 내용이나 의미는 이해하기 어려웠지만 부드럽고도 자상한 부인의 태도에 우선 마음이 끌렸다. 다른 세계의 사람 같았다. 그러나 엄한 시어머니 밑에서 예수교를 믿을 자신이 없었다. 그는 부인에게 해주읍에 사는 외할머니를 전도해 줄 것을 부탁했다. 바로 신장 귀신을 섬기던 무당 외할머니였다.

그 전도부인이 외할머니를 찾아갔을 때 뜻밖에도 외할머니는 전도를 받고 흔쾌히 예수를 믿기로 결심했다. 신장 그림이며 부적, 굿할 때 쓰던 물건들을 모아 불태워 버렸다. 전혀 예상하지 못했던 일이었다. 그리고 무당이었던 친정어머니 역시 예수를 믿기 시작했다. 사돈네 식구들이 예수 믿기 시작했다는 소문이 들리자 시집에서는 주포기를 전보다 더 심하게 구박하였다. 그러나 그는 오히려 자랑스러웠다. 무당 신분을 벗어 버린 외할머니와 어머니를 만나고 온 뒤로는 자신도 예수를 믿어야겠다는 생각이 강하게 들었다.

그러던 중 1901년 6월 24일 밤부터 갑자기 춥고 머리가 아프기 시작하더니 그 후로 일주일 동안 아무것도 먹지 못한 채 앓기 시작했다. 그러자 시어머니가 판수를 데려왔다. 판수는 점을 쳐 보더니 대뜸 "장수 귀신이 들렸구나!" 하였다. 웬만한 푸닥거리로는 나을 수 없는 중병이라고 했다. 시어머니의 증오는 극도에 달했고, 남편은 곁을 떠난 지 이미 오래였다.

눈에 띄게 몸이 야위어 가던 그때 친정에서 외할머니가 찾아왔다. 외할머니는 시어머니에게 "성교聖敎에 귀신 내쫓는 도道가 있지요"라고 하였다. '귀신 내쫓는 도'라는 말에 시어머니는 귀가 솔깃했다. 외할머니는 손녀를 꿇어앉히고 찬송가를 꺼내 찬송을 부르고 기도를 드린 후 돌아갔다. 신기하게도 그날부터 밥맛이 돌기 시작하고 머리 아픈 기운이 사라졌다. 외할머니가 주고 간 찬송가책을 읽으면 뭔가 새로운 빛이 비치고 있음을 느낄 수 있었다. 그러나 그것은 또 다른 번민을 가져왔다.

"참 좋은 도이다. 나도 전도부인이나 되어 볼까? 아니다. 모두가 미신이다. 어찌 성경에 있는 말을 다 믿을 수 있으랴? 하지만……."

이 생각 저 생각에 밤잠을 이룰 수 없었다. 온밤을 뜬눈으로 지새운 그는 서둘러 조반을 먹은 후 다섯 살 된 아들을 앞세우고 친정으로 향했다. 그런데 친정으로 가던 길에, 소를 끌고 뒤따라오는 남자를 만났다. 그 남자는 뒤만 따라왔다. 이리 가면 이리 가고, 저리 가면 저리 가고, 가면 따라오고 서면 같이 섰다. 20리 길을 가면서 줄곧 같은 짓을 반복했다. 무서운 마음에 주포기는 그 남자에게 욕을 하기 시작했다. 그런데 그때부터 자신도 모르게 횡설수설 이상한 말과 행동이 시작됐다. '미친 사람'이 된 것이다. 친정에 도착해서도 '미친 짓'을 계속하였다. 외할머니도, 어머니도 어떻게 할 도리가 없었다. 외할머니는 그를 교회에 데리고 갔으나, 주포기는 교회에 가서도 온갖 미친 짓을 다했다. 사슬에 묶여 꿇어앉힌 채로 예배를 드렸다. 교인들이 둘러싸고 찬송을 부르고 기도를 해도 좀처럼 낫지 않았다. 또 교회에 가면 목사를 제쳐놓고 자기가 설교하겠다고 설쳤다.

그러던 어느 날 시어머니가 찾아왔다. 묶은 사슬을 풀어 주는 시어머니가 고마워 시어머니를 따라가겠다고 했다. 시집에 가서도 미친 짓과 허튼소리는 계속되었다. "나는 오직 하나이신 하나님 한 분만 믿겠다!"고 외쳐 댔다. 그러나 그것은 맑은 정신에서 나온 말이 아니었다. 시어머니가 데려온 판수가 보름 밤낮으로 옥추경玉樞經을 외웠으나 효력이 없었다. 판수는 귀신을 내쫓는다며 복숭아 나뭇가지를 꺾어다 주포기의 온몸을 사정없이 때렸다. 그러나 머리부터 발끝까지 피멍으로 얼룩졌을 뿐 아무런 효험이 없었다. 판수는 복채를 받고 도망치듯 사라졌다. 시집 식구들은 그를 방 안에 가둔 채 돌아가며 감시했다. 자식도 남편도 곁을 떠났고 누구도 '미친 년'을 가까이하지 않았다.

성수와 성호경

그러던 어느 날 모두 밖으로 나간 조용한 집 안에 주포기만 혼자 남게 되었다.

> 나는 빈 방에 홀로 앉았다가 우연히 선반을 쳐다보니 선반 위에는 무슨 종이뭉치가 얹혀 있었다. 내려서 펴 보니 전도지와 성교에서 쓰는 성호경聖號經 두 가지가 있음으로 나는 그것을 한번 읽고 나매 '예수는 구주'라 하는 믿음이 마음속에 생기게 되었다. 나는 그 두 가지를 다 읽고 나서 다시 선반을 쳐다보니 물 담긴 무슨 병이 놓였는데 내려 보니 약물같이 보임으로 마음에 생각하기를 이 물을 예수의 피로 알고 몸에 바르면 속히 나으리라 하고 간절히 믿는 마음으로 그 물을 따라 복숭아나무에 맞아 상한 몸에다 발랐더니 몇 시간이 안 되어 상처가 낫기를 시작하여 며칠이 지난 후에 딱지가 다 떨어지고 온전하게 되었다.

혼자서 체험한 기적이었다. 천주교 책자 《성호경》을 읽는 중에 '예수는 내 구주'라는 믿음, '성수聖水'를 바르면 내 병이 나을 수 있다는 믿음이 '자연스럽게' 생긴 것이다. 그리고 그 믿음대로 하였더니 병이 나았다! 보름 동안 경 읽기와 복숭아 나뭇가지 매질로도 고치지 못했던 병, 아니 그 이전에 친정에서 교인들조차 고치지 못했던 병이 순식간에 낫게 되었다. 그런데 이상한 것은, 어떻게 천주교에서 쓰는 성호경과 성수가 선반 위에 놓여 있었느냐 하는 점이었다. 그러나 그 의문은 시어머니가 풀어 주었다.

> 너는 늘 마귀와 싸우는 사람이었으므로 어느 때던지 성교(천주교)를 믿든지 예수(개신교)를 믿어야 할 줄 알았다. 그런데 그 물은 일찍이 내가 너를 위하여 하나님의 물을 대신하여 성호경과 전도지와 함께 가져다 둔 것이다.

그 말을 들으니 시어머니에 대한 원망이 봄 눈 녹듯 녹아내렸고, 눈물 외엔 그 마음을 표현할 길이 없었다. 마침 그날 친정어머니가 찾아왔다. 시어머니는 친정어머니를 따라나서는 며느리를 막지 않았다.

1905년 8월 1일, 주포기는 어머니를 따라 맑은 정신으로 해주읍교회에 나갔다. 그리고 그해 9월, 제물포에 있던 여선교사 힐만M. R. Hillman과 밀러L. A. Miller가 해주에 와서 사경회를 열었을 때, 그도 어머니와 함께 열심히 참석했다. 그리고 12월, 크리쳇C. Crichett 목사에게 세례를 받으면서 '룰루Lulu'라는 세례명도 함께 지어 받았다. 사경회를 인도하러 왔던 밀러 선교사의 이름이었다. 이때부터 그는 옛 이름 '포기' 대신 '룰루'라는 이름으로 불리기 시작했다. 드디어 해주읍교회 교인 '주룰루'의 새 삶이 시작되었다.

해주읍에는 1893년부터 제물포에 있던 존스G. H. Jones 선교사가 김기범, 이명숙 등의 전도인들을 파송하여 교인들이 생겨났다. 그러나 본격적인 교회는 1902년 전도인 하춘택이 해주읍에 정착하면서 시작되었다. 바로 그 무렵 주룰루와 친정어머니 그리고 외할머니, 여성 삼대가 해주읍교회 교인으로 참여했던 것이다. 해주읍교회는 후에 해주 남본정교회가 되어 해주지방의 모母교회가 되었다. 이 해주읍교회는 남녀 학교도 동시에 시작하여 후에 남학교는 의창懿昌학교가, 여학교는 의정懿貞여학교가 되었다.

친정에서의 교회생활은 말 그대로 천국이었다. 그러나 언제까지나 친정에만 있을 수는 없었다. 다시 시집으로 돌아오니 남편은 극도로 화가 나 있었다. 시집에 돌아온 후 첫 주일을 맞아 20리 길을 걸어 해주읍교회 예배에 참석하고 집으로 오자마자 남편이 몽둥이를 들고 달려들었다. 얼마나 맞았는지 기억이 나지 않았다. 정신을 차려 보니 방 안이었다. 주룰루가 눈을 뜨자 남편은 몽둥이를 든 채 다그쳤다.

"항복해라. 그래도 예수를 믿는다고 할 테냐?"

"내가 죽으면 죽었지 예수를 반대할 수는 없소이다."

다음 주일이 다가왔는데 그날따라 눈이 한 자락이나 쌓였다. 그날도 남편은 긴 몽둥이를 들고 집 문을 지키고 있었다. 그러나 주룰루는 남편의 감시가 소홀해진 틈을 타 집 밖으로 달음질쳤다. 그렇지만 곧 알아챈 남편이 고함을 치며 달려들었고, 주룰루의 비명소리에도 아랑곳없이 사정없이 때리기 시작했다. 눈밭이어서 도망칠 수도 없었다. 터진 살갗에서 배어 나온 피로 흰 눈이 얼룩졌다. 그는 몸을 웅크리고 마음속으로 하나님께 기도하는 수밖에 다른 방도가 없었다. 남편은 씩씩거리며 "만일 네가 내 눈에 또다시 보이면 아주 죽여 버리겠다!" 하고 갔다.

차라리 잘 되었다 싶었다. 주룰루는 찢어진 치마폭을 움켜잡고 다시는 시집으로 돌아가지 않겠노라 다짐하면서 친정으로 향했다. 친정에 돌아온 후 교회 일에만 전념하였다. 그리고 힐만 선교사의 요청으로 해주 의정학교의 한글 선생이 되었다. 또 사경회에도 빠짐없이 출석했고, 노블 부인의 주선으로 사범과까지 졸업했다. 일곱 사람으로 시작된 여학교가 얼마 안 가 20여 명으로 늘어났다. 물론 교회도 부흥했다.

남편의 회개

해주읍에서의 전도와 교사생활은 즐거웠으나 시집이 항상 무거운 짐으로 남아 있었다. 특히 믿지 않는 사람들로부터 "시집살이하기 싫으면 예수 믿어라!"라는 비난의 소리를 들을 때마다 시집을 향한 마음이 되살아났다. 하루는 시어머니께 기별해 한 주일은 집에서 예배드리고 한 주일은 교회에 나가 예배드리도록 허락만 해 주면 돌아가겠노라 했다. 시집에서 허락한다는 기별이 왔고, 다시 시집으로 귀환했다. 며느리가 교회에 다니는 것을 찬성하지는 않았지만 전처럼 심하게 구박하지도 않았다.

그런데 몇 가지 좋지 않은 일들이 일어났다. 1906년 10월에 시숙부가 이유 없이 시름시름 앓다가 죽었다. 동네사람들이 "집안에 예수 믿는 여자가 있어 그랬다"며 수군댔다. 1907년 2월 남편이 병이 들었는데 어떤 약으로도 낫지 않았다. 그때부터 집안사람들은 노골적으로 주룰루를 비난했으나 정작 병중의 남편은 부인을 두둔하였다.

"내가 너무도 당신을 학대하고 하나님께 죄를 지은 까닭에 몸이 이같이 아픈 모양이니 나도 오늘부터 예수를 믿겠소. 근처에 예수 믿는 이들을 청하여 나를 위하여 기도하고 찬송해 주시오."

이것 또한 기적이었다. 그는 남편 옆에서 눈물 흘리며 기도드렸다. 그것은 슬픔과 고통의 눈물이 아니라 기쁨과 감사의 눈물이었다. 주룰루는 알고 있는 성경 이야기며 기독교 진리를 가르쳐 주었다. 친정어머니도 함께 와서 예배를 드렸다. 남편은 아픈 몸을 이끌고 해주읍교회를 다녀온 후 닷새 만에 평온한 표정으로 세상을 떠났다. 비록 남편을 잃었으나 마음은 편했다. 어떻게 생각하면 남편의 회개가 꿈만 같았다. 그러나 주룰루가 처한 상황은 더욱 악화되었다. 그해 가을 어린 아들이 죽은 것이다. 불과 일 년 사이 집안에서 세 남자가 죽었으니 집안사람들의 비난과 구박은 갈수록 심해졌고, 이웃 사람들도 대놓고, "예수 믿더니 잘 되었다. 남편 죽고 자식 죽고 좀 있으면 저마저 죽겠지?" 하며 빈정거렸다. 이때 주룰루의 마음속에는 심각한 번민도 일어났다.

'어찌하여 하나님은 내게 이같이 무정히 하시는고? 내 남편이 세상을 떠나기 얼마 전까지 회개치를 아니하고 내게 무수한 고통을 주게 하셨으며, 또 회개를 한 후에는 다만 몇 해라도 중생한 가정이 되어 세상 사람들이 부러워할 만치 살다가 죽으면 아무 여한이 없을 터인데, 회개한 지 며칠 못 되어 세상을 떠났으니 참으로 모를 일이다.'

그러나 그에겐 예전에 없었던 신앙이 있었다. 당장은 알 수 없지만 여기에도 하나님의 뜻이 계시겠거니 생각하며 슬픔과 번민을 극복하였다.

과연 그에겐 새 일이 준비되어 있었다.

귀신 내쫓는 전도부인

　남편과 아들을 잃은 그해 가을, 힐만 선교사가 전도부인이 되어 달라는 요청을 했다. 주룰루는 기꺼이 응했다. 옛날, 집 나간 아버지와 오빠를 찾을 양으로 전도부인이나 되어 볼까 했던 그가 이제는 이 땅의 잃어버린 영혼을 구원하는 전도부인이 된 것이다. 남편과 자식을 먼저 떠나보내고, 시집과 동네 사람들의 비난과 조롱이 오히려 주룰루에게는 주저하지 않고 전도사역에 나설 수 있도록 만든 요인이 되었다.

　처음 파송받아 간 강녕은 산골이라 좀처럼 복음이 먹혀들지 않았다. 30대 과부가 전도하러 다니니 유혹과 시험도 적지 않았는데, 그러나 복음을 위해 헌신하겠다는 굳은 결심으로 그 같은 유혹을 극복할 수 있었다. 강녕에서 4년 동안 일한 결과 열일곱 개 교회가 개척되었고 교인 수가 백여 명에 달하였다.

　1910년에는 배천으로 파송받았는데 강녕보다는 나은 형편이었으며 학교까지 있었다. 주룰루는 그곳에서 학교 일까지 겸해서 보았으나 주로는 지방을 순회하며 전도하고 교인을 돌보는 일을 했다. 100여 리나 흩어져 있는 20여 교회를 일 년에 서너 차례씩 순방하였다. 그가 배천에서 일하고 있는 동안 시집의 시어머니와 구박하던 동서가 예수를 믿기 시작했다는 소식을 들었다. 무엇보다도 기쁜 소식이었다. 주룰루는 지방을 순회하면서 전도하는 동안, 예수 믿기 전의 자신과 비슷한 처지인 부인들을 많이 만났다. 누구보다 파란만장한 삶을 살았던 주룰루였기에 누굴 만나도 복음에 마음을 열도록 만들 수 있었다. 그가 밝힌 그만의 '전도법'이다.

1. 핍박당한 형제에게는 내가 핍박당할 때에 예수를 믿고 의지함으로 이긴 것을 들어 권면하고
2. 환난 당한 이를 만나면 나의 당하였던 환난을 들어 말하고
3. 정신병자에게는 나의 정신병 들었던 사실을 들어 권면하고
4. 무릇 누구든지 시험에 빠진 이를 만나면 나의 지난 경험을 들어 권면하되 주 예수 그리스도를 믿음으로 모든 시험에서 구원 얻은 사실을 들어 권면하였다.

특히 주룰루는 '귀신 잘 내쫓는 전도부인'으로 유명했다. 귀신의 노예로 무당이 되거나 '신병神病'을 앓는 여인들의 불행한 처지를 보면 예배당으로 데려다가 기도로 귀신을 내어 쫓는 '축사逐邪'를 많이 한 결과였다. 귀신을 내쫓아 온전한 신앙생활을 하도록 도운 여인들 중에 주룰루가 〈기독신보〉(1917. 3. 28.)에 소개한 해주읍교회 최현경 부인도 그런 경우였다.

해주군 해주면 남욱정 사는 최현경 씨는 삼십여 세 된 부인인데 그 모친은 당년 칠십에 큰 무당으로 지내더니 마귀가 그 딸에게 접하여 신병으로 거의 죽을 지경에 이르니 그 모친이 그 딸을 위하여 굿을 하는데 한 길이 넘는 위에 작두를 놓고 그 위에 올라 뛰기도 하고 턱을 걸고 늘어지기도 하며 마귀에 형세 극히 강하거늘 모친이 말하기를 너까지 이 지경이냐 하고 때려 끌고 집에 온즉 벙어리 된 지 사, 오 일이 됨에 긍휼하시고

풍성하신 하나님께서 부인 6인을 보내신데 방금 죽어 사지가 뻣뻣한 것을 그 집 식구들에게 힘써 권하였더니 합심 기도 후 믿음으로 끌고 예배당에 와 기도하고 불과 몇 주일이 아니 되었으나 신앙심이 독실하여 온전한 사람이 될뿐더러 그 주의 빛을 보고 그 남편까지 작정하고 기쁜 마음이 충만하여 기쁨으로 다니니 이는 예수께서 마귀를 내어 쫓을 때에 오그려 뜨려 놓고 나간 것을 생각하니 이 사람도 그 모양 당한 가운데서 다시 일으키셨으니 주 예수의 권능은 어제나 오늘이나 영원한 것을 깨닫고 영광을 만유 주께로 돌리나이다. 아멘.

최현경 이야기는 예수 믿기 전 주룰루 자신의 이야기였다. 이는 곧 당시 우상과 귀신에 사로잡혀 살다가 예수 믿고 미신과 질병으로부터 자유와 해방을 얻은 보편적 여인들의 이야기이기도 했다. 주룰루는 계속해서 1918년 연안지방으로 파송되었다. 그는 여전히 해주읍교회에 적을 두고 연백과 옹진지방을 순회하며 전도하고 교회 여성들을 지도하였다.

그 이듬해 주룰루는 가정적 시련을 겪게 되었다. 어쩌면 그것은 한 가정만의 고통이 아니라 민족의 수난이었으니 바로 삼일운동 때문에 겪어야 했던 시련이었다. 그 무렵 외아들 명신明信은 배재고등보통학교를 졸업한 후 연희전문학교에 다니고 있었다. 당시 해주읍교회에는 최성모 목사가, 해주 동문밖교회에는 박계화 목사가, 해주 서문밖교회에는 오현경 목사가 각각 시무하고 있었다. 이들은 모두가 민족주의 사상가들이었으며, 특히 최성모 목사는 민족대표 33인 중 한 명으로 참여하여 서울을 왕래하며 만세운동을 추진하였다. 또 다른 민족대표 33인 중 한 명인 박희도는 주룰루의 조카사위였는데 당시 서울 기독교청년회YMCA 간사로 학생 동원과 지방 연락을 책임지고 있었다. 이런 관계로 해서 주룰루의 아들 김명신은 서울과 해주 사이의 만세운동 연락책임을 맡게 되었다. 즉 그는 서울에서 최성모, 박희도가 주는 독립선언서 3백여 장을 해주 서문 밖교회의 오현경 목사에게 전달하였다. 오현경, 박계화 목사는 해주읍 교인과 학생들을 동원하여 3월 1일 해주읍 만세운동을 주도하였다. 해주 만세운동이 있은 후 최성모·박희도·오현경·황학소·정만기·임용하 등 교인들이 대거 체포되었는데 이때 김명신도 체포되었다.

주룰루는 만세운동이 있은 후 아들의 행방을 알지 못해 안타까운 나날을 보내야 했다. 찾아간 해주읍경찰서는 아들의 행방을 시원하게 알려 주지 않았기에 처음 넉 달 동안은 아들을 찾아 해주와 서울을 오갔다. 그리고 아들이 형무소에 갇혀 있는 것이 확인된 후 일 년 동안은 형무소 근처에 방을 얻고 옥바라지를 하였다. 아들의 고통은 바로 어머니의 고통이었다. 아들의 옥바라지로 전도부인 사역은 일 년 정도 중단될 수밖에 없었다.

아들은 출옥(1921년) 후 박계화 목사의 딸 경신(敬信)과 결혼했으며, 삼일운동으로 중단했던 학업을 계속해 1926년 연희전문학교를 졸업하고 광주 수피아여학교 교사로 부임하였다. 그 후 김명신은 일제 말기에 교직을 떠나 유일한과 함께 유한양행 창업에 참여했으며, 해방 후에는 세브란스 의학전문학교 사무국장을 역임했고 1960년에는 배화여자고등학교 교장을 역임했다. 1961년 다시 실업계에 투신하여 유유산업 사장으로 성공한 삶을 살았다.

아들이 삼일운동에 가담하였다가 옥고를 치르고 나온 후, 주룰루는 중단했던 전도부인 사역에 복귀하여 해주를 거점으로 연안·배천·강녕 등지를 순회하며 전도사역에 헌신하였다. 그의 헌신적이고 희생적인 사역은 토착 교인들뿐 아니라 선교사들에게도 깊은 감명을 남겼다. 1938년 당시 해주에서 일하던 여선교사 바로우J. Barlow는 주룰루를 '변화의 기적을 일으킨 인물'로 소개하고 있다.

> 주룰루, 그는 본래부터 타고난 재능이 있는 젊은 여인으로 교인들의 기도를 받아 몸과 마음의 치유를 받았는데 남편에게 박해받고 집에서 쫓겨났다. 전도부인으로 자격을 갖추기 위해 매년 100마일 먼 길을 걸어 성경을 배웠다. 30년이 지난 지금, 가르치는 일에나 개인적 일에나 하나님의 크신 쓰임을 받는 사람이 되었으니 그야말로 그 일에 더없는 적격자가 되었다.

주룰루는 아들의 결혼 후에도 해주읍에 남아 남본정교회 전도사로 시무하다가 해방 직후 '신앙의 자유를 찾아' 월남하였다. 이후 개성과 평양 출신 교인들이 많은 남산 일신교회에 출석하면서 노구老軀에도 속회를 인도하고 가족과 나라를 위한 기도를 게을리 하지 않았다. 6·25전쟁이 터지고 교인과 가족들이 피난을 독촉했을 때에도 "하나님께서 지켜 주실 것이다"라며 후암동 집을 떠나지 않았다. 곧은 신앙, 두려움 없는 신앙을 끝까지 보여 준 그는 1960년 9월 3일 서울에서 조용히 별세하였다.

어릴 때 이름은 주포기, 가난한 집안에서 태어나 어려서부터 배고픔의 설움을 겪고, '무당집 딸'로 손가락질을 받으며 불행한 시집살이 끝에 결국 미친 여인이 되어 버림받았던 주룰루. 그가 변화되어 학교 선생이 되고 전도부인이 되어 교회를 세우고 놀라운 전도의 결과를 일으키게 된 것은 그의 표현대로 "내 생활의 피난처"인 예수 때문이었다. 신앙인 주룰루는 자신이 지나온 과거의 모든 고통이 의미 있는 것임을 깨닫고, 신앙의 힘으로 닥쳐오는 모든 고난을 극복해 나갈 수 있었다. 그것은 그만의 고통이 아니라 그 당시 이 땅을 산 모든 신앙의 어머니들이 겪어야 했던 고통이었다. 그 고통의 뿌리 위에 오늘 우리 후손들은 부활의 기쁨을 누리고 있는 것이다.

6. 새로운 세상으로 통하는 열쇠
이화학당 최초 한국인 교사 이경숙

이화여자중고등학교 역사책은 한국인 첫 교사에 대해 이렇게 서술하고 있다.

> 처음에 미쎄스 스크랜턴 한 사람의 교사로부터 시작한 이화학당은 그 이듬해 미쓰 로드와일러L. C. Rothweiler가 스크랜턴을 도와 가르치고 1889년 4월부터 최초의 한국인 여선생 이경숙이 언문을 가르쳤다. 그는 언문 쓰기 읽기뿐만 아니라 한문도 가르치고 글씨도 잘 써서 글씨도 가르쳤다.

푸른 눈에 어눌한 말투로 낯선 학문과 종교를 가르치는 외국인 교사들에게 가르침을 받던 여학생들은 얼굴색과 모양이 같고 무엇보다 같은 말을 쓰는 조선인 선생에게 어머니 같은, 언니 같은 느낌을 받은 것은 당연했다. 마음이 끌렸고 귀가 열렸으며 가르치는 내용에 신뢰가 갔다. 그렇게 하여 조선의 여학생들은 서구 학문과 기독교에 마음을 열기 시작했다. 한국 근대 최초의 여성 교육기관인 이화학당, 그 학교의 최초 한국인 교사로 기록되고 있는 이경숙李慶淑은 한말 조선 여성들에게 낯선 학문, 낯선 문화, 낯선 종교로 통하는 문을 열어 주는 열쇠였다.

불운의 청상과부

이경숙은 1851년 충남 홍주에서 가난한 선비의 딸로 태어났다. 선비 집안이라 기초적인 한문과 한글을 배우고 바느질·길쌈 같은 당시 조선 여인들의 일은 익혔으나, 가난으로 인한 생활고는 어려서부터 그의 맺힌 한이 되었다. 열다섯 살 되던 해(1866년), 병인교난과 병인양요로 나라가 한창 시끄러울 때 이경숙은 서울에서 내려온 낯모르는 남자와 결혼하였다. 그 남자는 처갓집에서 초례를 지낸 후 바로 서울로 돌아갔는데, 그 후 소식이 없다가 3년 뒤에야 시집으로부터 그가 죽었다는 기별이 왔다. 1869년, 이경숙의 나이 18세 되던 해였다. 초례 때 잠깐 본 남편의 얼굴이 결혼의 전부였다. 청상과부가 된 것이다. 시집에 들어가 본 적도, 남편과 함께 생활해 본 적도 없는 결혼생활이었다. 달라진 점이라곤 댕기머리가 쪽진 머리로 바뀌고 친가가 친정이 된 것뿐이었다. 얼굴 한 번 보고 사라진 남편이었지만 그래도 이경숙은 그 남편을 위해 정절을 지키기로 했다.

그 후 가난한 친정집 살림을 도우며 어려운 생활을 견뎌야 했다. 한때 부친이 '군사마軍司馬'라는 말단 벼슬을 하면서 가세가 조금 피는 듯했지만, 불의의 사고로 부친이 사망하자 받던 녹祿마저 중단되면서 가정 형편은 파탄 지경이 되었다. 결국 가족들은 뿔뿔이 흩어져 생존의 길을 모색해야만 했다. 1888년 서른일곱 살, 불운의 청상과부 이경숙은 고향을 등지고 서울로 올라와 삼촌댁에 머물며 바느질과 빨래 등의 일로 생계를 꾸렸다. 좌절과 고독의 나날이었다. 훗날 그는 당시를 이렇게 회고하였다.

> 나의 39세 지난 역사는 실로 인간고人間苦의 여실한 기록이라 하겠다. 나는 서울 와서 산 지 3년 후부터 건널수록 물이요 넘을수록 산이 있는 나의 쓰리고 아픈 생애를 비관하기 시작하였다.

서울 객지에서 그가 할 수 있는 일이란 남의 집 일을 해 주고 바느질이나 빨래품을 팔아 하루하루 살아가는 것밖에 없었다. 호구지책도 문제지만 혼자 사는 여인으로 서울 남자들의 위협과 유혹으로부터 정조를 지키는 것 역시 힘겨웠다. 이경숙은 "건널수록 물이요 넘을수록 산"인 힘든 생활을 비관하고 비탄하며 그 현실을 타개할 길이 없을까 모색하였다. 그러다 생각해 낸 것이 '머리 깎고' 절에 들어가는 것이었다.

> 이같이 냉정한 세상 더욱이 장래 일을 생각하면 눈이 캄캄하다. 아! 이 신세를 어찌할꼬! 에라! 다 그만두고 동대문 밖 여승방에 가서 머리를 깎고 중노릇이나 하겠다. 그렇지만 이때까지 정조를 지키고 갖은 고생을 다하고 살다가 어찌 하루아침에 머리를 깎을 수가 있느냐. 나는 이리 생각 저리 생각하며 어찌하여야 좋을 줄을 모르다가 하루는 어느 친척 집에 바

느질을 하러 갔더니 그 집 남편 되는 이는 미국 여선교부인의 조선말 선생인지라.

당시 여성이 머리를 깎는다는 것은 죽음 이상의 의미를 지닌 것으로, 이경숙은 중이 되기에는 아직도 삶에 대한 애착이 강했다. 갈등과 번민의 나날을 보내던 중 우연히 친척을 통해 서양 선교사를 소개받게 되었다. 바느질품을 팔러 갔던 어느 친척집의 바깥주인이 미국에서 온 여선교사의 조선어 선생으로 있었는데 그 선교사가 바로 이화학당을 설립한 스크랜턴 대부인이었다.

스크랜턴 대부인과 만남

스크랜턴 대부인은 1885년 6월, 54세의 나이로 우리나라에 와서 한 달 먼저 들어온 아들 스크랜턴과 함께 정동에 자리 잡고 학교와 병원사업을 추진 중이었다. 서양인에 대한 반감이 강해서 좀처럼 학생을 구하지 못하다가 1886년 5월 31일 학생 한 명을 얻어 이화학당을 시작했고 길가에 버려진 고아와 거지 아이들을 모아 조금씩 학교 모양을 갖추게 되었다. 스크랜턴 대부인의 조선어 선생은 당시 외부外部에 근무하던 관리여서 선교부에 큰 힘이 되었다. 그의 주선으로 스크랜턴 대부인은 외부협판을 비롯한 외부 관리들을 집으로 초대하여 만찬을 가졌고, 그것을 계기로 선교사들에 대한 정부 관리들의 생각이 우호적으로 변하였다. 이런 배경에서 1887년 8월, 고종 황제와 명성 황후는 아펜젤러가 운영하는 남학교에

'배재학당', 스크랜턴 대부인이 운영하는 여학교에 '이화학당', 스크랜턴이 하는 병원에 '시병원施病院'이라는 당호를 각각 지어 내려 보냈다. 이는 선교사들 사업을 정부에서 인정한다는 신호였다.

그러나 기독교 확산을 반대하는 수구파, 보수 세력의 반격도 만만치 않았다. 1888년 봄, 천주교회에서 경복궁이 내려다보이는 남산 언덕에 명동성당을 건축하는 일로 정부의 심기가 불편해졌고, 이것을 이용하여 수구파는 서양 사람들이 조선 아이들을 유괴해서 잡아먹거나 외국에 노예로 판다는 헛소문을 퍼뜨렸다. 이에 흥분한 군중들이 정동의 선교사 학교와 병원에 돌을 던지며 소란을 피웠다. 이를 '영아소동Baby Riot'이라 한다. 이 사건으로 스크랜턴의 학교사업은 중단 위기에 처하게 되었다. 정부에서 적극 개입하여 군중들에게 선교사를 해치지 말 것을 호소하고 인천에 정박 중이던 영국과 러시아, 미국 함대 군인들이 서울에 올라와 외국인들을 보호하고 나섬으로 사태는 한 달 만에 진정되었다. 그리고 얼마 지나지 않아 아이들을 잡아먹는다는 소문이 거짓일 뿐 아니라, 선교사들을 직접 만나고 경험한 이들의 증언이 퍼지면서 선교사에 대한 오해와 편견이 사라지고 선교사를 찾아오는 사람들이 늘어났다. 학교와 병원은 다시 문을 열고 중단되었던 종교집회도 재개되었다. 바로 이런 때 이경숙이 스크랜턴 대부인을 만난 것이다.

학생 하나가 아쉬웠던 스크랜턴 대부인은 어학선생을 통해 '가난한 과부' 이야기를 듣고 만나 보기로 했다. 이경숙은 친척 남편을 따라 정동의 스크랜턴 대부인을 찾아갔다. 그는 첫 만남의 순간을 이렇게 회고했다.

> 노老부인은 나를 반겨 맞으며 처음 보는 사람이로되 친절한 태도는 오랫

동안 사귀어 아는 사이보다도 대단하였다. 나는 그날 밤을 노부인 집에서 잤다. 아침에 일어나니 노부인은 여러 가지 음식을 풍성히 차려 놓고 내게 많이 먹기를 권고하였다. 그러나 친척들의 굶주림을 생각하니 목이 메고 눈물이 앞을 가려 그 맛있는 음식을 먹을 수 없었다. 조반 후에 노부인은 나를 자기 수양딸로 정하고 새 옷을 많이 주었다.

"와 보라"는 말 한마디에 예수님을 따라가 하룻밤을 예수님과 함께 지낸 후 "메시아를 만났다"고 자기 형제에게 증언했던 안드레처럼(요 1:39–41) 이경숙은 스크랜턴 대부인과의 첫 만남에서 그 마음이 녹아 버렸다. 그것은 진기한 음식과 화려한 의복 때문만은 아니었다. 조선사회에서 천대받고 멸시당하던 가난한 집 과부를 가장 귀한 손님으로, 사랑스런 딸로 맞이하고 대접한 낯선 선교사의 태도에서 이경숙은 지난 세월의 고난과 한 많은 자신의 삶을 보상받을 것 같은 기대감을 느낄 수 있었다. 스크랜턴 대부인이 처음 만난 이경숙을 수양딸로 삼았다는 것은, 이후 생활을 책임지겠다는 것뿐 아니라 그에게 자기 일을 맡기겠다는 신뢰의 표시였다. 이경숙도 이처럼 자신을 전폭적으로 믿어 주는 대부인에게 남은 삶을 맡기기로 했다. 서로가 서로를 믿었고 서로가 서로에게 기대가 컸다.

그 기대감은 스크랜턴 대부인과 함께한 이후 생활을 통해 현실화되었다. 이경숙이 스크랜턴 부인 집으로 들어가 살기 시작한 것이 서른아홉 살 때였다. 그는 스크랜턴 대부인의 집안일을 돕는 것 외에 이화학당 일도 도왔다. 대부인 외에 로드와일러가 학생들을 가르치고 있었는데 여기에 이경숙이 합류하게 된 것이다. 어려서 이미 한글과 기초 한문을 깨친 이경숙은 주로 한글을 가르쳤고 남성 교사를 구하기 어려워 한문까지도 가르쳤다. 학교 일 외에 이경숙이 해야 할 또 다른 일은 서양인을 구경하러 오는 조선 여성들을 안내하는 일이었다.

> 그때나 지금이나 (음력) 4월 8일, 5월 5일이면 장안 부녀자들이 각처 사찰이나 남대문 밖과 동대문 밖 관왕묘나 그밖에 여러 곳으로 돌아다니며 구경하는 풍속이 있는데 마침 그해 4월 8일이 되니 서양 부인이 나와서 사는 모양과 집 구경을 하겠다고 장안 남북촌 부녀들이 혹은 교군(가마)도 타고 혹은 장독교(가마의 일종)도 타고 또 장옷도 쓰고 오는 이들이 노부인의 집으로 구름같이 모여들었다. 나는 천여 명이나 되는 그들을 안내하여 이리저리 다니면서 설명하기에 하루 동안 정신이 없이 지낸 일도 있다.

조선 시대 봉건적 사회 풍토에서 부인들에게 외출과 유흥이 허락된 날이 4월 초파일과 5월 단오였다. 예전 같으면 교외 사찰이나 사당 같은 곳으로 몰려다니며 사당패 놀음을 구경했을 부인들이 이제 막 들어온 '야소교' 동네를 기웃거리기 시작한 것이다. 이런 부인들에게 선교사들은 기꺼이 선교부 대문을 열었다. 이게 바로 선교 초기에 유명했던 '구경미션Gukyung mission'이다. 조선인들이 보기에, 처음엔 서양 사람들이 두려운 존재였으나 시간이 흐르면서 호기심의 대상이 되었고 이런 상황에서 선교사들은 자신들의 살림집과 일터를 공개하여 구경하도록 개방하였다. 이를 통해 서양인들의 살림살이뿐 아니라 그들의 문화와 종교까지 전할 수 있었으니 선교사들에 대한 의구심과 오해를 풀기에 좋은 기회였다.

정동 언덕에 자리 잡은 스크랜턴 대부인의 집과 여학당도 구경거리가 되었다. 그 안내를 이경숙이 맡게 된 것이다. 그는 자기가 보고 이해한 서양인과 그들의 삶을 조선 여인들에게 소개하였다. 아직 영아소동으로 오해와 반감이 남아 있던 때에, 선교사들의 생활을 사실 그대로 보여 주는 것은 단순히 이국문화를 소개하는 차원을 넘어 선교사의 종교인 기독교에 대한 오해를 불식시킨다는 더 중요한 의미를 지닌 일이었다. 예상대로 선교사 집을 구경하고 돌아간 조선 부인들이 자녀를 학교에 보내기 시작했다. 그 결과 이경숙이 처음 이화학당에 들어갔을 때 여섯 명이었던 학생 수가 그해 8월에는 80명으로 늘어났다. 멀리 시골에서 올라오는 학생들 숫자도 점차 불어났다. 선교사에 대한 오해가 풀리고 기독교에 대한 반감이 사라지고 있다는 증거였다. 이러한 일들로 이경숙은 선교사의 신임을 얻게 되었고, 그 역시 선교사들의 종교인 기독교에 확신을 갖게 되어 1890년 9월 정동교회에서 세례를 받으면서 드루실라Drusilla라는 새 이름을 얻었다.

이후 스크랜턴 대부인이 신병 때문에 휴가를 얻어 본국에 돌아가기까지 그와 함께한 6년 세월은 이경숙에게 가장 뜻 깊고 보람 된 기간이었다. 여성으로, 그것도 버림받고 소외당한 과부 출신으로 교사의 직분을 갖게 되리라곤 전혀 예상치 못했던 일이었다. 더구나 폐쇄적인 조선사회에선 더욱 그러했다. 이화학당 교사생활 6년으로 이경숙은 지난 40여 년의 불행한 과거를 모두 보상받은 듯하였다.

스크랜턴 대부인이 미국으로 간 뒤 이화학당은 로드와일러가 책임지게 되었다. 새로운 학당장은 스크랜턴 대부인과 여러 면에서 달랐다. 스크랜턴 대부인보다 20년이나 젊은 로드와일러는 독일계 미국인 교육자답게 학교의 모든 일을 철저한 규칙에 맞춰 수행하려 하였다. 조직적이고 냉철한 로드와일러의 학교 행정은 불우한 형편에 있던 교사 이경숙이나 고아 출신 학생들에게는 무리한 감이 적지 않았다. 그러나 그를 통해서 배울 점도 많았다.

> 그(로드와일러)와 나는 초면이었음으로 서로 이해할 줄을 모르니 나의 좁은 생각에는 그가 노부인만치 다정스럽지 못하고 대단한 규칙장이라 하였다. 이때부터 나는 그 수하에서 순종하여야 옳은 것을 많이 배워 알게 되었다.

그러나 로드와일러와의 관계는 일 년을 못 넘겼다. 건강이 안 좋던 스크랜턴 대부인은 여전히 미국에 머물고 있었다. 결국 이경숙은 이화학당을 떠나기로 결심하였다. 그리고 다른 일자리를 찾던 중 대궐의 나인內人들을 위한 바느질거리가 있다는 소식에 대궐로 찾아갔다. 하지만 이경숙이 서양 선교사 집에 있었다는 사실 때문에 주장 나인은 그 일자리를 거두어 버렸다. 여전히 기독교인들은 조선사회에서 배척받는 '천주악天主惡쟁이'들이었다.

수원지방 개척사역

건강을 회복한 스크랜턴 대부인이 1897년 다시 조선에 나왔다. 이경숙은 "어찌나 반갑던지 돌아가셨던 부모를 만난 것 같았다." 다시 만난 스크랜턴 대부인은 이화학당 일에서 완전히 손을 떼고 아들과 함께 남대문시장 언덕에 달성교회(현 상동교회)를 세우고 서울과 경기도 이남지역을 순회하며 전도하는 일에 전념하였다. 이경숙도 전도부인이 되어 '양어머니' 스크랜턴 대부인의 일을 돕기 시작했다. 당시 아홉 명의 전도부인을 두었던 스크랜턴 대부인은 1898년 이경숙을 비롯한 전도부인들의 활약을 다음과 같이 보고하였다.

> 지난 일 년 동안 계획했던 일이 모두 추진되게 된 데는 무엇보다 전도부인들의 협조가 있었기 때문입니다. 그들은 내가 계획하고 지시하는 바를 자기 능력을 다해 따라 주었습니다. 여선교회에서 정식으로 고용한 세 명 외에 대영성서공회에서 따로 다섯 명을 더 붙여 주었습니다. 이들 모두에게 일감을 맡기는 일은 어렵지 않습니다. 오히려 더 많은 수가 확보되기만 한다면 훨씬 좋을 정도입니다. 이드루실라(이경숙) 부인은 전처럼 일하고 있습니다. 그는 우리를 찾아오는 사람들을 대상으로 내 집에서 가르치고 있습니다. 김사라 부인과 정한나 부인은 가가호호 방문하며 교리를 가르치고 필요하다 생각되는 여러 가지 일을 하고 있습니다.

이경숙은 주로 스크랜턴 대부인을 도와 그의 집으로 찾아오는 여성과 아이들을 가르치며 전도하였다. 그들 중에는 8년 전의 자신처럼 가족과 집안에서 쫓겨나거나 생활이 어려워 절망 가운데 처한 이들도 많았다. 남대문시장에서 만나는 가난하고 버림받은 여인들이었다. 이경숙은 이런 그들에게 자신의 과거사를 들려주며 새로운 소망과 용기를 불어넣었다. 이화학당 교사 때와는 또 다른 의미가 있는 생활이었다. 스크랜턴 대부인을 따라 지방 전도에도 종종 나갔다. 그 무렵 스크랜턴 대부인은 수원지방 선교에 주력하고 있었다. 그래서 1902년부터 스크랜턴 대부인과 동행해 수원을 비롯하여 오산·시흥·덕평·오천·해미·덕산·여주·이천 등지를 순회하며 전도하였다.

> 수원에서 처음 전도할 때 일이다. 어느 주막집에 앉아 하루 동안에 큰 궤짝으로 한 궤짝이나 되는 교회서책을 다 팔고 그 주막은 너무 누추하여 유숙할 수가 없으므로 숙소를 구하더니 그 고을 군수가 우리 일행을 위하여 사청(射廳, 조선 시대 무과의 시험장으로 쓰던 대청)을 치워 주는지라. 사청도 더럽기는 주막집과 일반이요 바람벽에 침 뱉고 코 푼 흔적을 보면 구역이 나게 되었는데 그런 중에도 구경꾼이 전후에 옹위하여 손가락으로 문구멍을 뚫어 놓고 조석 때가 되어도 가지 않고 음식 먹는 구경을 하고 잠잘 때가 되어도 가지 않고 서 있으니 괴로움이 극심하였다.

선교사와 전도부인은 어딜 가나 구경거리였다. 개인적으로는 참기 어려운 고역이었으나 그걸 전도의 기회로 삼았다. 다행히 가는 곳마다 관원들과 주민들이 호의를 베풀려 하였다. 그 얼마 전 궁궐에 바느질 일자리를 얻었다가 교인이라고 내몰렸던 것과 달리, 지방에서는 군수가 직접 나서 선교사 숙소로 관청을 내놓을 정도로 변해 있었다. 그렇게 되기까지는 선교사들의 노력과 더불어 전도부인·매서인들로 호칭되는 조선인 전도자들의 헌신적인 희생이 있었기에 가능했다.

그러나 1909년 이경숙은 큰 슬픔을 겪게 된다. 신앙의 어머니, 든든한 보호자 스크랜턴 대부인이 신병으로 그해 10월 8일에 별세한 것이다. 한국 근대교육의 산파 스크랜턴 대부인의 시신은 양화진에 안장되었다. 스크랜턴 대부인의 죽음이 '양딸' 이경숙에게는 하늘이 무너지는 것 같은 상실이요 슬픔이었으나, 그는 더 이상 지난 1896년의 경우처럼 스크랜턴 부인이 없음으로 해서 불안해하거나 교회 일에서 떠나려 하는 심약한 여인이 아니었다. 이경숙은 성숙한 전도인이 되어 있었다. 스크랜턴 대부인의 후임으로 피어스N. M. Pierce가 내한하여 달성교회당 여성사역을 맡게 되었다. 피어스는 선교사업이 정착되어 가고 있는 수원지방에 이경숙을 파송하였다.

이후 이경숙은 수원 종로교회 여선교회사업과 교회에서 설립한 삼일여학교 교육사업을 관장하였다. 전에 스크랜턴 대부인과 순행하며 들렀던 수원으로 주거를 옮겨 일 년 동안 활동하였는데 열 명 미만이던 교인 수가 70여 명에 이르렀고 두 명이던 학생 수가 20명으로 늘게 된 것은 이경숙의 뛰어난 활약의 결과였다. 특히 정신이상이 된 40대 여인과 무녀巫女를 기도로 고치고 전도한 일이 알려지면서 많은 여성들이 교회에 나오게 되었고 선교사들 사이에서 이경숙은 '귀신 내쫓는 여인'으로 알려지게 되었다.

1911년, 60세 되던 해 이경숙은 전도 일선에서 은퇴하고 상동교회 안에 있는 조그만 방에 머물다가 1930년 1월 9일 조용히 별세하였다. 은퇴할 때까지 받은 봉급과 은퇴할 때 받은 축하금을 모아 두었다가 장례식 비용으로 쓰도록 배려하는 것까지 잊지 않았던 이경숙. 그는 불우했던 환경을 극복하고 한국인 최초 여성 교사라는 영광스런 자리에 올랐다. 그렇게 인생역전을 이루게 된 원동력은 물론 선교사 스크랜턴 대부인을 통해 얻은 기독교 신앙이었다.

7. 이 땅에 뿌려진 작은 겨자씨
평양·강서지방 선교 개척자 노살롬

한말과 일제 시대, 강서는 기라성 같은 민족운동가와 교회 지도자를 배출한 곳으로 유명하다. 우리나라 민족운동사의 중심을 차지하고 있는 도산 안창호와 고당 조만식 장로를 비롯해 삼일운동 민족대표 33인 중 한 명으로 참여했던 김창준 목사와 평양 감옥에서 옥사한 박석훈 목사, 삼일운동 직후 상하이 임시정부 조직에 참여한 손정도 목사와 김홍서 장로, 공주에서 만세운동을 지휘하고 한성 임시정부 조직에 참여한 현석칠 목사 등이 모두 강서 출신이다. 또한 강서지역 만세시위를 주도하고 옥고를 치른 최능현·최능찬·백이옥·조응천·최명흠·이현교·안상익·이연희·조진탁·김점현·이현교·안상익·한예건·김진탁·김이제 등도 강서 출신이며, 애국부인회 총재였던 오신도와 손진실, 강서 지회장 박승일 등도 강서 출신의 여성 독립운동가로 이름을 남겼다.

교회 지도자도 많이 배출했는데 장로교에서는 6·25전쟁 때 순교한 김

예진 목사를 비롯하여 안치호·이병하·김강선·김능백 목사 등이 강서 출신이고, 주기철 목사의 순교를 가능케 만들었던 그의 부인 오정모 집사도 강서 출신이다. 성결교의 김연욱 목사와 하나님의 교회 창설자 곽재근 목사도 강서 출신이며, 감리교에서는 일제 말기 신사참배를 거부하고 투옥되었다가 서울 서대문 형무소에서 옥중 순교한 강종근 목사, 6·25 전쟁 때 순교한 박선제 목사와 최종묵 목사를 비롯하여 오기선·박원백·박상준·송창식·박화준·김승만·정진현 목사 등이 강서 출신이다. 한국 근대음악의 선구자 김인식 교수와 해방 후 감리교신학교 학장을 역임한 김용옥 박사, 해방 직후 해군을 창설한 손원일 제독, 해방 후 일신방직을 창설하고 숭실대학을 재건한 김형남 장로도 강서 출신이다.

이렇듯 강서가 한국의 근현대 교회사와 민족운동사의 주역으로 활약했던 걸출한 신앙 인물들을 배출한 지역이 되었다는 것은 그만큼 이 지역에 뿌려진 복음의 씨앗이 건실하고 토양이 비옥했음을 암시한다. 예부터 민족의식이 강하고 변화를 두려워하지 않았던 이곳 강서에 처음 복음의 씨앗을 갖고 들어와 뿌렸던 노살롬魯撒南 전도부인의 이야기다.

박해를 당하며 다져진 믿음

노살롬은 1874년 12월 15일 평남 숙천의 가난한 농부 집안에서 출생했다. 태어난 지 2년 되던 해 흉년이 들었다. 부친은 농사일을 걷어치우고 평양으로 가 서투른 장사 일에 손을 댔으나 가정 형편은 펼 날이 없었다. 게다가 그가 열네 살 되던 해 모친이 별세하고 계모가 이복형제 둘을 데리고 들어오면서, 감성 예민한 소녀 시절을 계모의 구박 속에서 보냈다. 그리고 열일곱 살 되던 해 당시 풍습에 따라 낯모르는 남자와 결혼하였다. 신랑은 평양 감영에서 아전 노릇을 하던 김재찬金在燦으로 그보다 나이가 열 살 위였다. 김재찬의 부친도 평양 감영에서 이방으로 있었는데 일찍이 작고하는 바람에 시집 살림도 빈궁한 지경을 벗어나지 못하고 있었다. 결혼한 지 2년 만에 맏아들을 낳았고, 다시 2년 만에 큰 난리(청일전쟁)를 겪었다.

그 무렵(1894년 5월) 서울에서 평양으로 서양 선교사 부부가 왔다. 감리교 선교사 홀 내외였다. 서양 남자들은 몇 번 본 적이 있으나 서양 여자가 평양에 나타난 것은 처음이었다. 대동강에서 서양 선교사 토마스가 관군에 의해 참살당한 사건(1866년)을 생생하게 기억하고 있는 평양 주민들은 낯선 서양 선교사 부부의 등장을 예의 주시하였다. 특히 서양 여자를 보려는 평양 부녀자들의 극성은 대단했다. 평양의 수구세력은 선교사의 등장이 개방과 개혁으로 이어질 것을 우려했다. 게다가 서양 선교사에게 돈을 뜯어내려다 실패한 평양 토박이들은 수구파에 속한 평양 관찰사 민병석을 사주하여 홀의 조사였던 김창식과 장로교 선교사 마펫S. A. Moffett 밑에 있었던 한석진 등 교인 20여 명을 체포하도록 하였다. '선교사들을 도와 주었다'는 혐의로 체포된 교인들은 평양 감옥에 갇혀 배교를 강요당하며 고문을 받았다.

이 사건이 선교사들을 통해 서울의 미국 공사관에 알려졌고 공사관의 항의를 받은 외무아문과 내무아문은 평양 관찰사에게 교인들을 석방하라는 지시를 내려 보냈다. 교인들은 나흘 만에 석방되었다. 일주일 후 관찰사는 정신적 배상금을 갖고 선교사를 찾아가 용서를 빌었다. 그리고 얼마 후 좌천되어 다른 곳으로 갔다. 이것이 유명한 '평양 기독교도 박해사건'이다. 이 사건으로 평양 주민들은 서양 선교사와 기독교의 위력이 어떤 것인지 알게 되었다. 한강 이북에서 평양 관찰사는 임금 다음의 힘을 갖고 있었다. 그런데 "나는 새도 떨어뜨린다"는 평양 관찰사의 위세가 선교사 앞에서 아무런 힘도 쓰지 못하는 것을 평양 주민들은 분명히 보았다. 평양 감영 아전으로 있던 김재찬이 사건의 진행과정을 잘 알고 있었을 것은 틀림없다.

이 사건이 있은 지 한 달도 못 되어 동학농민혁명이 일어났고 그것이 계기가 되어 청일전쟁이 일어났다. 평양 주민들은 난리를 피해 시골로 이주했다. 김재찬 일가도 평양에서 70리 되는 강서군 반석면으로 피난하였다가 이듬해인 1895년 4월에 돌아왔다. 평양에 귀환한 주민들은 그들이 평양을 비운 사이에 선교사와 교인들이 해 놓은 일을 보고 기독교에 대한 인식을 바꾸기 시작했다. 즉, 피난 가지 않고 평양에 남아 있던 선교사와 교인들이 전쟁 중에 부상당한 군인이나 주민들을 홀이 운영하는 병원에 데려다 치료해 주었던 것이다. 또 피난 간 주민들의 재산을 교회에 옮겨 보호하였다가 돌아온 주민들에게 고스란히 돌려주었다. 이방인들에게 헌신적으로 봉사하는 교인들의 행위에 평양 주민들의 생각이 달라지기 시작하였고, 교인들도 늘기 시작했다.

바로 이 무렵, 김재찬의 집안에도 기독교 신앙이 들어왔다. 출가한 시누이와 시동생 재선在宣 내외 그리고 김재찬의 부인 노 씨가 교인이 된 것이다. 시누이 집이 홀 선교사의 집과 담 하나 사이였으며, 시동생은 홀이 운영하는 병원에서 조수로 일하고 있었던 것이 기독교 입문의 계기가 되었다. 노씨 부인은 피난 갔다 돌아온 직후 시누이에게 전도를 받고 교회 출석을 시작했는데 말씀을 듣는 처음 순간부터 감동에 휩싸였다. 노블 부인의 증언이다.

> 그는 주의 말씀을 듣고 기쁘고 감사함을 이기지 못하는 동시에 슬픔을 금할 수도 없었다고 말하였다. "예수는 나의 죄를 위하여 십자가에 달려 죽으셨다. 그리고 우리로 하여금 하나님 앞에서 무한한 사랑과 은혜를 받게 한다" 하는 말씀을 듣고 그는 주를 믿고 의지하기를 아이가 어머니를 의지함같이 하였다. 그는 자기의 고생은 다 잊고 천당의 영광을 얻은 것같이 기쁨이 충만하여 핍박을 두려워하지 않고 남편과 시어머니의 반대함을 무서워 아니하고 주일예배에 항상 참례하였다. 주의 빛이 가까울수록 시험과 핍박이 나날이 심하여 집안사람들과 동네 사람들의 비방이 일어나 책망과 구타가 끊일 새 없었다. 그러나 그는 주의 도움을 받아 무서움도 없었고 부끄러움도 생각지 않고 항상 주일을 지켰다.

남편과 시어머니는 아직 믿기 전이었다. 아전 출신 남편의 반대가 심했다. 그래도 부인은 주일 출석을 계속했다. 예배당만 다니는 것이 아니라 시키지도 않은 전도를 하고 나섰다.

그때 조선 풍속에 젊은 여자는 옥에 갇힌 죄인과 같이 임의로 문밖출입을 하지 못하고 집 안에서 살림이나 하던 때였다. 그러나 그는 성신의 능력을 얻어 굳세게 이웃집에 다니며 주의 말씀을 전도하였다. 그리하여 그는 미친년이라는 욕도 먹고 집안에서 매도 맞았다.

스무 살 갓 넘은 젊은 부인이 길거리에 나가 전도하는 것은 '미치지' 않고는 할 수 없는 일이었다. 과연 그는 '예수에 미친' 여성이었다. 음력 정월 보름이면 '거리제'라 해서 풍물패가 집집마다 다니며 제사를 지내주는 풍습이 있었는데, 평양의 중심통인 종로에서 거리제가 열릴 때 노씨가 그 속에 뛰어들어 "이런 것은 하나님 앞에 죄"라며 전도하다가 주민들에게 몰매를 맞기도 하였다. 남편과 시어머니 몰래 집안 조상 신주神主를 불태웠다가 모진 매를 맞기도 했고, 술에 취한 남편이 부인을 향해 칼을 내리쳤으나 칼날이 비켜 가는 바람에 생명을 구한 적도 있었다. 그 무렵 시누이도 "예수에 미쳤다"는 이유로 시집에서 쫓겨났다.

이런 박해와 오해를 받으면서 믿음을 지킨 시누이와 올케는 1895년 7월 스크랜턴 목사에게 세례를 받았다. 그리고 세례를 받으면서 이름을 얻었는데 시누이는 '또라Dora', 올케는 '살로메Salome'란 이름을 받았다. 이때부터 '노살롬'이라는 이름을 쓰기 시작했다. 세례를 받은 후 노살롬의 믿음은 더욱 강해졌다. 박해를 당하며 다져진 믿음의 위력은 대단하였다. 그렇게 반대하고 박해했던 남편도 그의 신앙을 꺾지 못했고 오히려 부인의 믿음생활을 보고, 또 평양에 들어온 기독교의 실체를 파악한 후 오래지 않아 결국 회개하고 세례를 받았다.

강서 개척 전도

1896년 노블 선교사 부부가 평양으로 내려왔다. 노블 부인은 특히 여성교육에 관심이 깊었다. 그는 서문 안 유성골 사택에 학당을 차리고 여자

아이들을 모아 한글부터 가르치기 시작했다. 후의 정의여학교 전신이 되는 이 학당은 학생 세 명으로 시작해서 3년 만에 40명을 넘겼는데, 이는 "여자가 배워서 뭣에 쓰냐?", "서양 사람이 아이들에게 무슨 약을 먹여 미치게 만든다더라"며 아이들을 보내지 않으려는 평양 주민들을 노살롬이 집집마다 다니며 설득한 결과였다. 그 과정에서 그의 전도를 받고 믿기로 한 학부형이 100명이 넘었다. 노살롬은 평양 남산현교회를 거점으로 하여 평양 동촌과 봉룡동, 칠산리 등에 나가 전도하여 교인들을 얻었고 후에 지교회를 세웠다.

이처럼 평양에서 여성 교육의 터전을 잡는 데 성공한 노블 부인은 그 일을 지방까지 확장하고자 했다. 마침 미국 펜실베이니아 주 와이오밍 교회 여선교회에서 여성 교육을 위해 쓰라고 선교비를 보내왔다. 노블 부인은 대상지를 물색하다가 강서로 정하였다. 강서에는 아직 교회나 학교가 없었고, 교인도 '북한지역 최초 여성 세례교인' 전삼덕 부인 한 가정밖에 없었다. 노블 부인은 강서 선교 개척자로 노살롬을 택하였다. 노살롬은 남자도 하기 어려운 그 일을 기꺼이 맡았다. 그리하여 1899년 2월 노살롬이 강서지방 개척 전도인으로 파송되어 길을 떠났는데 그 길에 남편 김재찬과 시누이 김또라도 동행하였다. 강서읍에 도착하여 학교와 교회 터를 구하는 일은 김재찬이 담당했고 학생들을 모아 가르치는 일은 노살롬과 김또라가 맡았다. 학교 이름을 '강서청년학원'이라 붙였으나 선교사들 사이에는 '와이오밍 여학교'로 불렸다. 그들을 강서에 파송한 노블 선교사는 1900년 선교연회에서 강서 개척 사항을 자랑스럽게 보고하였다.

와이오밍 예배당(강서읍교회)은 이 도시(평양)에서 남쪽으로 25마일 떨어진 강서에 있습니다. 이 건물은 펜실베이니아 와이오밍 여선교회 기부금으로 마련한 것인데 교회 이름은 기부자 이름을 기리는 뜻에서 와이오밍 예배당이라 붙였습니다. 기부금은 노블 부인이 받았습니다. 오랜 심사숙고 끝에 건물을 구입했고 학교 선생 겸 전도부인인 살로메(노살롬)가 관장하고 있습니다. 예배당은 여성 위주로 마련된 것인데 남성들도 가만있지는 않을 듯합니다. 출석인원은 15명이던 것이 연초에 61명으로 늘어났으며 그들 중 반이 남성입니다. 살로메가 선생 겸 속장입니다. 그 일 말고도 살로메는 주민들의 반대를 무릅쓰고 여학교를 꾸려 나가느라 애쓰고 있습니다. 교인들 가정이 워낙 빈궁해서 그들에게 운영비를 기대하기란 어렵습니다.

처음에 강서 사람들은 교회나 학교에 아이들을 내보내기를 꺼려하였다. 더구나 스물여섯 살 젊은 나이의 여자가 집집마다 돌아다니며 조상신주와 우상단지들을 꺼내 불태우니 좋게 보일 리 없었다. 주로 가난한 집 아이들을 먼저 데려다 가르쳤다. 매일 엿과 과자를 사다 먹여 가며 한글을 가르치고 주기도문, 사도신경 같은 기독교 기본교리도 가르쳤다. 오전에는 아이들을 가르치고 오후에는 강서 읍내와 부근 지방에 나가 어른들을 대상으로 전도하였다. 선돌[立石] 거리에서 "주의 빛"이라는 제목으로 전도 설교를 한 적이 있는데, 청중 중에 있던 유교 선비 한 사람이 노살롬의 설교를 듣고 감명을 받아 그 가문 일족이 예수를 믿게 된 일도 생겼다.

시누이 김또라가 진남포에 여학교 관리자로 부임해 간 후 강서의 교회와 학교 일은 노살롬 내외가 전적으로 맡게 되었다. 노살롬은 자기에게 주어진 일에 충성하였다. 노블 부인이 여선교회에 보고한 내용이 그것을 증명한다.

> 강서학교는 열다섯 명 학생이 재적하고 있는데 모두 잘 다니고 있습니다. 성경이 교과서입니다. 김살로메(노살롬)가 교사인데 자기 집에서 4, 5마일 떨어진 시골에까지 나가 아녀자들에게 한글을 가르치고 성경과 교리까지 가르치고 있습니다. 학생들은 학교에 나올 뿐 아니라 교회 예배에도 잘 나오고 있습니다. 살로메의 남편은 아주 훌륭한 교회 일꾼입니다. 지금은 속장으로 일하고 있습니다. 그들의 집은 강서 교인들의 집회 장소일 뿐 아니라 지나가는 나그네들도 모두 들러 대접받는 곳이 되어 주인 내외의 자비심은 널리 알려져 있습니다. 와이오밍 예배당 교인 총수는 153명에 이릅니다.

노살롬은 학교 일로만 바쁜 것이 아니었다. 그는 쉴 새 없이 지방과 시골을 다니며 전도하였다. 1903년 여선교회 보고에 의하면, 노살롬이 일 년간 심방하고 전도한 횟수가 339회에 달하며 매 주일 세 곳에서 기도회를 인도하였고, 그가 맡은 고을 수만도 스무 곳이 넘어 그곳을 일 년에 서너 차례씩 방문해야 했다. 어느덧 그는 훌륭한 전도부인이 되어 있었다.

남편이 목사가 되다

그러나 무엇보다 강서생활에서 생긴 큰일은 남편 김재찬의 변화였다.

강서에 올 때만 해도 노살롬이 주역이었고 김재찬은 조역이었다. 여성 중심으로 설립된 예배당이나 학교는 노살롬의 주관하에 운영되었다. 그러나 교인 수가 증가하고 더불어 남성 교인들이 늘어남에 따라 노살롬은 남편의 도움을 더 많이 받아야 했다. 속장으로 시작된 김재찬의 교회 봉사 활동은 점차 전도인의 역할로 바뀌었다. 그가 전면에 나서서 전도하는 모습을 종종 볼 수 있게 되었고 교회와 학교의 성장도 눈에 띄게 나타났다. 1906년 여선교회 보고에 의하면, 강서학교 학생 수는 30명에 달했고, 1905년 성탄절 예배에는 무려 4백여 명의 교인이 모여 축하예배를 드렸다. 불과 5년 사이에 두 명의 학교, 열다섯 명 교인으로 시작했던 교회가 이처럼 성장한 것은 노살롬·김재찬 부부의 헌신적인 노력의 결과였다.

1905년 김재찬은 미감리회 조선연회에서 정식으로 전도사 파송을 받았다. 마침내 목회자가 된 것이다. 김재찬 전도사는 강서읍뿐 아니라 증산교회까지 맡아 보았으며, 1906년에는 삼화로 파송받아 갔다. 삼화에서 목회하는 동안 삼흥여학교를 설립하였다. 목회자 부인이 된 노살롬은 계속 교육에 종사하였다. 그곳에서 목회한 4년 동안 학생 수는 50명, 교인 수도 190명으로 늘었다. 교회도 이문동, 광량만 두 곳에 개척하였다. 남편은 1910년에 마침내 목사안수를 받고, 이듬해 감리교협성신학교를 제1회로 졸업하였다. 그리고 1911년 황해도 봉산으로 파송받아 갔다. 이제 목사 사모가 된 노살롬은 남편의 목회를 도우며 창덕여학교에서 아이들을 가르쳤다. 1914년에는 다시 평북 영변으로 파송받아 그곳에서 가장 길게 10년 동안 목회하였다.

노살롬은 영변 숭덕여학교에도 틈틈이 나가 학교 일을 도왔다. 특히 영변에서는 야학이 성황하였는데 노살롬은 야학을 주로 맡았고 종종 여성을 대상으로 성경강습회를 열어 부녀자 계몽운동에 많은 시간을 보냈다. 영변에서 목회하는 동안 삼일운동을 맞았다. 그때 김재찬 목사는 숭덕학교 학생들과 교인들을 동원하여 영변 만세시위를 주도하였으며 교인들과 지방 유지들을 대상으로 군자금을 모금하여 아들을 시켜 중국에 있는 민족운동가 손정도 목사에게 보냈다. 김재찬은 이 일로 일경에 쫓겨 다니기도 했다.

노살롬은 한국 교회의 지도적 인물이 된 남편 김재찬 목사의 조역으로 만족하며 살았다. 강서에서 그가 주역이었고 남편이 조역이었던 것이 이제 서로 바뀐 것이다. 마치 사도행전에서 바울의 1차 전도여행을 기록하면서 구브로 섬에 들어갈 때는 '바나바와 사울(바울)'이라 했던 것이 구브로 전도를 마칠 즈음에 '바울과 바나바'로 바뀐 것과 같다(행 13:7, 46, 50). 바나바가 처음 되었다가 나중 되었다고 불평하지 않았던 것처럼 노살롬도 남편 이름이 그보다 앞서 기록되는 것을 오히려 자랑스럽게 여겼다. 칼을 들고 죽이겠다고 달려들었던 남편이 회개하여 목사가 되었으니 이보다 더 큰 은총이 어디 있겠는가! 김재찬 목사는 1924년 원주로 파송되어 2년간 시무한 후 은퇴하였다. 남편 은퇴 후 노살롬은 차남과 장손이 의사로 일하고 있는 사리원에 거처를 마련하고 그곳에서 조용히 말년을 보냈다. 김재찬 목사는 사리원에서 해방을 맞았고 6·25전쟁 중 폭격으로 희생되었으며, 노살롬은 월남하는 장손의 가족을 사리원에서 마지막 만난 후 소식이 끊어졌다.

예수 믿는다고 소박당했던 시누이 김또라는 1903년 7월에 하와이로 이민 가서 전도사로 일하며 하와이 한인감리교회 창설의 주역이 되었고, 홀의 조수로 일했던 시동생 김재선은 의사가 되었다. 또 노살롬의 맏아들

성호成鎬는 평양 숭실대학을 나온 후 배재·신성·양정학교 교사로 활약했고, 김포농업학교 교장을 역임했으며 많은 수학 교과서를 저술했다. 맏딸 함라含羅는 이화여대 출신으로 이화여대 교수로 봉직했고, 차남 창호昌鎬와 장손 영상泳祥은 세브란스 의전을 나온 후 의사로 일했다.

남편과 시집 식구들의 모진 박해를 극복하고 기독교 신앙을 지킨 한 여인의 투쟁적 신앙생활로 남편을 비롯한 시집 전체가 기독교 집안이 되었을 뿐 아니라 교계와 사회의 지도적 인물을 배출하는 놀라운 결과를 얻을 수 있었다. 노살롬 그는, 초창기 이 땅에 뿌려진 작은 겨자씨였다.

8. 해방과 변혁의 상징
한국인 최초 미국 대학 문학사 하란사

1920년 1월 17일 망명지 중국 상하이에서, 도산 안창호를 비롯한 임시정부 요인들이 참석한 가운데 대한애국부인회 주최로 김경희, 이인순, 하란사 세 여성 독립운동가에 대한 추모회가 열렸다. 셋 모두 기독교인으로서 독립운동을 하기 위해 1919년 중국으로 망명했다가 뜻을 이루지 못하고 숨을 거두었는데 평양 숭의여학교 출신 김경희는 32세, 임시정부 국무총리 이동휘의 딸 이인순은 27세, 그리고 하란사는 45세였다. 그날 애국부인회 회장 이화숙이 하란사의 약력을 보고하였는데 그 내용을 임시정부 기관지 〈독립신문〉(1920. 1. 22.)은 다음과 같이 보도하였다.

고故 하 여사河女史는 안주의 출생으로 한성漢城 하상기河相驥 씨와 부부가 되었고 청일전쟁 후에 소일본小日本이 대중화大中華와 전쟁하여 승리함을 듣고 이상한 감상이 생겨 그 원인을 물은즉 국민의 자각과 교육의 발달함에 있다 함을 듣고 심히 수심 중愁心中에 있더니 하상기 씨가 이유를 물은 후 즉시 이화학당에 입학시켰다가 다시 일본 유학생이 되어 일본 동경 경의응의숙慶義應義塾에 일 년여를 공부하고 귀국하였으며 그 후에 서재필 씨가 정동예배당에서 미국인 남녀의 활동하는 상태를 연설함을 듣고 크게 감동을 받아 미국에 유학하기로 결심한 후 하상기 씨와 동반 도미하여 미국 오하이오 주 웨슬리언 대학에 입학하여 어려움을 많이 받되 추호도 낙심치 않고 열심히 학업을 하며 또 빈한한 동창생을 부조한 일도 적지 아니한데 필경 학업을 이룬 후 귀국하여 먼저 착수한 것은 고故 미국 대통령 링컨 씨의 흑노해방黑奴放釋함을 생각하고 자기 가정의 노비를 해방할 뿐 아니라 승격하여 자녀로 대우하고 또 이화학당에서 교편을 잡고 여자 교육에 진력할 뿐 아니라 청년여자에게 조국정신을 고취하며 여자 도덕女子道德을 양성하기 위하여 성경학원을 설립하며 각 회당에서 열심으로 성경을 교수하였고 4년 전에 감리회 평신도 대표로 미국 총회에 출석하여 대한 교회와 신도의 상황을 상세히 보고하여 크고 많은 좋은 영향이 있었고 폐회 후 일 개년간 미국에 머무르며 신학을 연구한 후 귀국하여 이화학당에서 다시 교편을 잡았더니 작년 봄에 의친왕義親王의 은밀한 부탁을 받고 파리강화회의巴里講和會議에 출석하려고 북경에 와서 여행을 준비하던 중 불행히 유행성감모流行性感冒에 걸려 동년 4월 10일에 북경에서 45세의 장령壯齡으로 별세하였다.

평생 자유와 해방을 기본 가치로 삼고 투쟁하며 살았던 '당당한 신여성新女性', 하란사河蘭史의 파란만장한 삶은 해외에서 그렇게 끝났다.

인천 감리의 후처

하란사는 1875년 평남 안주(다른 자료에는 평양)의 김해 김씨 가문에서 태어났다는 것 외에 가족 환경에 대한 자료가 별로 없다. 그가 기생 출신이었다는 말도 있으나 확인되지 않는다. 하란사의 이야기는 1890년대 인천 감리仁川監理 벼슬을 살았던 하상기와 결혼하는 것으로 시작된다. 언제 결혼했는지 알 수 없으나 전처소생의 1남 3녀를 키우며 양반집 부인으로 평범하고 편안한 삶을 살 수 있었다. 그러나 그는 스스로 그런 삶을 포기하였다. 당시로는 '여성답지 않게', 시국 상황에 대한 고민과 갈등을 표출하였던 데 그 동기가 있었다. 남편이 근무하고 있던 인천은 1880-90년대 개방과 개혁의 현장이었다. 그곳을 통해 많은 외국인들이 들어왔고 이들을 통해 서구 문화와 종교도 유입되었다. 그중에도 1876년 강화도조약 체결 이후 인천을 거점으로 줄기차게 세력을 확장해 온 일본인들이 눈에 띄었다. 조선 시대 일본은 '왜국'이라 해서 경멸의 대상이었다. 그런데 청일전쟁이 터지고 '대국大國'으로 불리던 중국에 질 줄 알았던 일본이 이겼다. 중국이 물러가고 일본이 그 자리를 차지하였다. 그와 함께 국내 정치 상황도 바뀌었다. 수구파가 물러가고 개혁파가 득세하였다. 갑오경장이라는 정치적 개혁이 뒤따랐고 우리나라 정치에 본격적으로 개입하기 시작한 일본은 을미사변(1895년)을 일으켜 명성 황후까지 암살하였다. 국왕은 러시아 공사관으로 도피하였고 개혁파와 수구파 사이에 정치적 혼란은 계속 이어졌다. 여염집 부인이면 이런 정치적·외교적 상황에 눈과 귀와 입을 막고 집안일에만 신경을 쓰겠으나 하씨 부인은 그렇지 않았다.

"어떻게 작은 나라가 큰 나라를 이길 수 있었을까?"

"일본은 우리에게 적인가? 이웃인가?"

모든 것이 궁금했다. 그리고 그것을 남편에게 물었다. 다행히 남편은 열린 마음의 소유자였다. 그는 아내의 호기심과 관심을 자기 계발의 기회로 삼도록 유도하였다. 그래서 서울 정동의 이화학당을 소개하였다. 이화학당은 초기의 어려움을 극복하고 학교 체제를 갖추어 가고 있었다. 설립자 스크랜턴 대부인은 학당을 젊은 프라이 선교사에게 넘겨 주고 자신은 남대문 상동교회로 옮겨 서울 근교 전도사업에 주력하고 있었다. 그래서 하씨 부인이 이화학당을 찾아갔을 때 그를 맞은 것은 프라이 교장이었다. 하씨 부인은 당시 양반집 부인들이 그러하듯 밤중에 등불을 든 하인을 앞세워 이화학당을 찾아갔다. 낮은 남자들의 시간이었기에 여자들은 밤에야 거리에 나올 수 있었다. 그런데 프라이 교장은 하씨 부인을 학생으로 받아들일 수 없다고 말했다. 10년 전 스크랜턴 대부인이 정동에 이화학당을 설립했을 때, 어떤 양반집 후처가 처음으로 찾아와 영어를 배우겠다고 해서 받아들였는데, 한 달도 못 버티고 떠난 적이 있었기 때문이었다. 사실 그 부인은 공부할 생각이 전혀 없었다. 다만 아내에게 영어를 가르쳐 명성 황후 통역관으로 만들면, 그 바람에 자신도 출세할까 싶었던 남편 때문에 억지로 왔던 것이었다. 이런 과거를 알고 있었기에 프라이는 양반집 후처인 하씨 부인을 받아들일 수 없다고 한 것이다. 1890년대 들어 학생 수가 늘어나면서 기혼자는 학생으로 받지 않기로 한 것도 이유였다.

학교에 들어갈 수 없다는 말에 하씨 부인은 그대로 물러서지 않았다.

"받아주시오. 부탁입니다."

"안됩니다. 규칙입니다."

몇 차례 공방이 오고가던 중 하씨 부인이 갑자기 하인이 들고 있던 등불을 훅 하고 꺼 버렸다. 순간 고요한 암흑이 방 안을 가득 메웠다. 침묵을 깨고 하씨 부인이 입을 열었다.

"우리가 캄캄하기를 이 등불 꺼진 것과 같으니 우리에게 학문의 밝은 빛을 비쳐 줄 수 없겠습니까?"

그의 간절한 애원에 프라이의 마음과 이화학당 문이 동시에 열렸다. 스무 살이 넘은 만학도의 하씨 부인은 딸과 같은 어린 학생들과 함께 공부를 시작했다. 그러나 이화학당에서 영어와 서구 학문만 배운 것이 아니었다. 선교사들을 통해 기독교를 접하게 된 하씨 부인은 개종을 결심하게 되었고 세례를 받으면서 '낸시Nancy'라는 이름도 얻게 되었다. 이것을 한자로 표기한 것이 '란사蘭史'이다. 그래서 이때부터 '하란사'로 불리기 시작했다.

한번 불붙기 시작한 배움의 열정은 계속 타올라 이화학당을 졸업하고, 1900년 일본 유학길에 올라 도쿄 게이오의숙에 들어가 일 년 동안 공부하였다. 외국 유학에 자신감을 얻은 하란사는 미국 유학을 결심하였다. 이런 아내의 결심을 남편은 적극 지원하였다. 1902년 남편 하상기는 아내와 동행하여 미국까지 가서 공부하는 것을 뒷바라지하였다. 남편이 재물에 여유가 있었던 덕에 하란사는 '돈 걱정' 하지 않고 무사히 공부를 마칠 수 있었다. 1906년 미국 오하이오 주 웨슬리언 대학을 졸업하고 한국 여성으로는 처음으로 '문학사'(B. A.) 학위를 받았다. 미국 유학을 마치고 귀국하는 그의 모습은 출국할 때와 전혀 달랐다. 쪽진 머리에 한복을 입고 떠났던 그가 짧은 머리에 검은 모자, 검은 드레스를 입고 돌아왔다. 봉건 시대에 여성이 머리를 자른다거나 검은 옷을 입는다는 것은 상상도 할 수 없는 일이었다. 그러나 이화학당을 거쳐 일본과 미국 유학생활을 하면서 '새로운 세상', '변하는 세계'를 보았다. 그러면서 생각이 변했고 생각이 변한 만큼 의복과 행동도 달라졌다. 이제는 그 변화를 조선 여성들에게 확산시키는 것이 그의 사명이었다.

하란사가 귀국 후 처음 맡은 일은 상동교회 안에 있던 부인 영어학교 교사직이었다. 이 학교는 1906년 11월 스크랜턴 대부인이 전도부인 양성을 목적으로 세운 학교로 기혼 여성들에게 문호를 개방했다. 처음부터 성경과 교리를 가르칠 수 없으니 영어를 가르친다고 하여 학생을 모은 후, 그중에서 전도부인을 길러낼 생각이었다. 기혼이면서 영어와 성경에 능통한 하란사가 교사로는 적격이었다. 1907년 스크랜턴 대부인의 선교보고에서 그 결과를 읽을 수 있다.

> 지난 해(1906년) 11월 몇 가지 조건을 갖추고 배우고 싶은 여인이 있다면 누구든 달성이궁(상동)에 있는 우리 숙소로 오라고 알렸으며 그것으로 시작했습니다. 나는 가능한 한 더 많은 사람들을 끌어 모으기 위해 이처럼 공개적으로 광고를 한 것입니다. 훗날 우리가 세운 계획이 좀더 충실하게 추진될 즈음이면 그들 가운데 아주 귀중한 인재들을 골라낼 수 있을 것임을 알기 때문입니다. 오하이오 웨슬리언 대학 졸업생으로 한국인 하 부인을 교사로 얻을 수 있었습니다. 상당수의 여성들이 초청에 응낙해 왔습니다. 그들 중에는 한두 명 궁에 있는 여인도 있고 한국인 고관의 첩들도 끼여 있습니다.

이 학교는 양가집 소녀보다는 과부나 기생 같은 불우한 형편의 여성들,

배움의 기회를 얻지 못한 기혼여성들을 위한 학교였다. 그래서 궁녀나 정부 고위관리의 첩들이 주로 나왔다. 그런 처지의 가정부인이었다가 신학문의 길을 스스로 개척하여 일본·미국 유학을 마치고 돌아온 하란사로서는 가장 보람을 느낄 수 있는 일자리였다. 그는 스크랜턴 대부인을 도와 영어와 성경을 가르치며 불우한 환경의 여인들을 깨우쳐 나가기 시작했다.

신여성의 대명사

이미 나이 칠십을 넘긴 스크랜턴 대부인은 건강이 쇠약해진 1908년 학교를 앨벗슨M. M. Albertson 선교사에게 넘겨주었다. 앨벗슨은 하란사와 함께 학교를 본격적으로 전도부인 양성을 위한 부인성경학교로 전환했다. 정동 이화학당 옆에 한옥을 한 채 빌려 교사로 사용하며 성경과 신학 기초과목을 가르치기 시작하여 1911년 1회 졸업생으로 양우로더, 신알베르토, 손메레 이렇게 세 명을 배출했다. 이 학교는 후에 감리교 협성여자신학교가 되었다가 남자 협성신학교와 합동하여 오늘의 감리교신학대학이 되었다. 하란사는 단순히 학생들을 가르치는 교실 안 선생이 아니라 학생들과 함께 거리와 시골로 나가 전도하는 전도자였다. 앨벗슨 교장의 1911년 보고서에서 그의 활약을 읽을 수 있다.

지난 한 해(1910년) 동안 학생들은 하 부인 혹은 본인의 지도하에 서울 밖의 시골로 나가 열네 차례 전도행사를 가졌습니다. 매 주일 3-9마일씩

I. 복음을 받아들인 처음 여성들 115

떨어져 있는 아홉 개 교회를 돌면서 예배를 드렸으며 1,426회 가정방문을 실시한 결과 250명의 여인들이 교회에 나오게 되었습니다.

1910년 9월 이화학당 안에 대학과가 신설되면서 여성을 위한 고등교육이 실시되자 하란사는 이 대학과의 유일한 한국인 교수로 참여하게 되었다. 오늘날 교감에 비유할 수 있는 총교사總敎師가 되었고, 이화학당 기숙사도 책임을 맡게 되었다. 주로 가르치는 과목은 영어와 성경이었으나 이화학당 학생들의 학교생활 전부를 관리하는 사감선생이기도 했다. 당시 이화학당장이었던 프라이가 "하 부인은 일을 함에 있어 더 이상 바랄 것이 없을 정도이다. 자기를 필요로 하는 곳이라면 언제든 기꺼이 가서 효과적으로 처리하고 있다"고 보고할 정도로 자기 일에 만족하며 최선을 다하고 있었다. 1911년부터는 터틀O. M. Tuttle과 함께 이화의 지교枝校로 있던 서울의 서대문여학교, 애오개여학교, 종로여학교, 동대문여학교, 동막여학교, 서강여학교, 왕십리여학교, 용머리(용두리)여학교, 한강여학교 등을 지도하는 책임까지 맡게 되었다. 하란사는 실지로 이들 학교에 나가 학생들을 가르쳤고, 특히 학생들의 어머니들을 모아 자모회를 구성하여 육아법과 가정의학 등을 가르치며, 또 계몽강연을 통해 여성들의 자각을 촉구하였다.

이런 과정을 거쳐 하란사는 1910년대 가장 '전위적인' 여성 교육가 겸 여성 해방운동가가 되었다. 특히 여학교에서 그의 존재와 행동은 파격과 변혁의 상징이었다. 그는 가위를 손에 들고 다니면서 아직도 댕기머리를 하고 있는 학생들의 긴 머리를 잘라 학생들에게 '공포의 대상'이었고, 맘에 들지 않는 행동을 보이는 학생들에겐 거침없이 험한 말을 하여 '욕쟁

'이 선생'으로 불렸다. 이화의 초기 학생들은 그를 이렇게 회고하였다.

> 하란사 선생은 초대 교사로 학생들에게는 선생님이라기보다도 엄한 어머니같이 구셨던 인상 깊은 선생님이다. 이뻐도 욕, 미워도 욕, 욕설을 잘하시기로 유명했던 선생님이다. 당시 이화학당 졸업생으로 하란사 선생님에게서 욕을 안 들으신 분이 드물 정도였으니 공부를 잘 안 한다고 욕, 댕기를 머리끝에다 물려드린다고도 욕, 그저 늘 꾸지람이었고 이렇게 호랑이 선생이시고 보니 하란사 선생님이 옆으로만 오시면 학생들은 내가 또 뭘 잘못한 것인가 하여 가슴이 철렁 내려앉았다.

하란사가 윤치호와 '여성 교육' 논쟁을 벌인 것도 바로 이 무렵이었다. 선교사들이 영문으로 발행하는 선교 잡지 〈코리아 미션 필드 *The Korea Mission Field*〉 1911년 7월호에 윤치호가 "기술 교육의 필요성 A plea for Industrial Training"이란 제목의 글을 발표하였는데, 선교부에서 운영하는 여학교의 교육 과정에 문제가 있다는 것이 그 내용이었다. 즉, 선교부 여학교의 학생들은 "1) 요리하는 법을 모른다. 2) 바느질하는 법도 모른다. 3) 옷감을 자르고 빨고 다리미질하는 법도 모른다. 4) 어떤 때엔 시어머니에게도 순종치 않는다. 5) 대체로 살림하는 법을 모른다. 6) 학교에 다니지 못한 아이들이 하는 그런 힘든 일은 하려고 들지 않는다"는 등 교육받은 여성들이 실생활에 필요한 기술 교육은 받지 않고 의식 교육만 받아 가사생활에 전혀 도움이 되지 않는다는 식이었다. 이런 글을 읽고 가만있을 하란사가 아니었다. 그는 같은 잡지 12월호에 "항의문 A Protest"이라는 반박의 글을 실었다. 내용과 어투가 매우 신랄했다. 그는 윤치호에게 "(여성 교육에 대해) 잘못된 선입견을 갖고 있거나 틀린 정보를 받은 결과"라고 지적하면서 "그렇게 주장하는 근거를 하나라도 들어 보라"며 "함부로 말하지 말 것"을 촉구했다.

그(윤치호)는 여선교사들이 운영하는 여학교 학생들이 가장 중요한 집안일 즉 요리와 바느질을 할 줄 모른다 해서 학교 교육을 비판하였다. 그러나 내가 아는 한 이들 학교 졸업생들 가운데 어느 누구도 음식을 할 줄 모른다거나 바느질과 빨래, 다리미질을 할 줄 모른다는 이유로 비난을 받은 적은 없음을 확신한다. 요리나 바느질이 교과 과목에 들어 있지 않은 것은 사실이다. 그러나 분명히 알아야 할 것은, 학생들이 기숙사에 머무는 수년 동안 자기 손으로 밥하고 빨래하고 옷을 지어 입어야 한다는 점이다. 그 결과 집 안에만 있어 칠판은 구경조차 하지 못한 여성들보다는 실력이 떨어질지 몰라도 일반 가정주부들이 하는 정도의 요리나 바느질 솜씨는 우리 학생들도 갖고 있다는 점을 알아야 한다.

그러면서 하란사는 여성 교육의 근본 목적이 무엇인지 분명히 깨달아야 한다고 지적하였다.

두 가지 가사일(요리와 바느질)에 대한 불평에 설령 일리가 있다고 할지라도 다음 사실만은 꼭 알아 두어야 할 것이다. 미국이나 유럽의 정규 고등학교는 졸업생들이 그저 요리나 바느질을 잘하게 되는 것에 목적을 두지 않는다는 점이다. 또 한 가지 알아 두어야 할 사실은 서구 학교의 목적과 방향은 슬기로운wise 어머니, 충실한dutiful 아내 및 깨우친enlightened 가

정주부가 될 수 있는 신여성을 배출하는 것이지 요리사나 간호원, 침모針
母를 배출하는 것이 아니라는 점이다.

슬기와 책임감, 깨우친 의식의 소유자 '신여성'을 육성하는 것이 기독교 학교의 교육 내용이자 운영 목적이었다. 하란사 자신이 바로 그런 교육의 수혜자였고 선구자였기에 그는 신여성을 대표하여 당대 기독교뿐 아니라 일반사회의 지도급 인물이었던 윤치호와 당당하게 논쟁을 벌였던 것이다.

이렇게 당당하던 하란사였지만 모든 것이 행복한 것만은 아니었다. 1915년 하란사는 가정적으로 큰 슬픔을 겪게 된다. 이화고등보통학교 졸업반이던 그의 딸 자옥子玉이 갑자기 죽은 것이다. 그가 이화학당 재학시절에 낳은 딸로 유학기간 동안 새문안교회에 다니던 어떤 부인에게 젖을 부탁하며 키웠던 딸이었다. 그러나 하란사는 딸을 잃은 슬픔을 딛고 1916년 신흥우와 함께 한국감리교회 평신도 대표로 미국감리교회 총회에 참석하였다. 총회가 끝난 후에는 미주 전역 교포들에게 강연을 했고, 교포들의 헌금을 모아 파이프 오르간을 구입하여 한국에서는 처음으로 정동교회에 설치하였다.

고종과 하란사

1910년대 후반에 들어서면서 하란사는 여성 교육 차원을 넘어 민족운동에까지 활동영역을 넓혔다. 이미 1908년 그는 박에스더 · 윤정원과 함께 경희궁에서 고종의 훈장(은장)을 받은 바 있었고 상동교회의 전덕기 목사와 당시 정동교회 목사로 있던 손정도 목사 등과 긴밀한 관계를 맺으면서 자연스럽게 민족주의적인 여성운동가로 변신하였다. 게다가 선교사들과의 밀접한 관계, 미국 여행을 통한 국제 정세의 인식도 민족독립이라는 시대적 사명을 확인시켜 주는 요인이 되었다. 하란사는 이화학당에서 이문회以文會를 맡아 학생들에게 민족의 현실과 세계 정세를 가르치며 의식을 깨우쳤다. 삼일운동 때 옥중 순국한 유관순도 이문회 회원으로 하란사의 지도를 받았다.

하란사는 달성이궁에 있을 때부터 영어를 배우러 온 궁녀들을 통해 엄비와 자주 만났고 고종 황제와도 줄이 닿아 있었다. 하란사는 또한 미국 유학 시절 고종 황제의 다섯째 아들 의친왕과 교류한 적이 있었다(의친왕은 1900년부터 1905년까지 로어노크 대학에 유학하였다). 1차 세계대전이 종결되고 전후 문제 논의를 위한 강화회담이 1919년 6월 파리에서 개최된다는 정보를 입수한 국내외 민족운동 세력은 고종 황제의 아들 중 민족의식이 가장 뚜렷했던 의친왕을 파리에 출석시켜 우리 민족의 독립의지를 표명하려는 운동을 준비하였다. 고종 황제와 의친왕 그리고 해외의 민족운동 세력과 연결되어 있던 하란사가 여기 가담하게 되었다. 이 일에 정동교회 손정도 목사도 깊이 관여하여 1918년 11월 정동교회를 사임하고 평양으로 내려가 의친왕 망명운동을 추진하였다. 모든 일이 은밀하게 진행되었기에 하란사의 활동에 대한 뚜렷한 증거 자료는 없다. 다만 비슷한 시기(1903-11년)에 미국 유학을 하고 돌아와 배재학당 교장으로 있던 신흥우의 증언을 통해 그 내막을 미루어 짐작할 수 있다.

하란사 씨가 미국에서 유학할 때부터 의친왕 하고 친했습니다. 오하이오 델라웨즈에서 얼마 동안 같이 있었습니다. 그래서 하란사 씨가 의친왕 하고 매일 연락을 하다시피 했습니다. 어떤 때는 궁중에 있는 궁녀라고 할런지 나인이라고 할런지 하는 사람이 심부름해서 만났는데 우리의 요구는 일본 사람이 찾으려고 해도 못 찾고 있던 1882년에 우리나라와 미국이 맺은 '한미조약'의 원문을 찾으면 그것을 가지고 파리에 가서는 윌슨 대통령에게 보이면서 "왜 일본이 우리나라를 합병할 때 그냥 무시해 버렸소" 하자는 것이었습니다.

그러나 이 계획은 1919년 1월 21일 고종이 갑자기 승하하면서 수포로 돌아가고 말았다. 하란사의 실망은 클 수밖에 없었다.

어느 날 오후에 이화학당 서양 교수들의 식당에서 그 교장(프라이)하고 나(신흥우)하고 차를 마시는데 누군가 문을 두드려서 들어오라고 했더니 하란사 씨가 문을 여는데 얼굴이 그냥 새파랗단 말이에요. 침이 말라서 말을 못하다가 하는 말이 "대황제께서 돌아가셨습니다"라고 그래요. 그 말을 듣고 참 기가 막혔습니다.

결국 하란사의 꿈은 좌절됐고 잃었던 나라를 되찾으려는 간절한 소원과 시도는 중단될 수밖에 없었다. 그러나 하란사는 중국 북경으로 망명을 감행했다. 북경으로 간 분명한 이유는 밝혀지지 않고 있으나 의친왕의 망명을 해외에서 추진하기 위해, 혹은 고종의 '밀지'를 받은 터라 파리강화회의에 참석하여 고종의 의지를 밝히기 위해 망명길에 올랐을 것으로 추정할 뿐이다. 그 길에 남편은 동행하지 않았다. 남편과 가족 몰래 추진한 일이었기 때문이다. 일경의 삼엄한 감시망을 뚫고 압록강을 건너 심양을 거쳐 북경에 도착하였으나 도착 직후 병이 들어 4월 10일 북경 협화의원協和醫院 별실에서 별세하였다.

일 년 후 발행된 〈독립신문〉은 하란사의 사인死因을 '유행성 감모(유행성 독감)'로 밝혔으나 다른 자료는 그가 북경에 도착한 직후 그곳 교포들이 마련한 만찬회에 참석하여 먹은 음식이 잘못되어 목숨을 잃었다고 한다. 그 후 하란사의 장례식에 참석하고 온 선교사 벡커A. L. Becker가 "그의 시체가 검게 변해 있었다"고 증언한 것이나 남편 하상기가 북경을 다녀와서 주위 사람들에게 "북경 가는 도중 봉천에서 어떤 동지를 만나 속뜻을 이야기한 것이 오히려 그가 음해를 받은 원인이 되었다"라고 말한 것, 또한 일본 스파이로 활약한 배정자가 서울에서부터 미행했다는 소문 등이 돌면서 하란사의 죽음이 단순한 병사나 자연사가 아니라 타의에 의한 독살이었을 가능성도 있다는 추측을 자아낸다.

II 민중과 교회를 위해 몸 바친 여성들

초창기 기독교 여학교 수업 광경

시베리아에서 활동하던 전도부인들(앞줄 맨 왼쪽이 최나오미)

김정혜
"조국 강토를 잃은 우리에게 무슨 사치가 필요한가?"

손메례가 절제운동을 전개하던 당시 만든 금주 포스터

김성무
"한국 구원은 오직 하나님께로 돌아오는 길 외에는 없는 것을 확신케 하소서."

여메례와 문준경이 졸업한 동양선교회 경성성서학원(1928년)

장정심이 사감으로 근무할 당시 감리교신학교 교수와 학생들(1934년)

방애인
거리에서 만난 자들에게 그리스도의 사랑을 전했던 방애인은 말 그대로 '거리의 성자'였다.

방애인이 설립한 전주 고아원

9. 조선 땅의 어머니,
여류 자선사업가 왕재덕

물레야 물레야 잘도 돈다

만첩산이 고리싸리

충수산이 고리싸리

석수대정 들은 가락

들메국을 제이여는

오롱오롱 잘도 돈다

 그 옛날 이 땅의 어머니들이 낮 농사의 피곤을 무릅쓰고 호롱불 아래서 물레질하며 부르던 노랫가락이다. 여인들이면 다하는 바느질, 부엌일 외에도 가난한 시골의 아낙들은 남정네들이 하는 논밭일은 물론이고, 밤이면 물레를 돌리며 살림을 꾸려야 했다.

 한평생 각종 농사 일, 장사 일로 근검절약하여 큰돈을 모았고 그 돈을 다시 이 땅에 사는 가난한 이들을 위해 멋있게 쓴 과부 할머니 왕재덕王在德의 이야기다.

항심 항산

왕재덕은 1858년 6월 18일 황해도 신천군 북부면 서호 속칭 왕촌에서 초시 벼슬을 한 왕시권王時權의 둘째 딸로 출생하였다. 위로 형이 있었으나 일찍 죽어 무남독녀로 성장하였다. 그리 큰 부자는 아니었지만 수천 석을 거둬들이는 유족한 집안이었고, 조부가 진사 벼슬을 한 양반 가문이었다. 여자로 태어나 배움의 혜택은 받지 못했으며 어려서부터 바느질, 부엌일뿐 아니라 절구질, 물레질, 까붐질을 익혀 농촌 일에 익숙하였다.

왕재덕은 나이 열여덟에 신천군 신천면 송오리에 사는 이영식李永植과 결혼하였는데, 양반은 양반이지만 가진 것이 전혀 없는 몰락한 양반 가문이었다. 가난한 살림이었지만 이미 친정에서부터 익힌 근검절약을 실천하며 집안을 일으켜 나가던 중 돌연 남편이 세상을 떠나는 슬픔을 겪었다. 그의 나이 29세, 유복자를 포함하여 삼남매를 양육해야 하는 막중한 책임을 혼자 떠안게 되었다. 그때부터 왕재덕은 '악착같이' 돈을 벌었다. 일제 시대 한국 최초 여류 기자 최은희의 증언이다.

> 왕 부인은 머슴과 함께 논밭에 김을 매고 모를 심고 추수를 하여 벼는 그대로 팔지 않고 배에 실어 진남포로 운반하여 정미기계에 뽑아 백미를 만들어 평양 등지 도회지에 수출하였으며, 돈이 손에 들어오는 대로 토

지를 사서 큰 농장을 경영하였다. 그녀는 결단코 비옥한 토지를 사지 않았다. 헐값으로 황무지를 사서 개간하여 옥토를 만들었다. 이른바 '마당 삼천석'이라는 것이 그녀의 득의의 묘법이었고 송오리의 두 부락에는 6,70호가 왕 부인이 지어 준 주택에서 사는 소작인들이요 신천 온천 부근 일대의 토지는 전부 그녀의 소유가 되어 대왕촌大王村을 건설하게 되었으므로 출생지인 왕촌은 소왕촌小王村이 되어 버렸다.

왕재덕이 치산治産에 특별한 계책을 쓴 것도 아니었다. 다만 '적은 것을 아껴서 크게 쓰는 것'이 유일한 방법이었다. 진흙땅에 박힌 콩알을 꼬챙이로 파내고, 자동차 삯을 아끼기 위해 빈 달구지를 얻어 타며, 화장이라 곤 해 본 일 없이 항상 목면직 수수한 옷을 입고, 손수 호미를 잡고 밭을 가는 왕부인의 모습은 30년이 하루 같았다. 그가 즐겨 쓰던 말 중에 하나가 "항심이 있어야 항산이 있다[有恒心有恒産]"였다. 바로 이 '꾸준한 마음[恒心]'이 그에게 있었으므로 30년 고생 끝에 '없어지지 않을 재산[恒産]'을 이루게 되었다.

남편에게서 물려받은 유산은 당시 돈으로 3만 원 가치 되는 3백석지기 땅이었는데 30년 항심 끝에 1만석지기 땅과 50만 원 상당의 재산을 모을 수 있었다.

왕재덕은 땅을 지키는 일에 남다른 신경을 썼다. 을사5조약 체결 직후 일진회 수령이던 송병준이 일본을 등에 업고 기세를 부리던 때, 신천 온천에 있는 초생지草生地를 개간하면서 왕재덕의 토지를 침해하였다. 왕재덕은 이에 굴하지 않고 소송을 벌여 여러 해 만에 그 땅을 찾을 수 있었다. 또 한 번은 사리원에서 신천까지 철도가 놓이게 되고 이를 계기로 일본인이 신천에 관광여관을 지으면서 왕재덕의 토지 위에 집을 짓기 시작했다. 매매계약이 성립되기도 전에 건축을 시작한 일본인의 무례에 대항해 투쟁한 결과 시가보다 여섯 배의 값을 치르고서야 일본인은 그 땅을 얻을 수 있었다. 땅이야말로 왕재덕에겐 가장 확실한 항산이었다. 그 땅에서 그는 항심을 배우고 있었다.

독립운동가의 어머니

이 같은 왕재덕의 생활 모습은 자녀들에게도 그대로 전수되었다. 특히 맏아들 승조承祖는 황해도의 민족주의 선각자 김구·김홍량·안중근 등과 교분을 나누었으며 딸 정서는 안중근의 친동생인 안정근과 결혼하였다. 이 때문에 왕재덕은 큰 슬픔을 겪게 된다.

하얼빈에서 이토 히로부미를 저격한 안중근이 1910년 3월 여순 감옥에서 사형되자 그 일족一族에 대한 일제의 감시가 심해졌다. 이에 안중근의 유족들이 진남포로 이주했다가 1919년에는 만주로 망명하였는데 이로 말미암아 안정근 일가도 망명길에 올라 만주·시베리아를 전전하며 어려운 생활을 하게 되었고, 왕재덕은 고생하는 딸을 공개적으로 찾아가 만날 수 없는 고통을 안고 살아야 했다. 밤중에 은밀하게 찾아온 딸에게 사위의 독립운동 자금을 건네주는 것이 유일한 위안이었다.

뿐만 아니라 만주로 망명해서 독립운동을 하던 안중근의 사촌동생 안명근이 독립운동 자금을 모으러 국내에 잠입했다가 일경에 체포되었다. 일제는 이를 기회로 안명근과 접촉한 사람은 물론 황해도지역에 뿌리내린 민족운동 세력을 말살하고자 직접 관련이 없는 인물들까지 마구 잡아들였다. 안악·신천·재령·송화 등지의 민족운동가들이 이때 체포되었는데 안명근을 비롯하여 김구·김홍량·배경진·이승길·박만준·원행섭·도인권·김용제·최명식·양성진·김익연·최익형·고봉수·장윤근·한정교 등이 옥고를 치렀고 20여 명이 유배형을 당했으며 그 외에 100여 명이 체포되어 혹독한 고문과 악형을 당해야 했다. 이 사건을 소위 '안명근사건'이라 하는데, 일찍이 개화의 물결을 타고 진취적 민족주의자들과 교분을 나누던 왕재덕의 맏아들 승조도 이에 연루되어 체포되었고, 일경에게 혹독한 고문을 받은 후 결국 30여 세의 젊은 나이로 세상을 떠나고 말았다. 어머니에겐 무엇보다 크나큰 아픔이었다.

그러나 왕재덕은 이내 슬픔을 딛고 일어서 자신의 운명을 개척해 나갔다. 1920년대에 접어들면서 왕재덕은 자선사업가로 알려지기 시작했다. 본래 '적은 것을 아껴 크게 쓰는 법'을 체득했던 그였는지라 모은 재산을 가장 가치 있게 쓰는 법도 스스로 터득하기 시작했다. 새끼 한 오라기, 쌀 한 톨, 동전 한 닢을 아끼는 그였으나 어려운 형제와 이웃을 위해서는 그야말로 '큰 손'으로 빠짐없이 베풀었다. 특히 운영이 곤란한 지방 학교들이 그가 단골로 도와주던 대상이었다.

이런저런 일로 황해도, 평안도 일대에 '왕 과부' 이야기가 널리 퍼져 나갔다. 그저 돈 많은 과부가 아니라 쓸 줄 아는 과부로 인식되었고 아들과 딸의 사돈집 때문에 민족운동가들 사이에서도 널리 알려졌다. 평소 남성에 뒤지지 않게 과단성 있고 활달했던 왕재덕은 조선뿐 아니라 만주·시베리아·중국 등지를 여행하며 외국 문물, 특히 농업실태를 살펴보았고 도산 안창호·남강 이승훈·춘원 이광수·신천군수 이승구 등 선각자들과도 교류하였다. 또한 1920년대 후기에 일기 시작한 YMCA 계통의 농촌운동, 덴마크식 농민학교에 대해서도 관심을 갖게 되었다.

필생의 사업

이미 땅에서 항심과 항산을 얻었던 왕재덕은 일제의 탄압 밑에서 조선민족이 살아남을 길은 이 땅의 항구한 경제기반인 농업밖에 없다는 생각을 갖게 되었다. 1934년 왕재덕을 찾아온 〈동아일보〉(1934. 4. 5.) 기자에게 한 말이다.

> 조선은 농산국이다. 그러므로 만사를 농촌을 본위로 하지 않으면 아니 된다. 농촌 중심주의를 실행함에는 농촌의 중심인물을 배양함이 무엇보다도 급선무이다. 더군다나 자기의 학재가 없어서 뜻은 간절하나 취학치 못하는 농촌 자제를 구제함은 지극히 당연한 일이다.

그는 필생의 사업으로 농민학교를 세우기로 하였다. 이 나라의 땅을 가꿀 일꾼들, 특히 불우한 환경에 처한 젊은이들을 전문농업인으로 키워 덴마크처럼 부강한 나라, 자존自存을 성취한 나라로 키우고자 하였다. 그가 이 결심을 내리게 된 데는 북경까지 가서 만난 사위 안정근의 충고와 장손 계천繼天, 막내아들 수극修克 등 가족의 동의와 안창호·이광수·이승훈 등 민족운동가들의 권면도 작용했지만 무엇보다 그에게 항심과 항산의 철학을 체득시켜 준 땅 그 자체가 그의 결단을 촉구하였다.

1929년 10월 왕재덕은 서호리 소재 땅 10만 평과 현금 1만 원을 내놓아 신천농민학교信川農民學校를 설립하였다. 25평짜리 교실 두 개, 스물네 개 방이 딸린 기숙사, 사택 등을 마련하고 수원 고등농림학교 출신들을 교사로 초빙하여 학교를 시작하였다. 처음에는 40여 명의 학생을 모아 같이 기숙사에 기거하며 학교 운영에 혼신의 힘을 기울였다. 여성 개인의 힘으로 농민학교가 세워진 것은 조선에서 처음 있는 일이어서 사회적인 반향도 컸다. 이 학교는 1930년 2월 12일 정식 학교인가를 받았고 입학 지원생이 계속 늘어났다. 왕재덕은 다시 6만 원을 기부하여 학교 교사校舍와 직원을 늘리고 농사시험장도 건축하였다. 그리고 매년 4,5천 원을 학교 경상비로 기부하면서 말년의 열정을 학교 발전에만 기울였다.

77세 되던 1934년, 자기의 때가 얼마 남지 않았음을 깨달은 왕재덕은 학교를 흔들리지 않는 기초 위에 세워 놓기 위해 재단법인 구성에 착수하여, 자신의 재산 12만 원을 들여 마침내 재단법인을 설립하였다. 학비는 일체 없었으며 오히려 학생 가정의 농사자금을 융자해 주었고, 특히 실습교육을 강조하여 실질적인 '농사꾼' 배양을 유일한 목표로 했다. 황해도뿐 아니라 전국 각지에서 이 학교의 소식을 듣고 모여들어 신천농민학교의 약자인 '신농信農'은 긍지 있는 이름이 되었다. 종교심도 남달라 온천溫泉교회 예배당 56평의 건축비 6천 원을 전담하기도 하였다. 교회가 서야 문명이 발전된다는 뜻으로 예배당이 없던 온천에 혼자의 힘으로 교회를 세운 것이다.

이 외에 왕재덕은 신천 송오리 일대를 농촌 이상향理想鄕으로 만들 꿈을 갖고 있었다. 마을 공회당을 지으려던 계획도 그 꿈의 일부였다. 그러나 학교 재단법인 설립 이후 악화된 건강 때문에 그 꿈은 이루어지지 못했다. 주변 사람들에게 "내가 3년만 더 살면 몇 가지 일을 더 하겠는데……" 하며 안타까운 마음을 표하다가 결국 1934년 6월 17일 송오리 자택에서 조용히 별세하였다.

왕재덕은 본래 사위 안명근 집안의 종교인 천주교 교인으로 세사리아라는 세례명을 갖고 있었다. 그러나 말년엔 둘째 아들의 종교인 개신교 장로교 쪽으로 기울었다. 사회장社會葬으로 치른 장례식은 개신교식으로 하였다. 그러나 여기서 그가 천주교인이었는지 개신교인이었는지의 여부를 따지는 것은 어리석은 일일 것이다. 어쩌면 죽은 조상의 시신을 앞에 두고 교파가 서로 다른 자녀들이 개신교식으로 장례식을 치를 것이냐 천주교식으로 치를 것이냐 논쟁을 벌이는 것은 왕재덕의 후손답지 못한 일이었다. 천주교에서 부르는 '천주님'이든 개신교에서 부르는 '하나님'이든 왕재덕에게는 한 분이었고, 그분이 그의 삶을 역경 가운데서도 성공과 보람의 삶으로 인도하셨다고 고백하였을 것이다.

그가 살아 있을 때, 온천에 개신교 예배당을 지어 주는 문제로 왈가왈부하는 후손들에게 던진 말이 지금도 우리의 좁은 마음을 깨우치고 있다.

> 하느님은 한 분이시다. 구교나 신교나 그분을 섬기는 것은 마찬가지이다.

10. 과부 선생님
정화여학교 설립자 김정혜

내 어머니 아올수록

자애로우신 큰 어머니

내 큰 어머니 따스한 품이

넓고 또 넓어

폭폭 안었나이다.

내 어머니 아올수록

눈물 땀 흘린 큰 어머니

내 큰 어머니 힘껏 싼 탑이

빛나 또 빛나

영영 서 있나이다.

내 어머니 아올수록

남 먼저 보신 큰 어머니

내 큰 어머니 가신 이날이

설어 또 설어

홀홀 느끼나이다.

1932년 12월 26일, 개성의 공설 운동장에서 개성 주민 모두가 참여한 가운데 거행된 사회장에서 여학생들이 흐느끼며 부르던 추도(이상춘 작시, 정사인 작곡)의 가사이다. 개성여자교육회·개성북부교회·개성여선교회·개성성결교회·개성 여자기독교청년회·개성 여자기독절제회·개성중앙교회·고려여자관·미리흠美理欽여학교·송도고보·호수돈好壽敦여고 등 기독교단체뿐 아니라 개성의 주요 금융·사회단체가 주최한 이 사회장의 주인공은 정화貞和여학교 창설자 김정혜金貞惠였다.

부자 과부

김정혜는 1868년(고종 5년) 10월 12일 경기도 연천군 적성면 개문암 고을에서 양재천梁在川의 막내딸로 출생했다. 조부 양성진梁成鎭은 적성현감을 지낸 양반이었고 부친도 한학에 능통한 유학자였을 뿐 아니라, 해주에서 무역업을 벌여 큰 재산을 갖춘 유복한 집안이었다. 이러한 가정환경 아래에서 정혜는 어려서부터 한문과 한글을 익혔고 열한 살 때 개성읍에 사는 김영종金永鍾에게 출가하였다. 시가 역시 양반 가문이었는데 시할아버지 김정실金鼎實은 풍덕군수를 지냈고 시아버지 김홍덕金洪德은 성균관 진사였다. 부잣집 막내딸로 태어나 부잣집 외아들과 결혼했으니 당시 여인으로선 가장 축복된 인생이었다. (김정혜란 이름은 기독교인이 된 후 서양식으로 남편 성을 따서 부르기 시작한 데서 비롯되었다.)

그러나 결혼한 지 2년 만에 시아버지가 별세하고 다시 일 년 후엔 남편이 요절함으로 김정혜는 열네 살 청상과부가 되었다. 게다가 시어머니는 남편과 아들을 잃은 충격에 정신이상 증세를 보이기 시작하여 어린 소녀 과부는 막중한 생활의 짐을 꾸려야 했다. 위아래 큰살림을 주관하면서 처음으로 고생을 맛보았고, 병들고 나약한 시조모와 시어머니 구완으로 정신적·육체적 피로가 가실 날이 없었다. 이러한 고난의 삶은 7년간 계속되다가 시조모와 시어머니의 별세로 새로운 전기를 맞게 되었다. 불과 10년 사이에 가족 네 명의 죽음을 체험한 그는 남편의 재산을 정리하고 친족회의를 열어, 열여섯 명의 가족에게 재산을 분재한 후 자신은 홰나무골[槐洞]에 정착하여 새로운 삶을 계획하였다.

그때 나이 스물두 살, 여인으로서는 가장 아름다울 시기였다. 김정혜는 가지고 있던 재산을 기반으로 인생을 즐기기 시작했다. 그의 주변에는 동년배 과부들이 모여들었다. 당시 '부자 과부'가 즐기던 모습을 《정화오십년사》는 이렇게 묘사하고 있다.

> 봄이면 꽃놀이, 여름이면 물놀이, 가을이면 단풍놀이, 겨울이면 눈놀이. 이러한 기묘한 놀이를 즐겨하는 동시에 선생(김정혜)은 송악산 꼭대기 굿당에까지 출입하게 되었다……. 선생이 굿당에 출입할 때는 남이 부러워할 만큼 호사스럽게 성장을 하였다. 선생이 처음 굿당에 출입할 때는 그저

동료 과부들과 휩쓸려 다만 여흥 기분으로, 또는 우수를 풀기 위하여 출입하였으나 어느 틈엔지 선생은 그 속에 물이 들게 되었다. 그리하여 굿당에 굿이 들 때마다 선생의 그림자가 나타나지 않는 때는 별로 없었다.

물론 예수를 믿기 전 모습이다. 사철 따라 놀이와 풍류를 즐기고 송악산 굿당의 손님이 됨으로 청상과부로서 맺힌 한을 풀어 보고자 하였다. 타고난 미모에 재산까지 겸하고 있었으므로 그의 이름은 송도 화류계에 널리 알려지게 되었다. 그러나 어떤 놀이와 굿판도 그의 빈 마음을 채워 주지 못하였다. 놀이와 굿판 뒤엔 채워질 수 없는 공허함이 그를 더욱 괴롭게 하였다. 그럴 즈음 개성에 기독교가 들어왔다.

과부학당 설립

1897년 윤치호의 안내로 미국 남감리회 콜리어C. T. Collyer 선교사가 개성에 와서 선교를 시작하였다. 1899년 개성남부교회가 설립되었고 1904년에는 여선교사 캐롤A. Caroll에 의해 여학교가 시작되었는데, 이것이 후에 호수돈여학교가 되었다. 그리고 1906년에는 윤치호가 남자학교로서 한영서원韓英書院을 시작했는데 후에 송도고등보통학교가 되었다. 이렇듯 개성에 들어온 기독교가 우선 교육사업에 매진하여 큰 성과를 얻고 있을 즈음, 놀이와 굿판 구경에 심취해 있던 김정혜는 예배당을 새로운 볼거리로 삼아 구경 가게 되었다.

선생이 예배당에 구경 갔을 때는 마침 목사가 열렬히 설교할 때였다. 그 강연의 내용은 한국 부인네가 미신 때문에 정신적으로, 물질적으로 손해 보며 또한 생활과 문화가 발전 안 된다는 구체적인 실례를 들어 예수를 믿게 하기 위한 강연이었다. 이때 선생은 그 강연을 듣고 그 즉석에서 심기일전하여 굿당에 다니면서 물들은 모든 생각을 깨끗이 청산하고 기독교인이 되겠다고 맹세하였다.

구경 삼아 간 교회가 그의 삶을 바꾸어 놓았다. 교회에 나가기 시작하면서 퇴폐적이고 소비적이던 삶이 건실하고 생산적으로 바뀌었다. 교회에서 새로운 동지들을 만난 것이 무엇보다 큰 소득이었다. 특히 같은 과부 출신으로 전도부인과 교사로 활동하고 있는 어윤희, 시집의 반대를 무릅쓰고 전도부인이 된 최나오미 등이 절친한 친구가 되었다. 놀이 친구였던 과부들 중에도 김정혜를 따라 기독교에 입신하는 자들이 늘어났다.

남감리회 선교부는 과부 출신과 기혼 여성들이 늘어나자 이들을 위한 특별 교육기관을 구상하게 되었다. 호수돈여학교가 있긴 했지만, 이 학교에 다니는 어린 소녀들을 어머니뻘인 과부나 기혼여성들과 함께 교육시키는 데는 곤란한 점이 많았기 때문이다. 부자 과부 교인 김정혜가 이를 적극 지원하고 나섰다.

그리하여 1906년 4월 크램W. C. Cram 부인과 김정혜의 책임하에 개성 입암동에 송계松桂학당을 설립하였는데 사람들은 이를 '과부 학교'라 불렀다. 이 학교는 후에 미리흠여학교가 되었다가 나중에는 호수돈여학교 기예과로 흡수되었다.

김정혜는 송계학당 설립 재정을 도맡았고 자신과 같은 처지의 불우한 여성들을 모아 기술 교육과 함께 성경을 가르치기 시작했다. 그러나 선교사가 운영하는 학교라는 선입견 때문에 여성들, 특히 은둔해 있는 여성들을 모아들이기가 어려웠다. 여전히 기독교에 대한 부정적 인식이 사라지지 않았을 때라 선뜻 쓰개치마를 벗고 학교로 나오는 이는 드물었다.

그런 상황에서 어린이 교육의 중요함을 깨닫게 된 김정혜는 선교사들과는 별도로, 순수 민간 초등교육기관 설립을 구상하기 시작했다. 결국 1908년 3월 김정혜는 송계학당에서 손을 떼고 그해 11월 홰나무골에 있는 자기 집에서 새 학교를 시작하였다. 후에 정화여학교로 발전하는 순수 민간 여학교를 설립한 것이다.

학교는 설립했지만 정작 학생 모집에서 난관에 봉착했다. 수업료도 없고 오히려 학용품을 무상으로 주는데도, 개성 사람들의 보수적인 태도는 쉽게 깨어지지 않았다. 시대가 조금 바뀌었다고는 하지만 여자 교육에 대해 여전히 닫혀 있는 개성 사람들이 선뜻 딸을 내주지 않았던 것이다. 더욱이 '과부가 하는 학교'라는 소문 때문에 학생 모집은 더더욱 여의치 않았다. 이에 김정혜는 "가가호호를 방문하여 딸과 며느리를 빼앗아 오다시피 하여" 학생을 모집하였다. 어떤 집에서는 김정혜 일행이 들어오는 것을 문 밖으로 떠밀어 내고 빗장을 잠그는 일까지도 있었다. 김정혜와 함께 학생 모집에 나섰던 '부게(북어)대가리'라는 별명의 김씨 할머니는 학생들이 글을 배워 쓴 편지를 들고 다니면서 "조금만 배우면 이렇게 글을 잘 쓰게 되는데 왜 안 보내느냐?"고 선전을 하여, 학생을 데려온 일도 있었다. 그렇게 겨우 모집한 학생 일곱 명으로 학교를 시작했다.

민족주의 교육

오래지 않아 학생은 100명으로 늘어났다. 처음에는 김정혜 혼자서 가르치다가 후에 한교학과 조카 양문희를 교사로 보충했고, 개성군수 박우현의 적극적인 지원과 함께 '정화'라는 교명까지 얻게 되었다. 여성 혼자의 힘으로 학교를 운영하기란 쉽지 않았으나 주변에 그와 뜻을 같이하여 돕겠다는 사람들이 나서 힘을 덜어 주었다. 무엇보다 동지 어윤희를 비롯하여 개성군수의 부인, 주로 여성 학부모로 구성된 찬무회讚務會, 그리고 개성 유지들이 조직한 정화계貞和契 등이 민간차원에서 학교를 도왔다. 김정혜의 활약은 서울에까지 알려져 학부대신學部大臣 이용직이 개성에 와서 학교를 돌아보고 군자정君子亭을 교사로 쓸 수 있도록 배려하였다. 이 학교는 1910년 학부로부터 정식 사립학교인가를 받게 되었는데, 그해 가을 김정혜는 개성북부교회에서 갬블F. K. Gamble 목사에게 세례를 받아 정식 교인이 되었다. 그러나 그해는 나라를 잃은 슬픈 해이기도 했다.

나라 잃은 한을 풀기 위해서 김정혜는 더욱더 교육에 매진하였다. 특히 그는 실업 교육에 중점을 두었다. 자기 집에 양잠 강습소를 차리고 누에 키우는 법, 옷감 짜는 법을 직접 가르쳤다. 김정혜는 학생들이 직접 짠 명주에 자주물감을 곱게 들여 학생들에게 댕기 한 감씩을 나누어 주면서, "조국 강토를 잃은 우리에게 무슨 사치가 필요한가? 더구나 침략자의 손에 왜 자꾸 돈을 넘겨주느냐?"며 당시 여학생들 사이에 유행처럼 나돌던 일본제 모본단 제비꼬리 댕기를 떼어 버리도록 하였다. 정화학교는 단순한 여성 교육이 아니라 민족의식까지 고취하는 민족 계몽 교육의 현장이었다. 이렇듯 정화에서는 선교사들이 운영하는 호수돈이나 미리흠보다

더 적극적으로 민족주의 교육을 실시할 수 있었다.

한일합병 후 일제는 이러한 정화학교를 관립으로 흡수하고 민족 교육의 뿌리를 뽑으려 갖은 계략과 위협을 가했으나 그때마다 김정혜는 "나의 목을 베어 바치라면 바칠지언정 우리 정화학교만은 바칠 수 없고 공립학교와 병합도 못하겠다"고 항거하며 학교를 지켜 나갔다. 일제에 병합 구실을 주지 않기 위해 재단설립에 박차를 가해, 1918년 보통학교로 재단이 설립되었는데 그때 김정혜는 재산을 털어 15만 원을 마련했고 개성 부호 김원배도 적극 도왔다. 김정혜는 초대 이사장에 김원배를 추대하고 자신은 교장이 되어 학교를 꾸려 나갔다. 1928년에는 학교 안에 정식으로 기예과를 설치하고 양잠에서부터 제사製絲, 수예 등을 가르쳤다. 학생들이 직접 만든 수예품을 김정혜가 서울로 운반해 판매하여 수익금을 학교 재정에 보탰다. 정화학교에서 만들어진 수사繡絲는 색이 변하지 않는 좋은 품질로 전국적으로 유명한 제품이 되었다. 실업 교육을 통한 여성의 자기 능력계발과 국산품 애용을 통한 민족 자존운동이 김정혜의 마지막 꿈이었다.

교육가로서 김정혜의 활동은 1921년 개성여자교육회 창설로 다시 한번 빛을 내었다. 개성여자교육회는 조선여자교육협회의 회장인 차미리사가 개성에 와서 여성 교육의 중요성에 대해 강연한 것이 계기가 되어 개성의 유지급 인사들이 설립한 것이다. 김정혜는 이 개성여자교육회 창설 발기인으로 활약하였고 초대 회장으로 취임하여 개성 주변의 농촌에까지 운동범위를 확산시켰다. 이 무렵 세브란스 병원에 있던 스코필드F. W. Schofield가 양자의 의義를 맺고 적극 도와주었다.

1928년 김정혜의 회갑을 맞아 학교와 집안에서 잔치를 마련하려 했다. 그러나 김정혜는 "학교에는 강당 하나 없이 마당에서 의식을 지내고 학교 창립축하도 못하는데 생일축하가 다 뭐냐"고 꾸짖고는 집을 나가 회갑일이 지난 후에야 돌아왔다. 생전에 동상을 만들려는 개성 유지들의 계획도 그의 불같은 호령에 수포로 돌아가고 말았다. 말년에 김정혜는 개성 괴물동산에 새로 짓는 2층 교사건축에 매진하였다. 집안에서 수의壽衣를 마련하겠다고 했을 때도 "수의는 내가 준비해 두었으니 염려 말라"고 거절하였다.

1932년 여름, 새로 짓는 교사 신축기금 조성을 위해 이화여전을 졸업한 조카 양창희를 데려다가 소인음악회素人音樂會를 개최하여 큰 성과를 얻었다. 그러나 일제가 이것을 트집 삼아 기부금 모두를 반환할 것을 명령하였다. 이에 충격을 받은 김정혜는 몸져 눕게 되었다. 그리고 그동안 쌓인 피로에 병이 악화되어 결국 1932년 12월 17일 향년 65세로 조용히 눈을 감았다.

별세 후, "내 수의는 내가 준비해 놨다"는 말에 따라 지인들이 농에서 수의를 꺼냈는데 "거기엔 혼인 첫날에 착용했던 활옷 한 벌, 연두저고리 하나, 다홍치마 한 벌밖에 없었다." 김정혜는 결혼 10년 만에 남편을 잃은 과부의 한과 그리움이 밴 새색시 연두저고리 다홍치마를 입고 그가 길러 낸 제자들의 애도 속에 마지막 길을 떠나고 싶었는지도 모른다.

11. 국경을 넘어 땅 끝까지 복음을
한국인 최초 해외 여선교사 최나오미

시베리아는 언제나 추운 곳이었다. 1917년 러시아 공산혁명 이후 종교 활동은 극도로 통제받고 있었으며, 특히 시베리아에 거주하는 한국인들은 일본 영사관과 소비에트 지방정부 양쪽으로부터 추방 압력을 받고 있었다. 게다가 러시아혁명 이후 사회주의로 전향한 한국인들이 많아 기독교인들은 이념이 다른 동포들로부터도 견제와 탄압을 받아야 했다. 이렇듯 어려운 상황에서 여성의 몸으로 복음을 전한 한국 교회 최초 여성 해외 선교사 최나오미의 이야기다.

선교사 구경꾼

최나오미는 1873년 11월 19일 경기도 개성에서 출생하여 젊은 나이에 개성 사람 김성률과 결혼하였다. 그러나 그의 가정생활은 행복하지 못했다. 아이가 없는 것이 원인이었다. 아이를 낳지 못한 여인이 겪어야 하는 고통은 견디기 힘들 정도로 혹독했다. 남편은 거의 날마다 술에 취해 행패를 부렸다. 같이 사는 시어머니와 시아주버니의 냉대와 멸시도 견디기 힘들었다. 죄 없는 죄인으로 억울하게 구박과 질시를 받을 수밖에 없는 것이 아이를 낳지 못한 여인이 겪어야 할 운명이었다. 보수적인 풍토가 심했던 개성에서는 더욱 그러했다. 최씨 부인이 이 같은 시련 속에서 지낼 때 개성에 이상한 종교를 전하는 사람들이 들어왔다는 소식이 들렸다. 미국인 선교사들이 들어온 것이다.

1896년 한국 선교를 시작한 미국 남감리회는 고양과 서울에 이어 개성에도 선교 기지를 마련하고자 1897년 7월 콜리어 선교사와 한국 전도인 김홍순을 개성에 파송했다. 이들은 윤치호의 이모부이며 당시 외부 협판으로 있던 이건혁의 적극적인 후원으로 그해 11월 산지현에 인삼 농막 한 채를 구입해 선교사 사택 겸 학교로 사용할 수 있었다. 그리고 이듬해엔 의료 선교사 하디R. A. Hardie 가족이 개성에 들어와 정착하였다.

개성 사람들은 이 낯선 외국인들을 보려고 농막을 찾았다. 김홍순과 선교사를 위해 요리를 만들고 있던 장씨 부인(장루이스)은 몰려오는 구경꾼들을 안내하며 이를 전도의 기회로 삼았다. 그 구경꾼들 속에는 아이를 낳지 못해 불행의 나날을 보내던 최씨 부인도 포함되어 있었다. 최씨 부인은 자기 혼자 올 때도 있었고, 다른 부인네들을 데리고 올 때도 있었다. 최씨 부인은 자주 찾아오는 단골⑺ 구경꾼 중 한 명이 되었다. 이처럼 자주 오다 보니 하디 부인과 그 부인의 어린 딸들과도 친하게 되었다. 자녀가 없던 최씨 부인은 '인형같이' 생긴 선교사 딸들을 특히 귀여워했다.

그리고 1899년 11월 개성에 내려와 상주하며 한국어를 배우고 있던 처녀 선교사 캐롤과도 친해졌다. 자연스럽게 최씨 부인은 콜리어 선교사 사택에서 시작된 개성교회(후의 개성북부교회) 예배에도 참석하게 되었다. 그러면서 서서히 교인이 되어 갔다. 그러자 시집 식구들의 반대와 탄압이 가중되었다. 특히 남편은 만취해서 차마 입에 담을 수 없는 욕설을 해 댔고, 시아주버니는 매 주일 어머니를 만나러 온다는 핑계로 집에 와서는 형수가 교회 가는 것을 감시하였다. 그러나 그럴수록 최씨 부인의 마음은 더욱 교회에 끌렸다. 그 무렵 개성에서 활동하고 있던 여선교사 힌즈 F. Hinds의 보고에 나오는 대목이다.

> 한 젊은 부인이 교인이 되었는데 남편이 얼마나 학대하는지 한때 남편과 헤어질 것도 생각하였습니다. 그러나 우리는 그녀에게 남편을 위해 기도하는 법을 가르쳐 주었고 거의 일 년간을 우리가 시키는 대로 했습니다.

선교사들은 구타하는 남편과 이혼하기보다 그를 위해 기도하는 법을 가르쳤다. 최씨 부인은 예전보다 더 알뜰하게 집안 살림을 꾸려 나갔고 시어머니를 더욱 정성스럽게 모셨다. 또 식구들이 원하는 것을 미리 알아서 챙겼다. 그러나 교회 종소리만 들리면 머리에 수건을 두르고 집을 나섰다. 무슨 일이 있어도 교회 가는 것만큼은 포기하지 않았다. 그러나 교회에 오래 머물지는 않았고, 예배만 끝나면 곧장 집으로 돌아와 가사를 돌보았다. 그러자 무작정 부인을 구박하던 남편도 호기심을 가졌고, 교회에 가서 무슨 일을 하는지 알고 싶어 했다. 남편은 남녀가 한방에 모여 무엇을 하는지 알아보기로 하였다. 역시 개성에서 활동했던 여선교사 스미스L. R. Smith의 증언이다.

그래서 어느 주일 밤, 날이 어두워졌을 때 그는 먼 거리에서 울타리 사이로 교회를 지켜보았습니다. 남자들은 서문 쪽으로, 여자들은 동쪽 끝에 난 문으로 각각 달리 들어가는 것을 보고 놀랐습니다. 어떤 사람이 교회 안에 들어와 전도부인에게 김성률이 울타리 사이로 교회를 지켜보고 있다고 일러 주었습니다. 전도부인은 즉시 문지기에게 가서 김 씨를 모셔 오라고 했습니다. 마침내 그가 안으로 들어왔습니다. 살펴보니 자기 키보다 높은 희고 두꺼운 휘장이 긴 방 한가운데를 가로 막고 위에서부터 아래로 단단히 묶여져 남·녀 좌석을 갈라놓고 있는 것을 보고는 크게 안심하였습니다. 그리고 그 휘장 끝에 조그만 강대상이 있고 거기서 설교하고 있는 설교자의 목소리는 휘장 양쪽 모두가 들을 수 있었습니다.

남녀칠세부동석이라는 유교관념에 사로잡혀 있던 김성률은 자기 부인이 남녀가 한방에 모여 수작을 벌이는 못된 사교邪敎에 빠지는 줄 알고 핍박하였는데, 실제로 교회 안을 살펴보니 소문과는 다름을 알고 한편으론 안심하며 한편으론 새로이 호기심이 생겼다. 그날 하디 선교사의 설교는 아내를 구박했던 자신의 잘못을 깨우쳐 주는 내용이었다. 그 설교를 들으면서 자신의 잘못을 깊이 뉘우친 김성률은 집으로 돌아와 어머니에게 보고 들은 것을 일러 주었다.

김성률이 교회에 나타나는 모습이 자주 눈에 띠더니 오래지 않아 교인이 되었다. 시어머니도 같이 따라다니기 시작했다. 마침내 1900년 1월, 하디 가족이 서울로 이주하기 직전 그의 가족 모두가 세례를 받았다. 세례를 받으면서 최씨 부인은 '나오미Naomi', 시어머니는 '안나Anna'라는 이름을 각각 얻게 되었다. 이때부터 최나오미의 새로운 삶이 시작되었다 (남편의 성을 따 김나오미로 부르기도 하였다).

원산지역 선교의 주역

가족들이 예수를 믿고 난 후부터 가정에 평화가 찾아왔다. 남편은 술을 끊었다. 부부가 함께 열심히 교회 일에 봉사하였다. 최나오미는 전도부인이 되어 본격적으로 전도에 나섰다.

1901년 원산으로 간 하디 가족과 캐롤 선교사는 최나오미 가족에게 원산으로 오라고 요청했다. 그 뜻에 따라 원산으로 가서 남편은 선교사 사택 문지기 겸 사무원이 되었고 최나오미는 캐롤과 짝이 되어 전도를 하러 다녔다. 다음은 캐롤의 1902년 선교보고다.

> 전도부인으로 채용하고 있는 송도 출신 여인이 지난해 4월에 우리와 합류하였습니다. 복음을 들고 사람들에게 접근하는 데는 아주 적격인 인물이며 신앙도 더욱 깊어져 이후로 우리 일에 큰 도움이 될 것을 의심치 않습니다. 그 부인은 2년 가까이 남편과 가족의 심한 박해를 받으면서도 믿은 경력이 있어 그리스도로 인해 박해받는 이들을 가르치고 위로하는 데는 더없이 좋은 인물입니다.

남편과 시집 식구들에게 받았던 쓰라린 경험이 전도의 힘이 되었다. 과거에 자신이 경험했던 어려움과 비슷한 불행에 처한 여인들을 진심으로 권고할 때 전도의 효과는 배가 되었다. 자연스럽게 최나오미는 원산지역 여성 선교의 주역이 되었다. 캐롤의 1904년 선교보고다.

> 우리의 유일한 전도부인인 김씨(최나오미) 부인은 플로리다 주 게인스빌 여선교회의 후원을 받고 있습니다. 지난 10월에는 열병으로 고생했습니다. 11월에는 그 부인과 하디 박사의 조수를 데리고 원산 남쪽 45마일에 걸쳐 여러 마을을 순회하였습니다……. 우리가 원산에 겨울 3개월 반 머물러 있는 동안 김씨 부인은 247회의 가정방문을 실시하여 성경과 전도문서 130권을 팔았습니다. 하디 박사의 말로는 우리가 없는 동안에도 김씨 부인은 영적으로 더욱 성장했고 충실하게 교회 여성들을 규합하였을 뿐 아니라 새로 교인 몇 명을 더 얻었답니다.

캐롤의 보고에서도 알 수 있듯이 최나오미는 충성스런 전도인이 되었다. 1903년 원산에서 열한 명의 학생들로 루씨여학교가 시작되었을 때, 최나오미는 학생 보모로 기숙사 학생 관리를 맡았다. 아이가 없었던 그는 기숙사 학생들을 자기 자식처럼 돌보았다. 최나오미가 아이들을 얼마나 사랑했는지 스미스 선교사는 이렇게 증언하였다.

> 나오미는 아이들을 좋아했습니다. 자기 몸에서 난 자식은 없지만 과부가 된 후 친척집 아이를 양자로 들였습니다. 열두 살 난 아이였는데 김명석이란 이름을 지어 주었습니다. 기독교 학교에 보내 공부를 시켰고 세브란스 의학교에까지 보내 의사를 만들었습니다. 원산에서는 친하게 지내

던 친구가 딸을 하나 남겨 두고 죽었습니다. 세 살 난 그 아이에겐 장로교 신자인 할머니가 있었으나 할머니는 아이를 돌보기에 너무도 벅찼습니다. 나오미는 그 아이도 양녀로 삼았습니다. 할머니는 종종 손녀를 보러 옵니다. 나오미는 그 아이에게 룻이란 이름을 붙여 주었습니다.

최나오미가 룻Ruth이란 이름을 붙여 준 아이 김노득은 후에 감리교신학교를 졸업하고 《상록수》의 주인공인 최용신과 함께 농촌운동가로 활동하였다. 1907년 11월 개성에 여자성경학교가 설립되었을 때 최나오미는 그곳에서 체계적인 신학수업을 받고, 졸업 후에는 바로 그 여자성경학교 교수가 되었다.

최나오미는 주로 한국인 기혼 여성들과 서양 선교사들을 연결하는 교량 역할을 하였다. 1911년에는 서울에서 남북 감리교 합동으로 협성여자신학교가 시작되었는데, 그 학교 앨벗슨 교장의 특별 요청으로 최나오미는 서울로 올라와 협성여자신학교 교수로 일 년간 봉사하였다. 이후 1912년 개성으로 귀환하여 남성 병원 소속 전도부인이 되어 환자들을 돌보며 전도하였고, 1917년에는 개성남부교회 소속 전도부인이 되었다가 1918년 11월부터는 서울의 종교교회 전도사로 부임하였다. 이제 최나오미는 서울·원산·개성 어디에서든 영향력 있는 이름이 되었다.

1920년 12월 6일 서울 종교교회에서 서울·개성·원산·춘천 등 남감리교지역의 여성 대표 82명이 모여 '남감리교회 조선여선교회'를 조직할 때 최나오미가 초대 회장에 선출되었고 개성지방의 어윤희가 부회장, 선교사 마이어즈M. D. Myers가 총무로 선출되었다. 최나오미 회장은 각 지방 여선교회 조직을 독려하는 한편, 회원들의 회비를 모아 국내외 선교사업을 체계적으로 추진해 나갔다. 당시 남성 교인들은 일본·중국·시베리아·하와이 등의 해외선교를 추진하고 있었으나, 아직 여성들의 손으로 선교사를 파송한 예는 없었다. 이런 상황에서 1922년 5월 원산에서 열린 제3차 남감리회 여선교회 전국대회는 시베리아 선교를 결의하였다. 이런 결의를 이끌어 낸 주역이 바로 최나오미였고 그에 책임을 진다는 각오로 자신이 선교사로 자원하였다. 이로써 최나오미는 해외에 파송된 최초의 한국인 여선교사가 되었다.

시베리아 선교사

최나오미가 두만강을 건너 시베리아 블라디보스토크, 망명한 한국인들이 집단 한인촌을 이루며 살고 있던 신한촌新韓村에 도착한 것은 1923년 10월이었다. 그는 도착 즉시 김유보비·김봉기·백루시·장신덕·김안나·방마리아·박아니시아·채아나·박안나·변승일 등 시베리아·북간도지역 한인교회 소속의 전도부인들을 지휘하는 책임을 맡아 돌보는 한편, 니콜스크에 여자성경학원 예비학교를 설립하여 전도부인 양성사업에 착수하였다. 1923년 10월부터 이후 일 년간 최나오미는 여덟 곳에 여선교회를 조직하였고, 사경회를 한 차례 인도했으며, 강연회 15회, 기도회 30회를 인도하였다. 또한 광활한 니콜스크, 블라디보스토크, 연추, 북간도지역도 순회하였다.

그러나 당시 시베리아 선교 상황은 극히 불안하고 위험하였다. 기독교인들은 소비에트 공산주의 지방정부의 탄압은 물론이고 일본영사관과

마적들, 그리고 시베리아에 거주하는 사회주의 계열의 한국인 조직들로부터 추방과 살해 위협을 받고 있었다. 이런 상황에서 최나오미는 여성의 몸으로 시베리아·만주의 광범위한 지역을 순회하며 전도에 몰두하였던 것이다. 그는 이렇게 보고하고 있다(1925년).

> 각 지방을 순행하는 때에 혹 여러 가지 곤란함이 있었으나 이것이 나의 믿음을 시련하는 줄 아옵고 받았사오며 낙심하였던 형제 중에 다시 회개하고 돌아오는 것을 볼 때에 주님의 권능을 찬송하였나이다.

하지만 최나오미는 1926년 5월에 귀국하고 말았다. 여성의 몸으로 선교활동을 펼치기엔 시베리아의 정치 상황이 너무 악화되었고, 본국 여선교회에서 그를 3년 계획으로 파송한 것도 귀국 이유였다. 그 무렵 시베리아에서 활동하던 장로교와 감리교의 남성 선교사들도 대부분 북간도나 만주로 자리를 옮기고 있었다. 이로써 남감리회 여선교회와 최나오미의 시베리아 선교는 아쉬움 속에 종결되었다.

귀국한 최나오미는 1927년부터 개성에 있는 고려여자관 소속 전도사로 지방 선교사업을 주관하면서 말년의 삶을 정리하였다. 1933년 12월에는 최나오미의 회갑을 맞아 개성북부교회에서 '최나오미 전도사업 33주년 기념식'을 열었다. 이후 일선에서 은퇴한 최나오미는 서울에서 가정을 꾸민 김노득의 집에 머물면서 8·15해방의 감격을 맛본 후 1949년에 조용히 별세하였다.

12. 금주운동은 나라 살리는 운동
절제운동의 선구자 손메례

아니 아니 못 먹어요 독한 그 술을

아니 아니 못 피워요 독한 그 담배

금주와 금연은 살 길이야요

뒷집 오빠 술 마시고 들어오더니

왱캉 뎅캉 가정집물 때려 부셔요

얌전한 색시도 울려 놓아요

앞집 아저씨 담배 피고 잠을 자다가

안 꺼진 담배불이 집에 붙어요

온 집을 다 태워 재가 되었네

우리 엄마 우리보고 금주하라고
우리 언니 오빠보고 금연하라고
가르쳐 준 것이 고마웠지요

이 노래는 1920-30년대에 한창 불리었던 '금주금연가'이다. 삼일운동 이후 일제는 무단통치에서 문화통치로 정책을 바꾸어 조선 내부로부터의 붕괴를 꾀하였다. 겉으로는 자유를 주고 〈동아일보〉와 〈조선일보〉, 〈중외일보〉 같은 민족주의 계열 신문발행을 허락해 주는 척하면서, 속으로는 은밀히 조선민족 말살정책을 꾸며 나갔다. 일제는 우리 역사를 왜곡하고 우리말과 글을 쓰지 못하게 했으며 우리 옷을 입지 못하게 했다.

이와 함께 일제는 일본의 퇴폐문화를 조선에 이식해 조선의 전통문화를 파괴하고 정신을 흐리게 하였다. 술과 아편, 공창公娼이라 불리는 향락문화가 바로 그것이었다. 기독교 선각자들은 이 같은 퇴폐문화가 가져올 가정적·민족적 파멸을 우려하여 금주禁酒, 금연禁煙, 공창폐지公娼廢止와 같은 정신운동을 벌이기 시작했으니 이것을 통틀어 절제운동이라 부른다. 여성계에서의 절제운동은 1923년부터 본격화되었다. 여성 절제운동의 선구자 손메례孫袂禮 이야기다.

양반집 규수

한국 여성 절제운동의 산파 손메례의 본명은 이정규李貞圭이다. 그는 1885년 11월 19일 서울 계동의 이씨 양반 가문에서 출생했다. 위로 오빠

둘이 있었고 딸은 혼자였다. 양반집 외동딸로 어려서 호강하며 자랐지만, 부친은 그가 어릴 때 별세하였고 이후 이정규는 어머니가 가르쳐 주는《열녀전》,《행실록》, 제사법을 배우며 조선 여인이 걸어야 할 평범한 여성의 길을 준비하면서 소녀 시절을 보냈다. 후에 그는 〈동아일보〉(1930. 4. 13.)를 통해 자신의 어린 시절을 다음과 같이 회고하였다.

> 그때 세상은 여자의 외출을 엄금하였을 뿐 아니라 으레 함부로 바깥세상을 구경 못 나가는 것인 줄 알았습니다. 남의 집 독처녀로, 더구나 행세하는 집이라고 해서 가마를 타고 외출해 본 일밖에는 없었습니다. 그럼으로 열 살 전후에는 동무 처녀라고는 이웃집 처녀도 구경한 일이 없고 남자라고는 두 오라버니밖에는 본 일이 없었습니다. 그래서 지금 생각하면 우습지만 세상에 처녀라고는 나뿐인가 생각했습니다.

'세상에 처녀는 자기 혼자뿐'인 것으로 생각하며 살던 규중閨中 생활은 17세 되던 해의 결혼과 함께 변하기 시작했다. 결혼하고 보니 남편 손봉순孫奉順은 이미 남대문 안 상동교회에 출석하는 독실한 교인이었다. 전통 양반집에서 자라난 이정규는 남편이 믿는 새 종교가 이상하기만 했으나 여필종부女必從夫를 여인의 첫째 덕목으로 가르침 받았던 터라 남편을 따라 교회에 나갈 수밖에 없었다. 처음엔 '억지 믿음'이었던 것을 결혼한 지 3년이 지난 1906년 4월에야 스크랜턴 목사에게 세례를 받았다는 점에서 확인할 수 있다.

그러나 일단 세례를 받은 후에는 변하기 시작했다. 우선 이름이 이정규에서 손메레로 바뀌었다. 서양식으로 남편 성을 따라 손씨 성을 얻었고,

세례를 받으며 스크랜턴 대부인의 이름이기도 한 '메리'를 지어 받아 한글로 '메례'라 불리게 된 것이다. 이 모든 과정에서 일찍이 개화하여 교인이 된 남편의 공이 컸다. 남편은 거기서 그치지 않고 부인을 이화학당 출신 여메례가 설립한 진명여학교에 입학하도록 주선했다. 그리하여 손메례는 스무 살이 넘어 진명여학교에 들어가 신교육을 받게 되었다.

손메례는 진명학교를 졸업하고 곧바로 스크랜턴 대부인이 상동교회 안에서 시작한 감리교 여자신학당에 입학했다. 감리교 여학당은 전도부인 양성기관으로 후에 감리교여자신학교가 된다. 마침내 손메례는 1912년 초에 문알베르토·박마불·양우로더와 함께 제1회 졸업생이 되었다. 졸업 후에는 상동교회 전도부인으로 파송받아 교회 청년회 일을 하면서 남대문 밖의 서울 근교에서 전도하기 시작했다. 당시 상동교회 소속으로 있던 월러A. G. Waller 선교사는 1913년 선교보고서에서 손메례가 사재를 털어 가면서 전도에 열심인 것을 소개하였다.

> 손메례는 지난여름에 한 지방으로 갔는데 거기에는 믿는 여인이 한 사람밖에 없었습니다. 몇 달 동안을 그 지방에서 심방하며 열심히 전도한 결과, 지금은 상당수 믿는 가정이 생겼고 교회 출석인원도 매 주일 30명이 넘고 있습니다. 그가 맡은 구역에 믿지 않는 열다섯 가정이 있는데 매주 찾아가 대화를 나누고 찬송도 불러 줍니다……. 그는 이미 혼숫감의 상당수를 팔았고 보석도 여럿 팔았습니다. 거기에 자기가 받는 봉급의 대부분을 보태 방 하나를 얻었습니다. 추운 날씨가 닥치면 그곳에서 교인들이 모일 수 있게 만든 것입니다.

'가마 타고 외출하던' 양반 부인이 믿지 않는 집들을 찾아가 전도하고 찬송 부르는 전도부인으로 변하였다. 또, 여자라면 누구나 소중하게 간직하고 싶어 하는 결혼 혼숫감과 보석을 팔아 가난하고 버림받은 사람들을 위해 집을 마련하는 활동적인 여인이 되었다. 이 같은 전도부인의 체험은 좀더 큰 활동의 기초가 되었다.

여자 절제회 창설

손메례는 1915년경부터 이화여자보통학교에 나가 성경과 가사를 가르치기 시작했다. 삼일운동도 이화에서 겪었다. 그러나 무엇보다 그의 신상에 큰 변화가 찾아온 것은 1923년이었다. 바로 그해에 절제운동이 국내에 소개될 때 손메례도 적극 참여하게 된 것이다.

1874년 미국에서 윌라드F. E. Willard 부인에 의해 기독교여자절제회 Woman's Christian Temperance Union가 시작되었고, 2년 후 영국에도 생겨났다. 주로 여선교사들에 의해 세계 곳곳에 절제회가 조직되었다. 세계기독교여자절제회는 1884년에 조직되었다. 절제회 회원들은 흰 리본을 달았으며 매년 일정액의 회비를 냈다. 우리나라에서는 미국여자기독교절제회 회원이었던 커틀러M. M. Cutler가 평양에서 의료 선교사로 활약하면서 절제운동을 소개한 적이 있지만 그것은 개인적인 차원의 일이었다. 그러다가 1923년 5월, 세계기독교여자절제회 파송을 받은 틴링C. I. Tinling이 내한하여 서울을 비롯해 평양·송도·해주·원산·광주·대구 등지를 순방하며 신학교, 성경학교, 기독교 학교에서 금주·금연을 주제로 한 절제

강연회를 가졌는데 이것이 국내 절제회 조직의 동기가 되었다.

그해 9월 서울에서 개신교 선교사들의 연례 모임인 한국복음주의선교사공의회가 개최되었다. 이 모임에서 틴링은 한국 절제회 조직의 필요성을 강조하였고, 이에 여선교사들이 중심이 되어 9월 18일 절제회가 조직되었다. 회장에는 감리교의 채핀A. B. Chaffin이, 부회장에는 장로교의 원E. A. Winn과 맥릴런E. A. McLellan이 선출되었으며 총무에 어윈C. Erwin, 서기에 쿤스E. W. Koons, 회계에 홉스T. Hobbs 부인이 각각 선임되었다. 이 절제회는 순수 여선교사들로만 초교파적으로 조직되었다. 그리고 선교사들은 곧바로 한국인 절제회 조직의 필요성을 느껴 한국인 중에서 절제회 조직 책임자를 물색했다. 그 적임자로 손메례가 추천되었다. 곧바로 손메례는 틴링과 함께 지방을 순회하며 한국 교인들과 학생들을 대상으로 강연을 하고 회원을 모집하기 시작했다. 그 결과 1923년 말에 이미 1,508명의 회원을 얻었고 16개 지방에 절제회 조직이 갖추어졌다. 마침내 1924년 8월 28일 한국인 교회 여성들만으로 '조선여자기독교절제회'가 이화학교에서 창립되었다. 회장과 부회장에 장로교의 유각경과 김선이 선임되었고, 서기에 감리교의 문인순이 선출되었으며 손메례는 총무가 되어 실무를 맡았다. 창립 당시 이미 지방 절제회가 15개에 달했으며 창립총회에 100명의 회원이 참석하였다. 이후 손메례의 주된 생활은 절제회 총무로 전국을 순회하며 절제운동 계몽 강연회를 개최하는 것이었다. 〈기독신보〉(1924. 12. 24.)에 실린 그의 활약상을 보자.

> 손메례 여사는 회무會務를 대하고 전국 각 지방을 순회하며 강연한 결과, 도처에 대성황을 이루어 금주단연의 필요를 절실히 각성케 하고 많은 회

원을 얻었다는데, 순회 중 몇 곳의 특별한 일을 소개하건대, 교회가 흥왕하기로 유명한 평북 선천읍에서는 교회당 앞에 술장사 한 집이 있어 일반 교인의 마음을 괴롭게 하던 중 그가 강연회에 참석하였다가 감동을 받아 "나는 예수를 믿고 주상을 하지 않겠노라" 맹세하였고, 또는 25명의 신자가 금연키로 작정하고 선전지를 들고 각 촌으로 나간 일이 있었으며 황해도 재령읍에서는 강연 시에 경관 다섯 명이 임석하였다가 폐회 후에 한 경관이 나와 말하기를 본인은 인민을 인도하는 경관으로서 아직까지 술을 먹는 것은 참으로 부끄러운 일이라 하고 금주하기를 결심하더니 그 후 그는 진실한 신자가 되었다는 소식을 들었으며, 전북 전주는 아편이 어찌 많이 유행하는지 부인들이 일할 때에 그 어린아이에게 아편 주사를 하여 잠을 들게 하고 일을 하나 그러나 그들이 강연을 듣고 이러한 일을 금지하기로 작정하였다.

절제운동은 민족운동

손메례의 금주 강연은 과학적이고도 논리적이었다. 믿지 않는 사람들이 그 강연에 더욱 감명을 받았다. 손메례는 강연 중에 종종 과학적 실험을 해서 청중을 설득하였는데, 자주 사용하던 것 중 하나가 생달걀을 접시에 깨어 놓고 거기에 알코올을 부어 흰자가 익어 가는 과정을 보여 주는 것이었다. 술의 독함을 실제로 보여 준 것이다. 그는 또 경제적인 수치를 들며 청중의 민족의식을 자극하였다. 즉, 당시 가구당 월급이 30원도 안 되던 시절에 일 년에 주세酒稅로 총독부에 들어가는 돈이 38,429,170원이 된다는 사실을 밝힘으로 금주운동이 단순한 절제운동에서 그치지 않고 일제에 대한 경제적 저항운동의 성격도 있음을 암시하였다.

사실 손메례의 절제운동은 민족주의 성격이 강했다. 삼일운동 후 침체된 민족에 활기를 띠게 해 준 것 가운데 하나가 민중 계몽운동이었다. 농촌 계몽운동, 브나로드운동, 야학운동, 물산장려운동, 민립대학설립운동 등이 같은 부류에 속하는 것들이다. 금주·금연·공창폐지 등을 주제로 한 절제운동도 역시 민중 계몽의 성격을 강하게 띠면서 일제의 정신적·문화적 침략에 저항하는 민족운동으로 발전했다. 술은 단순한 술이 아니라 민족의 정신을 흐리게 하고 국혼國魂을 파괴하는 폭탄이었다. 그래서 손메례는 바로 그 사실을 강조해 외쳤다. 손메례가 〈기독신보〉(1930. 4. 30.)에 기고한 "조선의 금주운동"이란 제목의 글에 나오는 대목이다.

> 술은 사실 탄환 없는 대포와 같은데 도리어 용기를 준다고 믿게 하였다. 여러 해 동안 연구한 결과 지금은 그 비밀을 알았다. 그러니 우리는 금주하고 금주운동을 철저히 하여 조선을 살리자. 조선의 금주운동은 모든 운동 중에 가장 큰 운동이다. 육을 살리고 영을 살리는 운동이며 죽어 가는 조선을 살리는 운동이다. 여러분은 때때로 왜 이 금주운동을 잊어버리는가?

손메례에게 절제운동은 '조선을 살리는 운동'이었다. 그의 표현대로 정신을 살리고 육을 살리는 운동이었다. 더욱이 이 운동의 주요 대상이 자라나는 청소년들이었기에 그 의미가 더욱 컸다. 손메례가 이화학교 교사직을 사임하고 이 운동에 헌신하게 된 동기도 거기 있었다. 이렇게 하여 손메례는 '문화통치시대'로 일컬어지던 1920년대에 민족정신과 민족혼을 지키고자 노력하였다.

여자절제회가 처음 한국에 조직될 때는 선교사 조직과 한국인 조직이 별개로 시작되었으나 점차 두 조직의 통합 필요성이 대두되었다. 그리하여 1926년 이전에 두 조직이 통합하여 '조선여자금주회'(후에 다시 조선기독교 여자절제회로 환원)가 되었다. 1926년 12월 3일에 개최된 총회에서 선임된 임원으로는 회장에 유각경과 최활란, 총무에 빌링스 부인과 손메례, 서기에는 문인순과 김보린, 회계에는 밀러 부인과 홉스 부인이었다.

손메례는 여전히 총무로 전국 각지를 순회하며 금주 강연을 실시하였다. 순탄하지 않은 힘든 여행이었다. 교통이 편치 않은 지방 순회여행을 여성의 몸으로 감당하기란 쉽지 않았다. 그의 일정엔 항상 일경의 감시가 따랐고 술 잘 먹는 남성들의 위협과 폭력도 만만치 않았다. 그러나 손메례는 이처럼 위험하고 힘든 여행을 하면서 오히려 '보호자 되시는 예수'를 체험하였다. 손메례가 〈기독신보〉(1930. 1. 22.)에 "기쁨과 예수"라는 제목으로 기고한 글이다.

> 조선여자절제회에서 6년 동안을 시무하는 가운데, 더운 여름 추운 겨울에 북쪽 끝에서 남쪽 끝까지 서해안에서 동해안까지 아니 다녀 본 곳이 없이 골고루 다니는 가운데 사람의 위험, 물의 위험, 더위의 위험, 폭탄의 위험, 모든 위험을 다 당해 보았다……. 그러나 예수는 언제든지 어떠한 위험 중에서든지 자나 깨나 나의 보호자가 되어 주었다. 예수의 은혜는 나에게서 잠시라도 떠나지 아니하였다. 나는 간혹 그런 위험을 당할 때마다 낙심도 되었으나 나의 유일하신 희망인 예수를 바라볼 때는 두려울

것이 없고 기쁘지 않을 때가 없었다. 예수는 나의 희망인 동시에 우리의 2천만 조선 민족 전체의 유일절대의 희망이 되신다.

'2천만 조선 민족의 보호자'란 표현에서 손메례의 민족의식을 엿볼 수 있다.

여성 교육가

이처럼 손메례는 절제운동을 조선을 살리는 운동으로 인식하고 전국을 순회하며 금주·금연 강연을 실시하였는데, 그 강연 내용이 일제 경찰 당국의 심기를 불편하게 하였을 것은 당연하였다. 그의 강연 현장에는 언제나 일본 경찰이 임석하였고 강연 중 경찰로부터 중지 명령을 받은 적도 여러 번이었다. 결국 손메례는 1929년 절제회 총무직을 사임하였다.

그렇다고 손메례의 사회활동이 중단된 것은 아니었다. 일제 말기에 접어들면서 그는 교육가로 변신하여 대성학원, 흥아興亞가정여학원 원장으로 활약하였다. 이 학원들은 여성을 위한 실습교육기관으로, '여성도 배워야 한다'는 신념, 특히 남성에게 의존하지 않을 여성의 자립 능력 배양에 교육 목표를 두었다.

8·15해방 후에도 손메례의 교육사업은 계속되어 경성여자고등기술학교를 설립했다가 1949년에 궁정동에 정명貞明여자중학교를 세웠다. 그리고 6·25전쟁까지 겪었다. 외부 지원 없이 전쟁의 폐허 위에 학교를 재건하는 일은 쉽지 않았다. 환갑을 넘긴 노인이 학교를 운영하기란 더더욱

힘든 일이었기에, 결국 1952년 학교 재산과 학생을 이화학교를 운영하던 기독교 재단인 유하有廈학원에 기증하였다. 유하학원은 궁정동에 있는 130평 건물과 541평 토지를 기부받아 그것을 기반으로 예술 교육 전문학교인 서울예술중고등학교를 설립하였는데 이는 후에 예원중고등학교가 되었다. 그와 함께 손메례는 그 학교의 명예교장이 되었고 이화학원 명예 이사가 되었다.

손메례를 교회로 이끌었을 뿐 아니라 진명여학교와 신학교에 보내 1920-30년대 가장 활발한 여성운동가의 한 사람으로 성장시키는 데 결정적 역할을 했던 그의 남편은 1947년에 먼저 별세하였다. 둘 사이에 아들이 하나 있었으나 어려서 죽었고, 조카 손완혁을 양자로 삼아 말년을 조용히 보내다가 1963년 10월 5일 별세하였으니 당시 손메례의 나이는 79세였다.

이정규에서 손메례로, 평범한 양반집 외동딸에게 전도부인과 절제운동 총무로 그리고 다시 교육가로 변모하기까지, 그의 삶을 유지시켜 준 힘은 "언제든지 어떠한 위험 중에서든지 자나 깨나 보호자가 되어 준" 예수에게서 나온 것임은 그 스스로가 증언하고 있다.

13. 거리의 여장부
독립운동과 여전도회 지도자 김성무

나를 늙은 때에 버리지 마시며

내 힘 쇠약한 때에 떠나지 마소서.

하나님이시여

내가 늙어 백수가 될 때에도 나를 버리지 마시고

내가 주의 힘을 후대에 전하고 주의 능력을

장래 모든 사람에게 전하기까지 나를 버리지 마소서.

나의 조국을 구원하여 주소서.

하나님 공경하는 대통령을 주시옵소서.

한국 3천만의 구원은 오직 하나님께로 돌아오는 길 외에는 없는 것을

확신케 하소서.

1967년 1월 1일 아침, 77세 노인이 골방에서 드린 조용한 기도의 일절

이다. 이제 막 공화당 정권이 하늘과 백성 무서운 줄 모르고 권력의 칼을 휘두르던 때였다. 이 같은 신년기도를 드린 노인은 그해 가을 조용히 숨을 거두었다. 신년기도가 유언기도가 된 셈이다. 기도의 사람, 일제 시대 여성 민족운동과 사회운동의 선구자 김성무金聖姆 의 이야기다.

용천 기독교 집안 출생

평생을 민족운동과 교육에 헌신한 김성무는 1891년 3월 24일 평북 용천에서 출생하였다. 부친 김국주金國柱는 전통 유교 집안 출신으로 형 건주健柱와 함께 1890년대에 기독교인이 되어 평양장로회신학교에 입학하고 1910년 졸업한 후 목사안수를 받아 덕천에서 목회하였다. 이처럼 목사 집안에서 태어났기에 김성무는 어려서부터 신교육의 혜택을 받을 수 있었고, 특히 그의 부친과 백부 및 오빠 김성겸으로부터 기독교 신앙과 개화사상 그리고 민족주의 사상을 전수받았다.

김성무가 열네 살 때 하루는 주일도 아닌데 교회 마당에 교인들과 동네 사람들이 가득 모여 있었다. 그리고 그의 오빠 김성겸이 연사가 되어 열변을 토하자 모인 사람들이 대성통곡하기 시작했다. 처음엔 그 연유를 몰라 어리둥절했으나 나중에 가서야 "우리 국권을 빼앗기고 일본의 종이 되는 을사5조약이 체결됐다는 것을" 알고 김성무 역시 통곡하였다. 이처럼 자아의식이 형성되기 시작하던 청소년기에 김성무가 겪은 첫 번째 체험은 을사5조약 체결로 인한 국권 상실이었다. 교회 마당에 모여 나라 잃은 슬픔 속에 통곡하는 교인들의 모습은 어린 김성무의 가슴에 깊은 충격을 주었고, 이 체험은 이후 삶의 방향을 결정짓는 계기가 되었다.

김성무는 부친의 주선으로 선천 보성保聖여학교에 입학하여 1911년 제1회로 졸업하였다. 그의 동기생으로 강기일과 차경신이 있었는데, 이들 세 명은 보성의 삼총사로 불릴 만큼 민족운동에 혁혁한 공을 세웠다. 졸업한 그해 김성무에겐 두 가지 큰 일이 있었으니, 하나는 선천 명신明信학교 교사로 취임하여 교육가로서 활동을 시작한 것이고, 또 하나는 안병균安秉均과의 결혼이었다. 민족주의자 안준 장로의 아들인 안병균은 선천 신성信聖중학교를 졸업하고 숭실대학에서 화학을 전공하였는데, 그 역시 부친의 영향을 받아 민족주의 사상으로 무장되어 있었다.

김성무는 모교인 보성여학교 교사로 학생들을 가르치다가, 1915년 남편이 재령 명신여학교 교장으로 취임함에 따라 그도 명신여학교 교사가 되어 재령으로 옮겼다.

부부가 감옥에

김성무 부부가 삼일운동을 맞은 곳은 바로 재령이었다. 재령에 독립선언서가 전달된 것은 3월 3일로, 재령 출신이면서 서울 정신여학교 교사로 있던 장선희를 통해서였다. 장선희는 서울 만세시위를 목격하고 김태연 목사에게서 독립선언문을 전달받아 몸속에 숨긴 채 재령에 도착하여, 오빠인 장인석, 재령동부교회 김용승 목사, 교인 김말봉, 그리고 김성무·안병균 부부와 함께 재령 만세시위를 모의하였다. 당시 상황을 장선희 회고록은 이렇게 기록하고 있다.

저녁 무렵, 장인석 씨 댁에는 명신학교 교장인 안병균 씨와 그의 부인 김성무 씨, 그리고 김용승 목사와 김말봉 여사가 모였다. 장 여사(장선희)는 방문을 걸어 잠그고 문에 휘장을 친 다음 두루마기 뒷잔등에 감추어 둔 독립선언서와 가방 밑을 뜯고, 또 다른 독립선언서와 서류들을 꺼냈다. 순간 방 안에 모인 그들의 눈에는 감격의 눈물이 글썽거렸다. 장인석 씨는 떨리는 손으로 독립선언서를 들고는 재령에서도 만세 부를 날을 정하자고 제안하였다. 그러자 모두들 장날이 좋겠다는 의견을 말했다. 김 목사는 선언문을 읽어 보고는 안병균 교장이 가지고 온 등사판에 등사하기 시작했다. 그리고 김성무 씨와 김말봉 여사 그리고 장 여사와 어머니 이영숙 씨는 태극기를 만들기 시작했다.

재령 만세시위는 준비된 대로 3월 9일의 재령읍 장날을 기해 거행되었다. 마침 그날은 주일이어서 예배가 끝남과 동시에 교인들의 만세함성을 신호로 읍 전체에 만세시위가 확산되었다. 그러자 재령에 주둔해 있던 일본 헌병대는 무차별 사격을 가해 많은 사상자를 냈고 시위현장에서 주동자 30여 명을 체포했는데, 김성무도 시위에 참여했다가 체포되었다. 그때 그는 만삭의 몸이었다.

당시 일본 경찰이나 헌병대가 피의자들에게 공통적으로 가한 체형 중 하나는 벌거벗기는 것이었는데, 여성인 경우엔 더욱 심했다. 삼일운동 당시 일제가 저지른 비인간적 고문과 악형 문제를 다룬 미국 상원의원 청문회 기록(1999. 10.) 중에 "만삭 여인 능욕사건"이라는 내용이 발견된다.

임신한 여자를 고문하는 데에는 아무런 기계장치가 필요하지 않았다. 이 여인은 선교계통의 선생이었다. 매우 상냥하고 지적인 여자였다……. 그녀가 경찰서 앞에 이르자 한 경찰이 그녀를 뒤에서 힘껏 걷어찼다. 그러자 그녀는 방 안으로 꼬꾸라져 들어갔다……. 그러고는 그녀의 옷을 찢어 벗겼다. 그러는 동안에도 쉴 새 없이 그녀는 발길로 차이고 얻어맞았다. 그들은 또한 몽둥이와 쇠좆매로 그녀를 때렸다……. 그녀는 벗겨져 나간 속옷으로 그녀의 벌거숭이를 가리려고 애썼다. 그러나 그들은 그것을 빼앗아서 찢어 멀찍이 던져 버렸다. 그녀는 앉으려고 했다. 그러나 계속 차이고 맞으면서 일어서도록 강요당했다. 그녀는 방 안에 있는 많은 남자들의 시선으로부터 몸을 돌리려고 애썼다. 그러나 계속해서 남자들에게 얼굴이 향하게 다시 돌아설 것을 강요당했다. 그녀는 손과 팔로 자신의 알몸뚱이를 보호하려고 애썼다. 그러자 한 경찰이 그녀의 팔을 뒤로 비틀어 그녀의 등에 갖다 대고, 매질과 발길질이 계속되는 동안 붙잡고 있었다.

김성무는 만삭의 몸으로 벌거벗기는 수치와 가혹한 고문을 받으면서도 동지들과의 비밀을 지켰다. 그리고 사흘 만에 해주지방 검찰청으로 이송되었다가 만삭이라는 사정이 참작되어 22일 만에 석방되었다. 김성무의 남편 역시 일본 경찰에게 심한 구타를 당하여 몸져누워 있었다. 삼일운동 기간 중 일제가 저지른 만행에 관한 미국 상원의원 청문회가 열릴 수 있었던 배경에는, 시위 및 만행 현장을 찾은 선교사들의 목격담, 그리고 감옥에 갇힌 기독 민족운동가들을 면담하고 얻은 정보를 정리하여 발행한 〈조선 상황 Korean Situation〉이란 보고서가 있었기 때문이다. 이 보고서에는 앞서 살펴본 "만삭 여인 능욕사건" 외에 "안병균 구타사건"이란 제목의 글도 들어 있다.

안병균 그는 3월 4일 재령에서부터 와 재령에 있는 기독교 학교 교사를 물색하고 있었습니다. 교사로 자원하고 나선 이가 최형일이었습니다. 안병균은 최형일의 집으로 가 면담하고 있었는데 경찰이 집을 급습하고 그들을 체포했습니다. 둘은 옷을 벗기었고 수색당하였으나 아무것도 미심쩍은 것은 발견되지 않았습니다. 그러자 경찰은 안병균을 심하게 구타한 뒤 '만세'를 부르지 말라고 윽박지른 후 그를 풀어 주었습니다. 안병균은 데모 행렬에 가담하지 않았으며 어떤 법률에도 접촉된 바 없어 매를 맞을 아무런 이유도 없었습니다.

아무 이유도 없이 옷이 벗기고 구타당하는 조선인들의 현실을 선교사들은 이해할 수 없었지만, 나라를 빼앗긴 민족, 빼앗긴 나라를 되찾겠다고 몸부림치는 조선인들에겐 너무도 뼈아픈 현실이었다. 그것이 당시 '조선 상황'이었다. 이 같은 조선 상황 속에서 김성무·안병균 부부는 장소는 달랐지만 똑같이 옷이 벗기고 구타를 당하는 수치와 고난을 겪어야 했다. 결국 안병균은 일제의 압력으로 교장 직에서 밀려나 실직자가 되었고, 부부는 선천으로 귀환하였다. 그러나 1920년 초 안병균은 다시 모교인 신성중학교 교감으로 발탁되었고 김성무도 보성여학교 교사로 채용되어 다시 교단에 서게 되었다. 그러나 봉직 기간은 오래가지 못했다. 또 독립운동 때문이었다. 이번에도 부부 모두가 그랬다.

김성무는 강기일과 함께 삼일운동 1주년을 맞아 1920년 3월 1일을 기해 다시 한 번 만세시위를 벌일 계획을 세우고 보성여학교 학생들과 선천북교회 여성 교인들을 중심으로 만세시위를 주도했다. 3월 1일 금요일 저녁, 구역예배를 마친 후 김성무는 회중 앞으로 나아가 다음과 같이 말했다.

"남자 분들은 다 나가 주십시오. 여자 중에도 오늘이 무슨 날인지 아는 분만 남으시오."

남은 교인들에게 시위 취지를 설명한 후 앞장서서 예배당 밖으로 나왔다. 찬송을 부르는 여인들의 행렬이 선천북교회에서 출발하여 시내 중앙 거리로 이어졌다. 곧이어 남성들이 만세를 부르며 합류하였다. 한밤중에 선천 거리는 만세소리로 진동하였다. 시위대에 앞장섰던 김성무는 다시 체포되어 신의주형무소에 수감되었다. 그때 김성무의 품엔 한 살배기 아기가 안겨 있었다.

김성무는 6개월 남짓 옥고를 치른 후 풀려 나왔으나 이번에는 남편이 '선천경찰서 폭탄투척사건'에 연루되어 선천경찰서에 체포되었다. 이는 신성중학교 학생 박치의와 만주에서 밀파된 독립군의 지원을 받아 폭탄을 선천경찰서에 던진 사건인데, 일본 경찰은 이 사건과 직접 관련이 없는 선천의 기독교 민족운동가들도 배후 조종 혐의로 다수 체포하였다.

김성무는 신의주형무소를 나오자마자 평양형무소에 갇힌 남편의 옥바라지에 혼신의 힘을 기울였다. 한편 교회와 사회활동도 재개하여, 출감한 그해 가을 강기일 등과 함께 선천 여자기독교청년회YWCA를 창설하여 여성 계몽과 교육을 추진하였고, YWCA 사업의 일환으로 명신유치원을 설립하여 보모가 되었다. 1925년에는 평양 숭의여학교 유치원사범과를 만학으로 졸업한 후 한층 체계적인 유치원 교육을 실시하였다. 이처럼 김성무가 교육에 심혈을 기울이게 된 것은 형무소에서의 체험 때문이었다. 글을 배우지 못한 한국인 죄수들이 일본인 간수들에게 비인간적인 처우를 받는 것을 보고 무엇보다도 교육이 중요함을 깨달은 것이다. 그는 YWCA 모임에 나가 다음과 같이 외쳤다.

이 세상에서 가장 불쌍한 사람은 국권을 잃은 백성이다. 배우지도 못한 말을 못한다 하여 발로 차이고 저녁과 아침을 굶기며 개, 돼지 취급을 받아야 하니 이 얼마나 통탄할 일이냐? 이제부터 여자 교육에 전념하여 나라를 지키는 여성을 기르자.

김성무는 1933년 모교인 보성여학교 이사가 되었고, 1937년엔 선천 YWCA가 설립한 고아원 영덕학원 원장이 되어 사회사업가로서 역량을 발휘하기 시작했다. 1928년에 출옥한 남편 안병균은 선천 YMCA 이사 및 총무가 되어 선천뿐 아니라 중앙에까지 활발한 기독교 사회운동을 전개하다가 1940년 별세하였다.

남편 별세 후 김성무는 평북노회 성경학원에 입학하여 여성 목회자로서 신학교육을 받았다. 그러나 성경학원 졸업 후 목회에 참여하지는 못했다. 일제 말기 종교활동이 철저히 통제받고, 또한 대부분 교회가 신사참배를 수용하고 일제에 협력하는 분위기에서 민족의식이 강한 그가 봉사할 공간이 없었던 것이다. 조용히 때를 기다릴 뿐이었다.

거리에서 살다 간 사람

그렇게 기다리던 해방이 되었지만 곧이어 들어선 공산주의 정권으로 여전히 종교활동은 엄격히 통제되었다. 결국 김성무는 '신앙의 자유'를 찾아 월남하였다. 월남 후 영락교회 창설교인이 되었고 1948년 남산에 있던 장로회신학교에 입학하여 체계적인 신학교육을 받았다. 그때 나이 58

세웠다.

6·25전쟁 중인 1951년 부산에서 졸업하였고 부산 부전교회 여전도사로 목회생활을 시작했다. 그러면서 여전도회 순회총무로 장로교 여전도회 재건을 위해 헌신하였다. 그리고 환도 후 1954년 대한기독교계명협회 순회총무가 되어 농어촌을 다니며 문맹퇴치 강연을 하였는데 특히 여성과 아동 계몽을 주창하였다.

1962년에는 대한기독교여자절제회 회장이 되어 절제운동을 시작했다. 이때부터 순결·평화·금주·금연·국산품애용·축첩반대·근검·절약 등의 구호를 적은 현수막을 앞세우고 거리를 행진하는 김성무의 모습이 종종 눈에 띄게 되었다.

과연 그는 '거리의 여장부'였다. 백발을 날리며 민족 계몽과 전도를 위해 헌신하는 70대의 그의 모습은 바로 1919년 3월 9일 재령읍 거리에서, 그리고 1920년 3월 1일 밤 선천 거리에서 만세시위대 앞머리에 서 있던 30대의 모습과 변함이 없었다.

김성무는 거리에서 민족과 교회를 위해 살다가 달려오는 군용트럭에 치어 중앙청 앞 세종로 넓은 거리에서 운명하였다. 1967년 10월 12일, "하나님 공경하는 대통령을 주시옵소서"라고 신년기도를 드린 바로 그 해 가을이었다.

14. 피 뿌린 씨암탉
성결교 순교자 문준경

10월 4일 밤중에 문 전도사와 백 전도사는 저들에게 끌려갔다. 10월 5일 새벽 2시 증동리 해변 모래 위에 문 전도사를 결박해 놓고 "너는 새끼를 많이 깐 씨암탉"이란 죄명을 선언하고 빨갱이들은 곤봉으로 문 전도사를 쳐 죽이고도 무엇이 부족한지 총으로 그의 가슴을 쏘았다. 도서島嶼의 어머니, 사랑의 전도자, 복음의 용사, 여장부 문준경 전도사는 이렇게 순교하니 이때 그의 연령 59세였다.

"새끼를 많이 깐 씨암탉"이란 죄명으로 공산군에 의해 처형당한 여인 문준경文俊卿. 그가 뿌린 전도의 씨앗을 통해 자라난 수많은 신앙의 자손들은 문준경을 '도서의 어머니', '사랑의 전도자', '복음의 용사', '여장부 전도사'로 기억한다. 한국 성결교회 순교자 문준경 전도사의 이야기다.

암태도 양반집 여인

문준경은 1891년 2월 2일 전남 무안군(현 신안군) 암태면 수곡리에서 태어났다. 암태도岩泰島는 목포에서 서쪽 뱃길로 60리 정도 가면 나오는 조그만 섬이다. 비록 작은 섬이었지만 그의 가문인 남평 문文씨는 암태도에서는 이름 있는 학자 집안이었다. 특히 성균관 태학사 출신의 우당 문여옥과 《회심록會心錄》,《각비록覺非錄》 등의 저술을 남긴 석촌 문두생, 3만 5천석지기 부자로 사재를 털어 목포에 문태학원을 설립한 문재철 등이 암태도 문씨 가문을 빛낸 인물들이었다. 문준경의 조부도 진사 벼슬을 하였으며 재물에도 비교적 여유 있는 집안이었다. 이 같은 가문의 배경 속에서 문준경은 문재경의 3남 4녀 중 3녀로 태어났다. 집안 환경은 좋았으나 유교 관습에 매여 있던 집안이라 여성으로 태어난 문준경은 교육의 기회를 얻을 수 없었다. 보수적인 부친은 오히려 배우려는 딸의 의지를 막았다. 그래서 문준경은 당시 사대부집 여인들이 거쳐야 할 기본 성장과정을 거쳤다.

열일곱 살 되던 해, 무안군 지도면 등선리에 사는 정鄭씨 가문의 정근택과 결혼했다. 남편이 살던 곳은 암태도에서 다시 뱃길로 북쪽 60리를 가면 나오는 지도智島라는 섬이었다. 시댁도 양반 가문이었으나 남편은 그다지 훌륭한 위인이 못 되었다. 살림에 무책임하고 무관심한 남편 때문에 문준경은 '남편 있는 생과부'로 고달픈 시집살이를 하게 되었다. 하지만 비록 남편의 사랑은 받지 못했어도 며느리로서 성실하고 시부모를 극진히 공경했기에, 이를 기특하게 여긴 시아버지가 며느리에게 한글을 가르쳐 주었다. 어려서부터 글공부가 소원이던 문준경은 열심히 배워 글을 깨우쳤다. 그의 처지를 불쌍히 여기고 한글을 깨우쳐 준 시아버지의 사랑 덕분에 조금이나마 시집살이의 고통을 잊을 수 있었다. 그러나 시아버지가 별세하자 그나마 위로받을 곳조차 없어졌다. 의지할 곳 없는 비참한 삶, 아무런 의미를 찾지 못한 기구한 삶의 연속이었다.

1927년 3월 5일을 기해 그런 문준경의 삶에 변화가 찾아왔다. 우연히 목포에서 온 전도부인을 만나 기독교 복음을 소개받은 것이다. 문준경은 비참하고도 암담한 자신의 현실 속에 한줄기 서광이 비치는 것을 느꼈다. 그는 주저하지 않고 교회에 나가기 시작했으니 그때 나이 서른여덟이었다.

성결교 전도사

문준경이 처음 출석한 교회는 목포 북교동에 있는 성결교회였다. 뱃길로 100리가 넘는 그 교회를 문준경은 열심히 다녔다. 당시 목포성결교회 담임을 맡고 있던 이성봉 전도사는 훗날 한국 기독교의 대표적 부흥사로 활약하는 인물이 되었다. 목포는 이성봉 전도사의 첫 목회지였고, 이 청년 전도사의 열성적인 목회로 목포성결교회는 부흥하고 있었다.

목포성결교회에 출석하면서 문준경의 무의미하고 암울했던 일상이 점차 의미 있고 밝은 것으로 변했다. 제도적으로 여성의 능력계발과 사회진출을 막았던 유교와는 전혀 다른 분위기를 기독교에서 느낄 수 있었다. 그는 이제까지 억눌렸던 자신의 능력을 계발하며 서서히 그 능력을 교회와 사회 속에서 발휘하기 시작했다.

문준경은 1928년 6월에 세례를 받고, 1932년 9월부터는 서울에 있던 동양선교회 경성성서학원에 입학하여 신학생이 되었다. 당시 학제는 일 년 중 6개월은 학원에서 공부하고 나머지 6개월은 동양선교회 이사회에서 파송한 지역에 나가 교회를 개척하여 목회하는 형태로 이루어졌다. 문준경이 처음 파송받은 곳은 임자도라는 섬이었다. 목포에서 뱃길로 다섯 시간 정도 가야 하는 곳으로 시집이 있던 지도에서 서쪽에 위치한 작은 섬이었다. 그는 교인이 한 명도 없던 그 섬에 들어가 전도를 시작했다. 훗날 문준경은 임자도교회 개척 당시 상황을 이렇게 증언하였다.

> 임자도라는 곳은 목포에서 출선出船으로 다섯 시간가량이요 서해 중에 하나인 도중도島中島인바 교통도 대단 불편할 뿐 아니라 대단히 적적한 곳이다. 그리하여 기자(문준경)는 이곳 영혼들이 하나님의 말씀을 듣지 못하여 못 믿는 것을 생각할 때 마음이 아파 그대로 있을 수 없어 본인이 이곳에 전도를 시작하게 된 것이올시다.

마침내 1932년 12월 7일 임자도 진리에 교회가 설립되었다. 문준경은 방학기간 중에는 임자도에 내려와 열심히 전도하며 교회를 이끌어 나갔다. 특히 1937년 목포에 있던 김태일 전도사가 임자도에 와서 부흥회를 개최한 뒤로 교회가 크게 부흥하였고, 그 결과 1938년에 이르러 임자도교회 교인 수는 세례교인 20명을 포함해 37명으로 늘어나게 되었다.

서해안 섬 교회 어머니

문준경은 임자도교회를 돌보면서, 1936년 9월부터는 후증도교회를 개척했다. 후증도는 지도 바로 남쪽에 있는 작은 섬인데 이 섬의 중동리에 교회를 개척한 것이다. 본래 이곳은 장로교회에서 전도인을 보냈다가 실패한 섬으로 기독교에 대한 반감이 팽배했다. 문준경은 바로 그곳에서 전도하기로 결심했다. 문준경의 증언이다.

> 나는 그들이 멸망의 길을 걷는 것을 볼 때 그대로 있을 수 없어 하나님께 간절히 기도한 결과 하나님의 지시가 있어 나는 두려워 않고 전도를 시작하게 되었다. 한 사람 두 사람에게 복음을 전한바 만족치 않아서 나는 부끄러움을 무릅쓰고 어떤 집 마당에든지 가서 찬미를 불렀다. 그러니 모든 사람들은 미친 여자가 왔다고 하여 모여들게 되었다. 모이면 나는 거기서 복음을 전하였다.

문준경은 노래 솜씨가 뛰어났다. 그가 찬송을 부르면 섬사람들은 미친 여자인 줄 알고 구경하러 나왔다가 그의 설교를 들었다. '찬송 전도'는 말로 하는 전도보다 효과가 컸다. 처음에는 배척하던 섬사람들도 양반 가문 출신의 여전도사가 열심을 다해 전도하는 모습에 감화를 받고 한 명 두 명 교회를 찾아 나오기 시작했다. 특히 후증도에 귀신들린 여인 두 명이 문준경의 기도로 고침을 받고 나자 교인이 늘어났다. 처음에는 이 집 저 집 다니며 예배를 드리다가 교인 수가 늘자 독자적인 예배당을 마련하기로 했다. 목포에서 목재와 슬레이트를 가져왔는데, 교인들이 직접 날

라다 교회를 지었다. 예배당 건축을 완료하고 1937년 정월에 김태일 전도사를 초청해 부흥회를 열었는데, 주변 섬에서도 찾아와 5,6백 명이 모여드는 열기를 보였다. 한편 문준경은 이웃 방축리 교인들이 예배당을 짓는다고 하자 자신의 봉급을 털어 목재를 사서 갖다 주기까지 했다.

후증도교회는 임자도교회의 지교회 형태로 시작했으나 오히려 1938년 당시의 교세는 세례교인 21명을 포함, 95명에 이르러 임자도교회를 앞지르게 되었다. 이는 문준경 전도사의 헌신적인 목회의 결실이었다. 그는 1939년 2월에 지도 대조리에도 교회 한 곳을 더 개척하였다.

문준경은 1936년 6월 26일 동양선교회 경성성서학원을 졸업하였다. 졸업 후에도 계속 임자도교회에 파송받아 목회하였다. 임자도교회 전도부인으로 봉직하면서 후증도교회와 대조리교회를 돌보았다. 당시 임자도교회는 이봉성 전도사가 담임으로 있었고, 문준경은 이미 부흥사로 활동을 시작한 이성봉 목사와 함께 전남 도서지방을 순회하며 전도하는 데 혼신의 힘을 기울였다. 문준경의 찬양은 부흥전도회에 빼놓을 수 없는 순서였다. 또한 의술에도 재능이 있어 진료도 간간이 하였다. 이렇듯 그는 섬 지방의 전도자일 뿐 아니라 의료봉사도 베푼 의사이자 간호사였다. 영혼을 사랑하고 이웃을 돕는 데 그 누구보다도 앞장섰던 문준경 전도사는 신안군 거의 모든 섬에서 모르는 사람이 없을 만큼 유명 인사가 되었다.

그러나 일제 말기에 접어들면서 성결교회는 큰 수난을 겪게 되었다. 성결교회의 기본 교리 중 하나인 재림신앙이 일제의 통치이념에 위배된다 하여 성결교회가 해산을 당하게 된 것이다(1943년). 교회가 해산당하면서 예배당 건물은 일제가 압수해 버렸고 목회자나 교인들은 다른 교단으로 옮겨 가거나 아니면 지하로 숨어야 했다.

이 무렵 문준경 전도사는 후증도교회를 맡고 있었는데, 교단이 해산당하자 후증도교회도 강제 매각되었고 그 돈은 국방헌금이란 명목으로 일제가 가로채 버렸다. 교회 간판이 떼어지고 대신 경방단(警防團, 일제 말기 치안 강화를 위해 소방대와 방호단을 통합한 단체) 간판이 붙었다. 이런 상황에서 문준경 전도사는 아픈 가슴을 안고 교인들 집을 돌며 지하교회 형태로 교인들의 신앙생활을 지도하였다.

순교의 씨앗

1945년 8·15해방을 맞자 문준경은 교인들과 함께 제일 먼저 교회로 달려가 경방단 간판을 떼어 내고 교회 간판을 붙였다. 그리고 그곳에서 교인들과 함께 감격의 예배를 드렸다. 그런데 그 동네 유지이면서 친일파인 전순정 등 지방 토착세력가들이 계속해서 교회당 소유권을 주장하고 나섰다. 일제 시대에 합법적인 매매행위를 통해 구입했으니 교회당은 자기네 소유라는 것이었다. 교회에 반감이 있던 좌익세력도 이에 합세했다. 후증도교회는 서울의 성결교회 총회본부에 도움을 요청했고, 총회본부 사람들이 섬에 왔다 간 이후로 교인들에 대한 폭력행위가 사라졌지만, 예배를 방해하는 등 교회 핍박은 여전했다.

이러던 중에 6·25전쟁이 터졌다. 본래 좌익세력이 뿌리를 내리고 있던 무안군 일대의 섬 지방은 공산군이 들어오기도 전에 지방 좌익세력이 부대를 결성해 통치하기 시작했다. 이때 친일파였던 전순정은 재빨리 공산당 옷으로 갈아입었다. 그리고 교회 예배당 문제로 악감정을 품고 있던 목회자와 교인들을 색출하여 처형하는 데 혈안이 되었다.

이런 상황에서도 문준경 전도사는 후증도교회를 끝까지 지켰다. 그러면서 배를 한 척 구해 자신과 함께 있던 양도천, 백정희 전도사를 탈출시키려 했다. 그러나 전순정 일당에 의해 발각되었고 모두 빈사상태로 얻어맞았다. 이 일은 인민군이 오기도 전에 벌어진 일이었다. 인민군이 진주한 후 문준경·양도천·백정희 전도사와 교인들이 모두 체포되었고, 임자도에서 목회하던 이봉성도 체포되었다. 이들은 지도면에 49일간 수감되어 있다가 9월 27일 양도천·이봉성·문준경 세 사람은 목포로 후송되었다. 인민군들이 이들을 세뇌시키기 위해 목포 정치보위부로 넘긴 것이다. 그들이 섬을 떠나던 날 밤, 지도에서는 무수한 양민들이 공산군의 총에 살해되었다.

목포에 도착해 보니 목포는 이미 국군이 탈환하였고 공산군은 퇴각한 상태였다. 그들을 압송하던 인민군들도 사태를 파악한 후 도망쳐 버렸다. 가까스로 살아난 세 전도사가 목포에 있던 이성봉 목사를 찾아갔다. 이성봉 목사는 섬 지방이 완전 복구되면 들어가라고 권면했다. 그러나 문준경 전도사만은 "내가 죽을지언정 나 때문에 우리 교인 한 사람이라도 죽어서는 안 된다"며 후증도로 서둘러 떠났다.

후증도에서는 퇴각하는 공산군들이 피비린내 나는 양민학살을 자행하고 있었다. 공산군은 제 발로 찾아 들어온 문준경 전도사를 10월 4일 밤에 체포하였다. 그리고 10월 5일 새벽, 가둬 두었던 교인과 양민들을 중동리 해변가로 끌어냈다. 스스로 들어온 문준경 전도사와 계속 갇혀 있었던 백정희 전도사도 끌려 나왔다. 그리고 새벽 바닷가 모래사장에서 잔혹한 살육행위가 벌어졌다. "새끼를 많이 깐 씨암탉" 문준경 전도사가 곤봉에 맞아 쓰러졌다. 옆에 있던 공산군이 총으로 확인사살까지 하였다. 또 나머지 사람들에겐 무차별 난사를 하였다.

목포에 머물러 있었으면 살았을지도 모를 문준경 전도사는 '교인을 죽게 버려 둘 수는 없다'는 목회자의 양심으로 적치하에 찾아들었고 결국 그 희생제물이 되고 말았다. "선한 목자는 양을 위해 자기 목숨을 바친다〔善牧者爲羊捐命〕"는 목회정신이 그를 순교자의 자리에까지 이끌었던 것이다.

전쟁이 끝난 뒤 문준경이 피 흘려 지킨 후증도교회는 후에 증동리교회로 이름을 바꾸었다. 그리고 그가 순교한 터 위에는 성결교 호남지방회가 세운 순교기념비가 있어 그날의 아픔을 말없이 증언하고 있다. 한편 문준경이 순교하던 날 밤, 그가 설립한 임자도교회(현 진리교회)에서도 이판일 장로를 비롯해 48명의 교인이 피를 흘렸다. 모두 그가 뿌린 씨였다.

15. 거문고에 실은 조선의 노래
여류 시조시인 장정심

> 높은 줄 낮은 줄
>
> 가는 줄 굵은 줄
>
> 금선琴線은 나의 생명과 한 가지
>
> 조선의 정을 노래하려오……
>
> 햇빛과 달빛 아래
>
> 슬픔과 즐거움이
>
> 심금을 헤치고 나오면서
>
> 조선의 강산이 그립다 하오

 1930년대 암울했던 역사 속에서 조선의 강산을 그리워하며 높은 줄, 낮은 줄, 가는 줄, 금선을 튕겨 가며 〈조선의 정!〉을 노래했던 여류 시인, 오란吾蘭 장정심張貞心의 이야기다.

개성 초기 교인 집안

장정심은 1898년 9월 9일 경기도 개성에서 출생했다. 그의 부친 장효경 張孝敬은 개성에서 처음 예수를 믿은 사람 중 한 명이었다. 개성에 감리교가 들어간 것은 1897년의 일로 그해 2월에 남감리교 선교사 리드C. F. Reid 와 윤치호가 개성을 방문하여 윤치호의 이모부 되는 이건혁의 지원을 받아 선교사업을 시작했다. 그리고 같은 해 11월 선교사 콜리어 부부가 개성에 왔고 이듬해 5월 산지현 삼포막에서 예배를 드리기 시작했다. 1899년 다시 하디가 개성에 병원사업을 시작했고 그해에 개성남부교회가 정식으로 설립되었다. 교인들의 자녀교육을 위해 학교도 설립했는데 1904년 호수돈여학교, 1906년 남학교 한영서원이 각각 설립되었다.

이 같은 개성의 초기 선교 역사에 장효경은 초기 개성 교인으로 교회 설립과 전도에 큰 공을 남겼다. 장정심이 태어난 1898년은 개성 선교가 시작되던 무렵이었다. 장정심은 기독교인 가정에서 태어난 덕분에 어려서부터 신앙과 신교육의 혜택을 받을 수 있었다. 이러한 가정의 신앙적 분위기는 나중에 쓴 그의 시 속에 그대로 반영되었다.

밤마다 가만히 들어 보면
간단하고도 진실한 기도
멀리 간 자식 님의 곁에 자식

이름을 불러 기도하셔요……

새벽마다 어머님 기도
'그애들이 어디 있든지
주여 평안이 보호해 주십시오'
나직하고도 간절한 기도
–〈어머님의 기도〉 중에서

장정심은 선교부에서 운영하는 호수돈여학교에서 교육을 받았다. 1915년 호수돈여학교 고등과를 졸업하였고 바로 이화학당 유치사범과에 입학해 졸업한 후에는 고향의 호수돈여학교 부설 유치원 교사로 봉직하기 시작했다. 호수돈유치원은 1917년에 시작되어 매년 2,3백 명이 유치원 교육을 받았다.

장정심은 호수돈유치원 교사로 있으면서 삼일운동을 겪었다. 삼일운동 이후 전국적으로 여성들의 운동단체들이 생겨나기 시작했다. 주로 교회 여성들이 조직한 것으로 애국부인회·향촌회·송죽회와 같은 비밀 항일운동단체도 있었지만 YWCA와 절제회같이 총독부의 문화통치 정책을 이용한 공개적인 여성 단체도 활발하게 움직였다. 장정심은 20대 후반의 나이로 이러한 여성 단체활동에 적극 참여하기 시작했고, 특히 개성 감리교회의 청년회 조직인 엡윗청년회에 적극 활동하였다. 1920년 6월에 엡윗청년회가 개최한 강연회에 장정심이 강사로 나갔을 때 〈동아일보〉가 그 상황을 보도하였다.

개성 충교(남부) 예배당 엡윗청년회 수양부 주최로 지나간 12일 오후 8시 30분부터 충교 예배당 내에 여자대강연회를 개최하였는데 이와 같은 여자대강연회는 개성에 비로소 두 번째라. 누구든지 한번 보고자 하여 정각 전부터 청중이 들이미니 예배당 아래 위층에 6,7백 명 청중이 가득하였더라……. 정인아 양이 개회를 선언한 후 한 곡조의 주악이 있었고 즉시 "우리의 아낌"이란 연제로 장정심 양의 열렬한 강연이 있었다.

장정심은 엡윗청년회뿐 아니라 개성여자교육회에도 적극 가담하여 강사로, 임원으로 활약하였다. 그의 강연활동은 개성뿐 아니라 서울에까지 확대되어 1930년대에 서울의 큰 교회 예배 강사로 활약하였다.

본격적인 시작활동

1920년대 중반 장정심은 서울의 감리교협성여자신학교에 입학하였다. 신학교에 입학하여 기숙사생활을 하면서 본격적으로 시를 쓰기 시작한 그는 1927년 2월, 〈청년〉지에 〈기도실〉 및 〈병상〉이란 시를 발표하면서 시인으로 알려지게 되었다.

> 아침 햇빛이 조용히 비춰고
> 저녁 달빛이 은근히 비치는
> 가장 고요한 이 자리에 오면
> 피난처같이 평안합니다

> 비밀이 없이 속살거리며
> 속임이 없이 진실하게도
> 떨리는 입살에 적은 음성이
> 맘 깊은 속에서 울려 나와요
> -〈기도실〉 중에서

그의 시는 한국의 전통 시조의 운율을 살리면서 내용은 기독교의 순수 신앙을 담고 있다. 조선의 틀에 기독교 신앙을 담고 있다고 할 수 있다. 신학교 재학 시절 그는 활발한 시작詩作 활동을 보였다. 〈청년〉이 주된 발표 무대였다. 1929년 3월 협성여자신학교를 3회로 졸업한 후에도 계속 서울에 머물면서 문학활동에 전념한 장정심은 감리교 여선교회 일을 돕기는 했으나 주로 시인으로 활동하였다.

1933년에는 그동안 쓴 시들을 묶어 《주의 승리》라는 시집을 발행했다. 제목에서 알 수 있듯 신앙 시로 가득 차 있다. "일구삼삼 년 십이 월 이십 오 일 구주성탄을 맞이하면서 보잘것없는 선물이나 주님께 드리나이다"라는 헌사에서부터 그의 신앙 태도를 엿볼 수 있다. 장정심은 이 시집에 200편의 시를 수록하였는데 그중 90편은 성경을 읽으며 느낀 단상을 시로 승화한 것이며 나머지 110편도 신앙생활과 밀접한 관련이 있다.

> 인류의 구세주여 만왕의 왕이시니
> 하와가 실패함을 성모가 승리하랴
> 성자를 탄생하사 대속하신 주의 주
> 하늘의 천만성도 땅 아래 억만인생

희생의 제물되신 자비의 만유의 주

사선을 넘으시고서 부활하신 영생 주

-〈주의 승리〉 중에서

장정심은 시를 통해 신과의 만남, 그로부터 얻는 기쁨과 은혜를 노래했다. 그가 일상생활에서 얻는 종교적 체험이 그대로 시로 표현되었다. '성모 마리아'에 대해 깊은 동경을 품었던 장정심은 결혼을 하지 않았다.

억만 여성에게 억만 남성에게

은혜와 사랑을 전개해 주신

억천만대에 인류의 어머니

성모 마리아시여

진흙 속에 감추어 있던 보옥

눈에 띄어 씻고 또 씻어 빛난 보옥

이제부터는 억만 인류가 모두

성모 마리아로부터 빛내리로다

-〈성모 마리아〉 중에서

독신으로 신학을 공부하면서, 처녀성을 지키며 순수한 신앙체험을 시로 표현한 장정심의 가슴속엔 언제나 '님'에 대한 사랑이 짙게 깔려 있었다.

어디로 가면 들을 수 있어요
이리로 저리로 찾아다녀도
사람의 소리 전차 자동차 소리니
들려주서요 주님의 음성만

동무도 피해 오고 시간도 피해와
그윽한 이곳에 혼자 있사오니
이제 가만히 들려주서요
주님의 음성이 그립습니다
- 〈님의 음성〉 중에서

주님의 피발자국
뚜렷이 저 보이니
님 가신 그곳이라면
험하거나 추하거나
굽거나 지름길이거나
끝간 데까지 가려합니다
- 〈님의 자취〉 중에서

민족 시인

종교적 구도의 대상이었던 '님'이 1934년에 출판된 두 번째 시집《금선》에서는 잃어버린 조국으로 바뀐다. 두 번째 시집에는 빼앗긴 조국을 그리워하는 마음, 조국 강토의 회복을 기리는 강렬한 희망이 담긴 시가 주를 이루고 있다.

임의 정

남은 싫증도 난다 하나
나는 그리워 괴롭습니다
참다 못해 잊어나 볼까 하여도
잊어는 안 지고 못 잊어 괴롭습니다

동해 물결에 배를 띄워
깊은 곳으로 찾아갈까
백두산 아래에 사다리 놓고
높은 곳으로 올라가 볼까

임의 정은 남아 있지만
임의 용자를 볼 수 없고
임의 집터는 남아 있지만
임의 음성은 들을 수 없어요

높지도 않고 깊지도 않다면
어디로 가서 만나 뵈올지

> 참다 못해 잊어나 볼까 하여도
> 잊어는 안 지고 못 잊어 괴롭습니다

"참다 못해 잊어나 볼까 하여도 잊어는 안 지고 못 잊어 괴롭습니다." 이것은 빼앗긴 조국, 이 나라를 향한 장정심의 고백이었다. 결코 잊을 수 없는 조국에 대한 신앙이 그가 남긴 시집 곳곳에서 확인되고 있다.

> 한떨기 무궁화가 담 밖에 늘어지니
> 가는 이 오는 이가 탐내어 꺽어 가네
> 어떠리 다 꺾은들 무궁무진 피나니.
> −〈국화〉 중에서

> 당신을 다시 찾을 수 있다면
> 마음바다에 충의의 배를 띄우고
> 이 몸이 친히 노 저을 사공이 되어
> 임의 궁전 앞까지 모서 가오리다
> −〈당신〉 중에서

'고려의 자손', 개성 사람답게 그는 빼앗긴 조국의 한을 노래하였다. 이와 함께 조국 광복의 염원도 노래하였다.

반달

달아 달아 반쪽 달아
희미 하게 가린 반쪽
뉘를 끌어 반 가렸나
망사 벗고 나와 뵈라

달아 달아 밝은 달아
어서 속히 반쪽 나와
둥근 얼굴 왼 세상에
거울 같이 비치어라.

1930년대 암울했던 시대 속에서 순수한 신앙체험을 맑은 시심에 담아 조선의 전형적 시조 운율에 실어 노래했던 장정심의 시는 기독교계뿐 아니라 일반사회에도 널리 읽혀졌다. 그의 시는 〈청년〉뿐 아니라 〈신생〉, 〈신가정〉, 〈조선문단〉, 〈여성〉 등의 지면을 통해 소개되었다.

시련의 말년

장정심은 일제 말기 조선기독교여자절제회 제4대 총무가 되어 절제운동을 전개했다. 특히 그가 총무로 있을 때엔 만주지역에 절제회 지부 개설이 활발하게 진행되었는데, 그중에서도 길림성 지회활동이 눈에 띄게 발전하였다. 당시 전국 회원은 6만 명에 이르렀다.

장정심은 또한 역사가로서도 이름을 남겼다. 1934년 그는 《조선기독교 50년사화朝鮮基督敎五十年史話》를 집필했는데, 기독교조선감리회 여선교회 위촉을 받아 집필한 이 책은 비록 80쪽 분량의 작은 책이지만 한국 기독교 역사서로 중요한 위치를 차지하고 있다. 아직 한국 교회사에 대한 본격적인 연구나 저술이 이루어지지 않았던 때였다. 선교사들이 몇 권의 한국 교회사 관련 책을 낸 적이 있지만 한국인 역사가가 쓴 본격적인 저술이 아직 나오지 않던 그 시기에, 무엇보다 토착 교회 여성이 여성의 시각으로 한국 기독교 역사를 정리했다는 데에 큰 의미가 있다. 장정심은 이 책에서 남성과 여성을 아우르는 한국 교회사를 정리하면서 마지막 부분에서는 여선교사들에 의한 여성 선교 역사와 한국 교회 여성들이 조직한 여선교회 역사를 정리하였다. 이처럼 남성 중심의 교회사에서 탈피하려는 움직임은 이미 1930년대부터 시도되고 있었다.

민족의식이 강한 시를 쓰고 민족운동 성격이 짙은 절제운동을 주도하던 장정심이 일제의 집요한 감시를 받게 된 것은 자명한 일이었다. 신사참배 문제로 교계가 시끄럽던 1938년, 장정심은 다른 문인들과 함께 일경에 끌려가 위협과 회유를 받았고 결국 일제 문화정책에 순응, 협력하는 모습을 보이기 시작했다. 강요된 친일행사에 평소 좋지 않던 건강 때문에 자주 동원되지 않은 것만도 다행이었다. 1940년에 쓴 〈기원祈願〉이라는 시는 당시 그의 심경을 그대로 그려 주고 있다.

> 심해의 파문일 때 주님만은 아옵시고
> 야반에 들려주시는 자비하신 그음성

주님의 사진 걸린 편으로 내 귀 기우려
안심하여 잔잔하여라 하옵시는 듯

심원을 임에다 잘 아시는 임 앞에
무엇을 가리고 무엇을 발로하오리까
제 소원을 저보다 더 잘 아옵시니
저 될대로 마시고 임의 뜻대로 되어지이다
-〈기원〉 중에서

건강과 시국 분위기 때문에 우울한 나날을 보내던 장정심은 8·15해방을 맞았으나 오랜 질병 때문에 활발한 활동은 하지 못했다. 그리고 개성 고려동에 있는 자택에서 외로운 투병생활을 하다가 1947년에 조용히 별세하였다.

죽음

넓은 벌판을 휙 지나가는
저 회리바람처럼
나의 생명도 어느 날 어느 때
휙 지나갈지 뉘 알겠소
여름날 이슬아츰에
꽃잎에 이슬이 가만히 슲어지듯
나의 생명도 어느 날 어느 때

생명줄이 고요히 끊질런지 알겠소

그가 노래한 대로 그의 생명도 '넓은 벌판을 지나가는 회리바람처럼 휙 지나'고 말았다. 장정심은 50년 순결한 처녀의 정을 종교시, 애국시에 실어 노래한 후 미련 없이 사라졌다. 그토록 애타게 불렀던 '님'께로 간 것이다.

16. 거리의 성자
전주 고아원 설립자 방애인

1. 은밀 기도하였습니까?
2. 성경 한 장을 보았으며 전도하였습니까?
3. 배우는 데 열심하였습니까?
4. 남을 섬겼습니까?
5. 윗사람에게 순종하였습니까?
6. 친구를 먼저 존경하며 사랑하였습니까?
7. 맡은 직분에 충실하였습니까?
8. 시간을 귀히 여기고 부지런하였습니까?
9. 검박하게 생활합니까?
10. 말에 실수가 없습니까?

이 글은 기전신성회紀全信聖會 회원들이 하루를 보내며 매일 자성하던 열 가지 계율이다. 기전신성회는 전주의 기독교 학교인 기전여학교 졸업생들이 학교에서 배운 기독교 신앙을 실천하고 헌신하는 데 한마음을 모으려고 만든 모임이다. 기전학교에는 이들 신성회 회원들을 위해 그들의 이름을 불러 가며 매일같이 기도하는 선생이 있었다. 기전신성회의 산파 역할을 했고 그 모임의 지도자였으며 '조선의 성자聖者'라는 칭호를 받았던 방애인方愛仁 이야기다.

때 묻지 않은 신여성

방애인은 1909년 9월 26일 황해도 황주군 황주읍 벽성리에서 방중일方中日의 장녀로 출생하였다. 그의 부친은 어느 정도 재산을 소유한 인물로 초기 황주읍교회 교인이었으며 모친 김중선도 교인이었다. 이 때문에 방애인은 어려서부터 교회에 출석하였고 그의 할아버지 방흥복方興福은 자선가로 인근에 널리 알려져 있었다.

이런 가정환경에서 태어났기에 방애인은 그 당시의 일반 조선 여성보다는 좋은 조건 속에서 성장하였다. 일곱 살 때 황주읍교회에서 설립한 양성養性학교에 입학하여 교육을 받기 시작했는데, 이 학교는 미국 북장로회 선교사 마펫의 재정 후원을 받아 초대 교인 정명리가 설립한 교회 부속학교였다. 방애인은 1921년 3월 이 학교를 우등으로 졸업하였다.

양성학교를 졸업한 후 방애인은 바로 평양의 숭의여자고등보통학교에 진학하였는데, 특히 교장인 스누크V. L. Snook 선교사는 "어린 애인 양을 등에 업고 아래위층으로 승강기 노릇을" 할 정도로 방애인을 사랑하였다. 그러나 학교생활은 3년 만에 중단할 수밖에 없었다. 1923년 스누크 교장이 미국에 간 사이 숭의여학교 학생들의 동맹휴학사건이 일어났다. '총독부지정학교 승격'과 '비인간적 기숙사 제도 개선'이란 이유를 내걸고 5학년 학생 열두 명을 제외한 전교생 150여 명이 동맹휴학을 선언하고 집으로 돌아간 것이다. 기숙사 사감 나진경에 대한 배척으로 시작된 이 사건은 점차 반反 선교사, 반 교권敎權운동으로 확산되었고, 교회뿐 아니라 사회에까지 널리 파급되어 일반 언론에도 자세히 보도되었다. 숭의여학교 사태에 대한 〈동아일보〉(1923. 10. 27.) 보도이다.

> 결국 학교 문을 닫고 말 형편이에 있음으로 평양 예수교장로회 도당회都堂會에서는 수일 전 조만식, 리덕화 양 씨를 대표로 정하여 백방으로 권유하고 중재코저 하였으나 미국인으로 조직된 동 교 이사회 당국자와 미국인 선교사 마포삼열(마펫) 씨는 나진경 여사의 잘못은 별 문제로 하고 학생 측에서 나진경 여사를 원망하고 배척한 것뿐만을 잘못이라고 주장하는 중이며 25일 오후에 이르러는 기숙학생에게 고통을 주어 자복을 받을 수단으로 나진경 여사로 하여금 많은 학생이 기숙하는 기숙사의 전등불을 끄고 다시 수도를 막으며 부엌문을 봉쇄한 후 불도 때지 못하고 조석도 지어 먹지 못하게 하였으므로 많은 어린 학생은 암흑한 방 안에서 쓰라린 가슴을 태우고 찬 눈물을 흘리며 끼니를 거르고 학교 뜰에 모여 긴긴 밤을 지내게 되었다더라.

과장된 면이 없지 않으나 1920년대 사회의 반 선교사, 반 기독교적 성토 분위기를 읽을 수 있는 글이다. 사회주의 조류에 영향을 받은 바도 있으나 교회는 일반사회 시각에서 부정적인 것으로 받아들여지고 있었다. 그만큼 당시 교회는 대對 사회적 책임을 다하지 못하고 있었다.

이 와중에 방애인은 시끄러운 숭의를 떠나기로 했다. 유복한 가정환경에서 남보다 좋은 조건으로 학업에 전념할 수 있었던 방애인에게는 학교 분쟁에 휘말려 싸울 의지나 용기가 없었다. 그리하여 1923년 개성의 호수돈여학교로 옮겨 우등으로 졸업하였다. 호수돈을 졸업한 뒤에는 당시 신여성의 꿈인 이화여자전문학교 진학을 소원하였다. 그러나 "여자가 대학까지 해서 뭐하느냐"는 가족의 반대에 부딪혀 결국 전주 기전여학교 교사로 부임하였다.

1926년 4월 기전여학교에 부임하여 1929년 3월까지 처음 3년간의 교사생활은 때 묻지 않은 신여성의 모습 그대로였다. 그러나 그곳에서 방애인은 무언가 심한 갈증을 느끼기 시작했다. 부족한 것 없는 생활 속에서 영적인 공허감을 갖게 된 방애인은, 어느 날 친구에게 "언젠가 주님의 지신 십자가를 맛보기를 바란다"는 말을 남기고는 전주를 떠났다.

거리의 선생

방애인은 고향으로 돌아가 모교인 황주 양성학교 교사로 봉직하면서 신앙생활의 전기를 맞았다. 어릴 때부터 갖고 있던 형식적이고 습관적인 신앙생활의 틀을 벗어나 새로운 신앙체험을 갈구하였다. 부흥회에 참석하고 성경을 읽으며 묵상하였다. 그 결과 1930년에 접어들며 신생新生의 체험을 하게 되었다. 그의 일기 중 일부이다.

1930년 1월 10일

나는 처음으로 신의 음성을 듣다. "눈과 같이 깨끗하라." 아아! 참 나의 기쁜 거룩한 생일이다.

1930년 1월 11일

나는 어디로서인지 손뼉 치는 소리의 세 번 부르는 음향을 듣고 혼자 신성회(새벽기도회)에 가다. 아아! 기쁨에 넘치는 걸음이다.

이 같은 신생체험이 방애인을 변화시켰다. 그리고 그 변화는 삶 속에 그대로 나타났다. 그는 다시 전주 기전여학교의 부름을 받아 1931년 9월 전주로 갔다. 전주로 돌아온 방애인은 2년 전 떠날 때의 방애인이 아니었다. 그를 가까이에서 지켜본 전주 서문밖교회 배은희 목사의 증언이다.

양(방애인)은 벌써 제1기(1926-29)의 방 선생은 아니었다. 향수니 크림이니 하는 화장품은 자취도 볼 수가 없을 뿐만 아니라 값진 주단이니 세루니 하는 옷감조차 그에게선 찾아볼 수가 없었다. 그는 하늘이 주신 얼굴 그대로의 사람이요 검박한 단벌옷의 사람이었다.

고급 의상에 화장을 한 전위적 신여성의 모습이 사라지고 대신 순수하고 검소한 여인이 되어 전주에 돌아왔다. 그리고 자기 자식을 사랑하듯 학생들을 사랑으로 가르쳤다. 교사들 사이에 분쟁이 있을 때 방애인은 잔잔한 미소와 말로써 그들의 문제를 해결하였다. 전주 서문밖교회에서의 신앙활동도 전과 달랐다. 학교에서 보내는 시간 외에는 전도에 할애하였다. 최약실·김선례·홍석호 등 동료 교사들과 함께 거리를 다니며 전도하는 방애인의 모습은 전주 사람들에겐 낯익은 풍경이 되었다. 방애인은 학교 안에만 머무는 선생이 아니었다. 거리로 나가 거리에서 만나는 가난하고 병든 자들의 친구가 되어 주었다. 배은희 목사의 증언이다.

> 어느 날 길가에 많은 사람들이 둘러섰다. 그 속에는 나이 많은 정신병자가 있는데 사람들이 그를 에워싸고 구경거리같이 놀리며 떠들었다. 놀림을 받는 노파는 반항과 저주로 중얼거리면서 슬퍼하였다. 이를 본 애인 양은 병자의 곁으로 고요히 가서 눈물을 머금고 병자의 손을 잡아 인도하였다. 둘러선 구경꾼들도 감격의 눈물에 젖었다. 양은 그를 학교 부근 강필남 씨의 집에 데려다 두고 이렇게 일기에 적었다.
> "불쌍한 할머니를 수남이 어머님 댁에 두고 목욕시키고 새 옷을 입히고 식비를 담당하기로 하다."

때론 흉측하게 생긴 나병환자들이 기전여학교에 몰려들었다. 방애인을 찾는 무리였다.

> 양(방애인)은 문둥병을 더럽다 하지 아니하고 24세의 처녀의 손으로 그들의 썩어 가는 살결을 어루만지며 더운 눈물로 기도하였다. 그의 기도는 이렇다.
> "주여! 이들의 죄를 용서하시고 주의 능력과 사랑이 내 손을 통하여 이 괴로운 병에서 구원하여 주옵소서. 주시여, 자비와 긍휼을 아끼지 마시옵소서."

이 간절한 기도는 그들의 마음에 그리스도의 씨를 깊이깊이 심었다. 그들의 손들에 떨어지는 눈물방울은 그들의 썩어 가는 살을 소생하게 하였다. 그들은 때때로 학교를 찾아 성자의 눈물을 구한다.

방애인은 말 그대로 '거리의 성자'였다. 거리가 그의 목장牧場이었고 강단이었다. 거리에서 만나는 사람들, 특히 병들고 가난한 사람들에게 자기가 받은 그리스도의 사랑을 전하는 것이 기쁨이고 보람이 되었다.

전주 고아원 설립

전주 서문밖교회 전도실 한구석에는 교회에서 설립한 고아원이 있었다. 1927년 전주 YWCA 이효덕 회장이 배은희 목사와 교인들의 도움을 얻어 교회 안에 설립한 것인데, 3년이 넘도록 빈약한 형편에 머물고 있었다. 방애인은 이 고아원을 제대로 운영할 수 있도록 노력하는 데 앞장섰다. 특히 배은희 목사와 동료 홍석호 선생, 김선례 선생이 함께 발 벗고 나섰다. 방애인은 전북지역 교회를 순회하며 모금하기 시작했고 자신의 월급을 아껴 고아원 설립기금을 모았다. 나중에는 전주 시내 8천 호 가구를 방문하며 모금했다. 그 결과 서문밖교회 부근, 윤락가 한복판에 있던 기생 요리집 하나를 구입하여 1931년 성탄절에 고아원 설립예배를 드릴 수 있게 되었다. 방학이 되어서도 방애인은 고향에 돌아가지 않고 전주에 남아 거리의 고아들을 모아들이는 데 열심이었다.

그 몇 날 후 밤 열한 시쯤이다. 눈보라와 바람이 귀를 에고 코를 비는 듯하게 춥던 밤이다. 우리(배은희 목사) 가족은 자려 하던 때이다. "사모님" 하고 부르는 소리가 들렸다. 이는 애인 양이다. 눈보라를 뒤집어쓴 채 등에는 부엌잠 자는 고아를 업었다. "이 아이가 길가에서 너무 추워서 떨기에 업고 왔습니다." 애인 양은 그 밤으로 그 아이의 머리를 깎아 주고 목욕을 시키고 새 옷을 입혀 고아원에 업어다 두고 갔다. 이것이 애인 양이 고아를 업어 드리는 정성이다. 그리고 한 달에 몇 번씩은 어린 고아는 업고 큰 고아들은 앞에 세우고 목욕간에 간다. 그 가는 태도는 실로 그리스도가 세상 죄를 지고 가시는 모양을 방불하였다.

학교, 교회, 고아원으로 이어지는 삶의 현장에서 자신을 돌보지 않고 희생적 사랑을 실천하는 방애인은 전주 시민들의 눈에 점차 성녀聖女의 모습으로 비치기 시작했다. 그러나 방애인 개인에겐 끊임없는 고통과 고민이 찾아왔다. 우선 과로로 몸져누울 때가 많았다. 거기에다 고향 소식도 그를 우울하게 만들었다. 어머니가 아들을 낳지 못하자 부친이 첩을 얻어 나갔고 신앙생활도 포기했다는 소식이었다. 충격이 컸다. 방애인은 부친을 위해 1932년 1월 5일부터 매일 아침 금식기도를 시작했다. 그리고 이 결심을 그가 죽기까지 20개월 동안 변함없이 실행했다. 이 같은 상황을 극복하기 위해 방애인은 더욱 열심히 기도를 하며 사랑의 실천을 위해 노력하였다.

1933년 4월 3일
수일 동안 나는 병으로 고생하였다. 병중에 환연히 깨달은 것은 두 가지

다. 독신으로 병이 나더라도 선을 행하고 하나님만 의지하고 살면 외롭지 아니하다. 예수님께서도 염려하시지 아니하시더니 과연 부자의 무덤에 들어가셨다. 그런즉 병이 나든지 죽은 후 일이든지 염려할 것이 없음을 깨달았다.

방애인은 죽음의 공포를 극복하고 독신으로서 자신의 생을 하나님께 바칠 결심을 했다. 집에서 혼담이 오고가며 그를 독촉할 때도 어머니께 "하나님의 뜻을 기다리소서…… 저는 하나님께 바쳤습니다"라는 편지를 보내고 동정을 지킬 결심을 깨지 않았다.

그러나 건강은 악화되기만 하였다. 1933년 여름방학을 고향에서 보낸 후 몸이 좋지 않은 상태로 학교에 돌아왔으나 갑자기 건강이 악화되어, 결국 9월 16일 전주에서 24세의 나이로 숨을 거두었다. 그 마지막 운명의 순간에는 자신 때문에 매일 아침 금식기도를 한 딸의 여윈 손을 잡고 눈물짓는 아버지도 있었다.

장례는 전주 주민들의 애도 속에 '여인장女人葬'으로 엄수되었다. 하얀 소복을 입은 동료 교사들과 학생들, 서문밖교회 교인들, 그리고 평소 방애인이 돌보던 고아들이 멘 상여가 전주 공동묘지로 향할 때 전주 시민들은 멀어져 가는 '거리의 성자' 방애인의 마지막 길을 눈물로 지켜보았다. 방애인은 교회를 불신하던 사회로부터 가슴 깊은 박수를 받고 있었다.

III 민족과 나라를 사랑한 여성들

조선YWCA 10회 정기대회(1934.11.)
한국의 여성 리더들은 개성·선천·서울 등에서 YWCA라는 외국단체 이름으로 일제의 직접적인 감시망을 피해 항일운동을 펼쳤다.

독립군 지휘자로 활약한
남자현

어윤희
"당신들이 내 몸은 묶어 갈망정 내 마음은
못 묶어 가리라."

황해도 여전도 회원들(1930년대)

장선희
"우리 민족정신의 뿌리가 실력을 토대로 깊이 박히는 날, 우리 민족은 희망에 찬 웃음을 웃게 될 것입니다."

평양숭의여학교 초기 학생들

김마리아, 도산 안창호, 차경신(1924년경)

전도부인교육

17. 조선의 누이
애국부인회 지도자 김마리아

누이야 네 가슴에 타오르는 그 사랑을

뉘게다 주랴 하오?

네 앞에 손 내민 조선을 안아 주오

안아 주오!

누이야 꽃같이 곱고 힘 있고 깨끗한 몸을

뉘게다 주랴 하오? 뉘게다 주랴 하오?

네 앞에 팔 벌린 조선에 안기시오

안기시오!

누이야 청춘도 가고 사랑도 생명도 다 가는 인생이요

아니 가는 것은 영원한 조선이니

당신의 청춘과 사랑과 생명을 바치시오, 조선에!

춘원 이광수가 지은 노래의 한 구절이다. 청춘과 사랑과 생명을 다 바쳐 온몸으로 조선을 끌어안았던 한 여인, 김마리아金瑪利亞를 연상하며 지은 노래였다. 춘원이 흠모했던 '조선의 누이' 김마리아의 이야기다.

소래교회 출신

김마리아는 1892년 6월 18일 황해도 장연군 소래에서 태어났다. 소래는 귀양지로 널리 알려졌던 황해도의 구석진 마을이었으나, 1884년 만주에서 교인이 된 서상륜과 그의 동생 서경조가 이곳에 복음을 전하여 선교사가 들어오기 전에 이미 교회가 생김으로, '한국 교회의 요람'이라는 영예를 받던 마을이다.

김마리아의 아버지 김윤방金允邦은 재산과 학문을 겸비했던 양반이며 증조부가 판서 벼슬을 한 관계로 그의 집은 김 판서 댁으로 불렸다. 김윤방은 소래에 복음이 전해질 때 맨 먼저 믿은 사람 중 하나로, 자신뿐 아니라 동생인 윤오允五, 윤열允列, 필순弼淳, 인순仁淳, 구례求禮, 노득路得 등이 집단 입교하여 소래교회의 중추 세력을 이루었다.

이처럼 개화된 기독교 양반 가문에서 태어난 김마리아는 네 살 되면서부터 서당에 나가 한문을 배웠고, 1896년에는 소래교회 내에 설립된 소래학교에 입학하여 신교육을 받기 시작했다. 그리고 그가 학교에 들어가던 해 부친이 사망하여 집안 살림은 삼촌인 김윤오가 맡게 되었다.

삼촌 김윤오는 서울로 올라와 세브란스 병원 앞에 '김형제상회'를 차리고 동생 김순애와 김필례를 연동여학교(후의 정신여학교)에 보냈다. 삼촌의 권고로 김마리아의 언니인 함라函羅도 연동여학교에 입학하였다. 어머니와 둘째 언니 미렴美艷, 김마리아 이렇게 세 모녀만 소래에 남아 있었는데 러일전쟁의 막바지인 1904년 12월 어머니 김몽은金蒙恩이 별세함으로 김마리아 자매는 고아신세가 되고 말았다. 그래서 그 두 자매도 서울 삼촌 집으로 가게 되었다.

김마리아는 1906년 삼촌의 주선으로 이화학당에 입학했으나 외로움을 견디지 못하고 20일 만에 언니와 고모들이 다니는 연동여학교로 옮겼다. 그리고 그 즈음부터, 세브란스 의학교에 다니던 삼촌 김필순과 그의 지인들인 최광옥·유동열·이갑·안창호·김규식·서병호 등을 만나며 민족의식에 눈뜨기 시작했다. 이들 민족주의자들의 비밀 집합장소로 이용되던 김형제상회는 김마리아의 민족주의 정신이 형성되던 요람이었다. 뿐만 아니라 연동여학교의 김원근·신마리아 같은 선생들에게서도 민족교육을 받았다. 김마리아는 자기와 같은 의식을 가진 동지들과 의형제를 맺어 1910년 졸업할 무렵엔 유각경·이묘남·오현관·오현주·방신영·고경신·박양무·이천래 등 20여 명의 결의형제를 얻을 수 있었다.

민족주의 교사

1910년 6월 16일 정신여학교를 제4회로 졸업한 김마리아는 언니 함라가 교사로 있던 광주 수피아여학교 교사로 부임하였다. 그곳에서 3년간 가르치던 김마리아는 자신의 모교이자 둘째 언니 미렴이 사감으로 있던 정신여학교로 옮겼다. 둘은 서로 의지하며 학생들을 가르치기 시작했다.

이 무렵 김마리아는 동료 교사와 학생들의 눈에 이미 애국과 독립 사상으로 무장한 민족주의 교사로 비치기 시작했다. 일제의 합방과 기독교 민족주의 세력을 말살하기 위한 조작극 '105인사건'을 경험한 이후에 그의 강의는 통곡으로 끝나는 경우가 많았다. 동료 교사 유각경의 회고다.

> 그분은 참으로 열심이었어요. 공부에도 생활에도 그처럼 열심일 수가 없었어요. 밤에도 잠을 자지 않고 기도실에 들어가 조국의 장래를 위해 눈물 흘리는 것을 나는 몇 번이나 보았습니다. 나와 같이 있으면 항상 하는 얘기가 조국의 독립이었어요. 마리아의 비분강개를 듣노라면 나도 가슴 속으로 뿜어 오르는 분노나 울분에 덩달아 울었지요.

당시 정신여학교 교장으로 있던 루이스L. M. Lewis 선교사는 한국의 형편을 이해하며 민족의식이 투철한 교사나 학생들을 후원하는 데 도움을 아끼지 않았다. 김마리아도 루이스의 후원으로 일본 유학을 가게 되었다.

1914년 일본에 건너 간 김마리아는 우선 히로시마에 있던 금성金星학원에 들어가 어학을 익힌 다음, 일 년 뒤 고모 김필례가 다니던 도쿄여자학원에 입학하였다. 이 학교에 다니면서 김마리아는 도쿄 한인 YMCA를 중심으로 형성되어 있던 민족운동세력과 접촉하였다. 백관수·송계백·김도연·이광수·서춘·최팔용 등과 알게 되었고 황애덕·차경신 등도 만나게 되었다.

이들 20대 청년들은 일경의 눈을 피해 조국의 독립을 위한 준비 모임을 갖고 있었는데, 그 결정체가 바로 1918년에 이루어진 '조선청년독립단'이었다. 김마리아는 이 단체 회원으로 비밀 토론집회에 빠지지 않고 참석하며 서서히 투쟁적 민족운동가로 변신하였다. 이 비밀 조직은 1918년 12월에 일경에 감지되었고 1919년 1월 28일 김마리아는 동지들과 함께 일본 경찰에 체포되었다가 풀려나기도 했다.

삼일운동 참여

1919년 2월 8일, 조선청년독립단은 도쿄 YMCA회관에서 역사적인 독립선언식을 거행하였다. 400여 명의 한국 학생들이 참여한 가운데 독립선언서가 낭독되었고 곧이어 시위에 들어갔다. 김마리아도 이 시위에 참여했다가 현장에서 경찰에 체포됐으나, 그때까지는 그의 위치가 확실하게 드러나지 않아서인지 이틀 만에 풀려났다.

석방된 후 김마리아는 2·8독립선언서를 국내에 밀반입할 임무를 맡았다. 송복신, 차경신과 함께 이 일을 하게 된 김마리아는 일본 여자로 변장하고 오비(허리에 두르는 두꺼운 천) 속에 독립선언서를 넣어 무사히 국내로 들어올 수 있었다.

2월 15일 부산으로 입국하여 당시 민족운동가들의 비밀 집합장소였던 부산 백산상회에 도착하니, 놀랍게도 그곳엔 상하이에서 같은 목적으로 밀파된 고모부 서병호와 작은고모 김순애도 와 있었다. 이들은 서로 일본과 상하이에서 진행 중인 독립운동 정보를 종합하고, 전국 각지에 이 운동을 확산시킬 목적으로 다시 헤어져 여행길에 올랐다. 서울에 만세시위를 위한 조직이 어느 정도 이루어진 후 김마리아는 다시 황해도로 출발하였고, 봉산에서 3월 1일에 일어난 서울 만세시위 소식을 들었다. 봉산을 떠나 신천을 거쳐 서울에 도착한 것은 3월 5일 새벽이었다. 김마리아는 정신여학교 내에 있는 선교사 밀러의 사택으로 갔다. 그런데 그날 만세시위에 참가했던 학생들이 그의 방에 몰려들어 한바탕 통곡을 하고 있던 순간에 일경이 덮쳤고, 그는 세 번째 체포를 당하였다.

김마리아가 경찰과 검찰, 형무소 안에서 받은 고문과 악형은 상상을 초월한 것이었다. 훗날 그는 자신이 감옥에서 당한 고문의 실상을 〈차이나프레스China Press〉(1920. 1. 7.)를 통해 다음과 같이 진술하였다.

> 포악한 태도로 그들은 나를 의자로부터 넘어뜨렸다. 그러고 나서 나에게 다시 달려든 그들은 얼굴과 손, 다리는 물론이고 몸까지 사정없이 구타하였다……. 얼마가 지난 후 그들은 나의 옷을 모두 벗기고 억센 밧줄로 결박하여 천장에 매달았다. 허공에 매달려 있는 나에게 억수하게 내려쳐지는 참대채의 뭇매에 나는 의식을 잃을 수밖에 없었다. 그들은 되도록이면 고통이 오래가도록 뜸을 들여 가며 매를 들었다. 이튿날도 그리고 그 이튿날도 나는 그러한 고통을 계속 견뎌내야만 했다. 전날과 조금도 다르지 않은 가혹하고도 악랄한 수법이었다.

'보안법 위반'이란 죄목이 붙은 김마리아에게 가해진 고문은 여성으로서뿐 아니라 인간으로서 가질 가장 기본적인 권리마저 앗아가는 행위였다. 거듭되는 고문으로 결국 그는 뼈 속에 고름이 생기는 유양돌기염과 상악골농축증이란 병을 얻게 되었고, 반 시체가 된 상태로 1919년 8월 면소 판결을 받아 가석방되었다. 그리고 이내 세브란스 병원에 이송되어 치료를 받기 시작했다.

애국부인회 사건

삼일운동 직후 여성들은 계속적인 독립운동을 위해 비밀결사를 조직하였다. 서울에서는 정신여학교 졸업생과 교사들 중심으로 혈성애국부인회가 3월 중순경에 조직되었고, 4월 초에는 상하이 임시정부와 관련을 맺은 대조선독립애국부인회가 조직되었다. 이 외에 경성애국부인회와 송죽형제단이 있었다.

하지만 평양에서 장·감 양 교파의 애국부인회가 연합하여 대한애국부인회를 조직한 것과 같은 강력한 힘이 서울에서는 갖춰지지 못한 형편이었다. 이처럼 산란한 서울의 애국부인회 조직들을 합하여 강력한 운동체로 만드는 일이 세브란스 병원에 입원해 있던 김마리아에게 주어진 또 하나의 과제였다.

그런 배경에서 1919년 10월 19일, 정신여학교 교장 사택에서는 김마리아의 출옥을 환영하는 모임이 베풀어졌다. 그러나 환영은 위장일 뿐 실은 서울 시내 여러 여성 독립운동단체들이 통합된 새로운 '대한민국애국부인회' 결성이 모임의 진짜 이유였다. 김마리아 외에 열다섯 명이 모인 그 자리에서 김마리아가 회장으로 선출되었다. 대한민국애국부인회는 새로운 차원의 여성 독립운동을 전개하기 시작했다. 상하이 임시정부와 밀접한 연관을 맺으며 한 달 사이에 군자금 6천 원을 모아 상하이로 보낼 정도로 활발하게 움직였다. 그러나 회원 오현주의 배반으로 이 조직은 대구 경찰서에 탄로 났고, 결국 김마리아와 핵심 간부 50여 명 전원이 체포되었다. 김마리아로서는 네 번째 당하는 체포였다.

가석방 중인 김마리아에겐 누구보다 지독한 고문과 악형이 가해졌다.

자연히 병이 재발되었고, 김마리아는 인사불성이 된 채 독방에 방치되었다. 다행히 선교사 스코필드가 데라우치 총독을 만나는 등 손을 써서 6개월 만에 병보석으로 풀려나 다시 세브란스 병원에 입원할 수 있었다. 그러나 김마리아가 병원에 있는 중에도 재판은 진행되어 징역 3년형이 선고되었다.

어느 정도 병세가 가라앉자 다시 수감될 위험이 다가왔다. 이때 선천에 있던 매큔G. S. McCune 선교사의 주선으로 김마리아는 중국 산동으로 망명하였다. 1920년 7월 20일의 일이다. 김마리아는 임시정부가 있던 상하이로 가서 치료를 계속하는 한편 대한민국애국부인회와 임시정부 황해도평의원 등으로 독립운동에 가담했고 남경대학에 적을 두고 공부를 계속 했다.

그러던 중 형부인 남궁혁의 편지를 받고 1923년 미국으로 건너갔다. 김마리아는 그곳에서 야채상을 하며 파크 대학에서 사회학을 전공하고, 시카고 대학에서 공부한 뒤 다시 뉴욕 성서신학교에 입학하여 신학을 공부하였다. 황애덕을 다시 만난 김마리아는 그곳에서도 '재미대한민국부인회'를 조직하고 흥사단에 가입하여 민족운동을 전개했다.

1933년 김마리아는 조용히 귀국하였다. 원산에서 활동하고 있던 캐나다 선교사 매컬리L. H. McCully의 권고로 인한 결심이었다. 김마리아는 매컬리가 교장으로 있던 원산의 마르다윌슨여자신학교 교수로 부임하여 주로 요한계시록과 다니엘서를 강의하였다. 그러나 당국의 감시를 받고 있었기에 활동범위가 학교 안으로 제한되어 학생들을 가르쳐야 했다.

말년에 김마리아는 고독과 투병의 나날을 보냈다. 일제의 고문으로 생긴 상악골농축증과 유양돌기염이 더 심해졌고, 때로는 공포증에 정신분

열 증세까지 보였다. 그러다가 결국은 병이 악화되어 평양 기홀병원에 입원하여, 소래학교 동창인 김명선 박사의 치료를 받던 중 1944년 3월 13일 새벽 조용히 별세하였다. 조선의 누이 김마리아가 숨을 거두며 마지막 남긴 말은 간단했다.

"더운 물을 먹고 싶어서······."

그에게 더운 물은 조국 광복이었다.

18. 의병의 아내에서 독립군 지휘자로
여류 무장 독립운동가 남자현

낭군의 원한 겹친 복수의 일편단심

총검을 무릅쓴 여장부의 혈전십년血戰十年에

삼일성전三一聖戰 끝에 만주로 영원한 망명생활

아- 섬섬옥수纖纖玉手의 손가락 자른 피는

'독립만세'로 성서의 몇 장을 물들였던고?

북만천지北滿天地 열두 곳에 예배당을 이룩하고

그리운 고국을 아득한 눈물로 기도하던

봄비 오는 밤이여, 눈 내리는 아침이여

　해방 직후 편찬된 《독립혈사》에 나오는 글이다. 남편과 민족의 한을 풀어 주기 위해 일평생 조국 광복투쟁에 몸 바친 부인, 손가락을 잘라 그 피로 성경을 물들이고 민족 구원의 제단을 쌓기 위해 가는 곳마다 예배당을 세웠던 전도자, 기도와 함께 행동으로 독립을 쟁취하기 위해 만주 벌판을 누볐던 투사, 남성도 하기 어려운 무장투쟁으로 일관하다 단식투쟁으로 그 삶을 마감한 기독교 여성 독립운동가 남자현南慈賢의 이야기다.

의병 미망인

남자현은 1872년 12월 7일 경북 영양군 석보면 지경동에서 남정한南廷漢의 딸로 출생했다. 조선 후기 통정대부通政大夫 벼슬을 한 바 있는 남정한은 문하에 70여 명의 제자를 둘 정도로 영양 일대에서 영향력 있는 유학자이자 지주였다. 이런 유복한 가정에서 태어났기에 남자현은 일곱 살 때 이미 한글을 배웠고 여성으로는 드물게 한문까지 배워 열두 살 때 《대학》을 마쳤다. 그러나 전통 유학자의 집안이었기에, 당시 풍습대로 열아홉 살에 안동군 일직면 구미동에 사는 김영주金永周와 결혼하였다. 남편 김영주도 전통 유학자 집안 출신으로, 한말 기울어 가는 나라의 운명을 안타까워하던 지사志士였다. 그것이 가족적 불행의 씨앗이 되었다.

1894년 동학농민혁명에 이은 청일전쟁에서 승리한 일본은 한반도 침략과 지배 야욕을 한층 노골화하였다. 이듬해(1895년) 일본은 '단발령'으로 대변되는 급격한 개혁운동을 추진하도록 한국 정부에 압력을 행사하고, 걸림돌로 여기던 명성 황후를 시해하였다. 이런 상황에서 급진 개혁과 일제 침략에 항거하는 유생 중심의 의병운동이 일어났다. 이것을 을미의병이라 한다. 영남지방 안동에서 제일 먼저 일어났고, 이어 영남 각 지역에서 의병이 궐기하여 영양에서는 김도현, 진보에서는 허훈 등이 일본군수비대와 전투를 벌였다. 남자현의 남편 김영주도 친척 김달성과 함께 고향에서 의병을 일으켰다가 1896년 7월 11일 진보면 홍구동 전투에서 전사하였다. 그때 남편의 나이는 서른여섯, 과부가 된 남자현의 나이는 스물다섯이었다.

　남편을 빼앗긴 남자현의 원한이 남달랐지만 복수는 뒤로 미루고, 그는 우선 유복자로 태어난 아들 성삼(聖三)을 양육하고 노년의 시어머니를 봉양하면서 양반 집 부인으로서 집안일에 충실하였다. 그는 지극한 시어머니 봉양으로 주변 사람들의 칭송을 받아 진보면에서 '효부상'을 탈 정도였다. 그런 중에도 독립운동에 대한 관심과 지원을 아끼지 않았는데 과거 남편의 의병운동 동지였다가 만주에 나가 독립운동을 하고 있던 최영호·채찬·이하진·남성노·서석근 등과 비밀리에 연락을 취하면서 때를 기다렸다. 아들이 어느 정도 성장하고, 돌봐야 할 시집 살림에서 해방되어 자유롭게 독립투쟁에 참여할 수 있을 그런 날을 기다린 것이다. 그리고 삼일운동이 그런 때를 만들어 주었다.

여류 독립운동가

　삼일운동 당시 대구와 경북지역 만세운동은 민족대표 33인 중 한 명으로 참여한 이갑성을 통해 추진되었다. 대구 출신으로 일찍이 서울로 올라와 세브란스 병원 약제사로 근무하면서 남대문교회에 출석하고 있던 이갑성이 삼일운동 모의 초기단계에서 영남지역 연락 책임자로 선정되었다. 부산·마산·대구 등지를 돌면서 기독교인들과 접촉하고 만세시위를 준비하던 이갑성을 통해 대구 남성정교회(현 대구제일교회)의 이만집 목사가 독립선언서를 전달받고 대구와 경북지역 만세운동을 전개해 나갔다. 그 결과 대구·포항·의성·칠곡 등지에서 기독교인들이 주도하는 만세운동이 일어났다. 이를 통해 이념적으로 보수적이던 대구와 경북지역 사람들의 교회를 보는 시각이 바뀌었다. 특히 그동안 기독교에 대해 배타적이고 부정적이던 유생과 선비 계층 가운데서 기독교로 개종하는 사람이 늘어났다.

삼일운동이 일어났을 때 남자현은 서울 남대문에 살고 있던 동지 김씨로부터 "서울에서 일본을 내쫓고 자주독립을 할 거족적 시위운동이 있을 예정이니 곧 상경하라"는 비밀 통지를 받고 서울로 올라왔다. 그리고 이갑성이 다니고 있던 남대문교회를 찾아가 독립선언서를 나누어 받고 3월 1일 오후 이를 시내에 배부하면서 만세운동에 가담한 것으로 전해진다. 그때 나이 47세, 사회적으로 은퇴할 나이에 남자현은 청년 학생들이 대거 참여한 시위 대열에 앞장서 독립만세를 외쳤다. 오랫동안 참아 온 분노, 남편과 조국을 빼앗아 간 일제에 대한 분노의 함성이었다. 아울러 삼일운동은 남자현에게 "여자는 집 밖으로 나가선 안 된다"는 봉건 시대 낡은 가치관으로부터의 해방을 의미했다. 기독교 개종과 함께 고향 집을 떠나게 된 것이다.

삼일운동을 서울에서 체험한 직후인 3월 9일 남자현은 만주로 망명하였다. 만주는 그에게 또 다른 해방 공간이었다. 가부장적 유교 문화와 시집 살림으로부터 자유하여 오랫동안 꿈꿨던 독립운동에 맘먹고 참여할 기회의 땅이었던 것이다. 그는 한일합방 직후 만주로 건너가 통화현 삼원보를 거점으로 독립운동을 하고 있던 남편의 동지 김동삼을 찾았다. 그리고 김동삼이 참모장으로 있던 상하이 임시정부 산하 무장독립운동단체인 서로군정서西路軍政署에 입단하여 본격적인 항일투쟁을 시작했다. 또한 국내에 남아 있던 아들을 만주로 불러들여 독립군 양성소인 신흥무관학교에 입학시켰다. 남자현이 세례 받고 기독교인이 된 것도 이 무렵이다. 그의 개종 동기에 대해 해방 직후 서울에서 발행된 교계잡지 〈부흥〉(1948. 3.)은 이렇게 소개하였다.

> 선생(남자현)은 자기 일신의 파란 많은 생애로 보든지 민족의 비참한 정경을 보든지 조국 광복운동 노선에 서 있는 자기의 입장을 보든지 종교에 귀의하는 것이 필요한 것을 느꼈었고 특히 삼일운동에 많은 신자들과 접촉하고 연락하는 중에 그 감화와 희생정신을 받아 예수를 믿게 되었다. 예수교의 희생정신과 애타사상과 민족관념과 그 참되고 거룩하고 영원한 소망을 내다보며 용감히 싸워 나가는 정신이 자기 마음에 아주 부합하고 만족하였다.

삼일운동 전개과정에서 기독교인들이 보여 준 적극적인 참여와 희생이 기독교로 이끈 요인이 되었다. 서울에서 이미 기독교에 대한 호의적인 생각을 갖고 있었지만 개종 결단은 만주에서 만난 전도인과 깊은 토론을 한 후에 이루어진 것으로 전해진다. 이후 남자현은 교회를 근거로 삼아 독립운동을 전개하였을 뿐 아니라 독립운동 전초기지로 교회를 설립하는 일에도 열심을 다했다. 그는 1921년 장로교 동만노회 구역인 길림성 액목현 납법거우拉法站로 옮겨 가 그 근방 열두 곳에 교회를 설립하였다. 그리고 지방을 순회하며 전도할 뿐 아니라 여자교육회를 곳곳에 설립하여 여성 계몽운동을 통한 독립운동을 꾀하였다. 그가 설립한 여자교육회만 해도 20여 곳에 이른다.

손가락을 끊어서

이처럼 남자현은 철저한 기독교 신앙을 견지하며 항일투쟁을 전개하였다. 그러던 중 1922년 3월부터 만주에 있던 독립단체들 사이에 내분이 심화되어 서로 전투까지 벌였다. 즉 서북 파와 기호 파가 나뉘어 싸웠고, 안창호 파와 이승만 파가 서로 나뉘어 싸웠다. 상하이 임시정부에서 김이대 특파원이 파견되어 중재하려 했으나 이루지 못했다.

일본이라는 적을 앞에 두고 자중지란自中之亂을 일으키고 있는 남성 민족운동 진영을 지켜보는 남자현의 마음은 착잡했다. 무슨 수든 써야 했다. 결국 그는 "산중에 들어가서 한 주일 동안 금식기도하고 손가락을 비어 그 피로" 단결과 단합을 호소하는 혈서를 썼다. 그리고 그 혈서를 만주에 있는 독립운동 관련자들에게 보냈다. 순국한 의병의 아내가 보낸 혈서는 독립운동 지도자들의 마음을 움직였다.

전적으로 남자현의 혈서 때문이라고 할 수는 없지만, 그의 호소가 있은 직후 남만주에 있던 독립운동단체 간에 화해 분위기가 형성되었다. 1922년 8월, 서로군정서를 비롯하여 북로군정서(대한군정서)와 광복군총영·광복단·대한신민단·대한의용단·대한정의군·평북독판부 등 산재해 있던 독립운동단체들이 통합하여 대한통의부大韓統義俯를 결성하였다. 이 일을 통해 남자현은 만주지역 독립운동 진영에서 영향력 있는 이름이 되었다. 남자현은 통의부 총장 김동삼을 비롯하여 오동진·현익철·채찬 등 독립운동 지도자들과 가까이 지내면서 한편으로는 교회 전도활동을, 다른 한편으로는 독립운동을 전개하였다.

남자현의 활동 영역은 만주 일대는 물론 압록강 건너 국내까지 확대되었다. 1922년 9월 남편의 옛 동지이면서 당시 참의부 중대장으로 있던 채찬과 함께 국내에 잠입하여 군자금을 모금하였고, 같은 해 남만주 전역을 돌며 여자권학회女子勸學會를 조직하여 계몽 강연을 열었다.

그러던 중 한국인 순사에게 체포된 적이 있으나, "내가 여자의 몸으로 이같이 수천 리 타국에 와서 애씀은 그대와 우리의 조국을 위함이어늘 그대는 조상의 피를 받고 조상의 강토에서 자라나서 어찌 이 같은 반역의 죄를 행하느냐?"라고 꾸짖고 권면하여, 순사에게 오히려 여비 70원을 받고 석방된 일도 있었다.

1931년 만주사변이 터지자 국제연맹에서 특별조사단을 만주에 파견하였다. 중·일 관계를 조사하기로 하고 영국 외교관 리튼Rytton을 비롯한 조사단을 보낸 것이다. 1932년 5월 리튼 일행이 하얼빈에 도착하였을 때, 남자현은 10년 전 독립운동단체의 연합을 호소하며 혈서를 썼던 왼손 무명지를 잘라 흰 천에 '조선독립원朝鮮獨立願' 다섯 글자를 피로 쓴 후 그 천에 손가락을 함께 싸서 리튼 일행에게 전달하고자 하였다. 그러나 안타깝게도 손가락은 리튼에게 전달되지 못하고 하얼빈 일본 영사관에 압류되었다. 이후로 일본은 남자현의 행동을 집중 감시하였다.

남편의 속옷을 입고 마지막 투쟁

일제의 감시와 통제가 이처럼 강화되었던 1933년, 남자현은 마지막 투쟁을 준비하였다. 그가 회갑을 맞는 해이기도 했다. 그는 손보현·이영선·문익빈·이규동 동지들과 함께 만주 전권대사 부토 노부요시武藤信義를 암살하려는 계획을 세웠다. 만주사변 이후 친일 괴뢰정부로 수립된 만주국 군대는 일본군과 합세해 만주에 있는 한국 독립운동단체들을 섬멸하려고 무력으로 탄압하고 나섰다. 부토가 이러한 일日·만滿 연합작전의 핵심 인물이었다. 동지들은 아예 1933년 3월 1일, 만주국 건국기념일을 기해 부토를 저격하기 위해 만주국 국경인 신경에 잠입하여 거사를 하기로 했다. 그러나 조선인의 밀정密偵으로 사전에 일본 경찰에 정보가 들어갔고, 손보현이 봉천에서 체포되었으며 남자현도 무기를 가지러 하얼빈에 갔다가 그곳에서 체포되었다. 체포될 당시 남자현은 속에 낡은 남자 옷을 입고 있었는데, 그것은 37년 전 의병으로 나갔다가 죽은 남편의 속옷이었다.

하얼빈의 일본영사관 감옥 안에는 이미 이영선, 문익빈 두 동지가 잡혀와 있었다. 남자현은 이번 사건의 모든 책임을 자기 혼자 지기로 하고 동지들에게도 그 뜻을 밝혔다. 그리고 남자현 단독범행으로 일단락되었다. 이 사건은 일본 경찰의 보도 금지 처분으로 일반인에게 전혀 알려지지 않다가 예심종결이 끝난 1933년 6월 11일에야 신문을 통해 알려지기 시작했다. 다음은 〈조선일보〉(1933. 6. 11.)에 실린 보도 내용이다.

남자현이란 노파는 지금으로부터 20여 년 전에 ××운동자인 자기 남편이 일본인의 손에 죽은 것에 한을 품고 원수를 갚는다고 하여 여자의 몸으로 전후 20년 동안을 두고 조선과 만주를 걸쳐 드나들며 ××운동에 종사하던 중 소화이년(1927년) 사월에는 경성에서 재등齋藤 총독을 암살코자 하다가 뜻을 이루지 못하고 그 후에 만주로 건너가 하얼빈을 근거로 하고 활동 중에 금년 봄에는 무등전권(부토)의 암살을 계획하고 폭탄과 권총을 손에 넣게 된 후 죽은 남편의 의복을 몸에 감고 단신으로 신경에 잠입하여 삼 월 초하루 날을 기하여 무등전권을 암살하고자 지난 29일에 하얼빈을 출발코자 할 즈음에 하얼빈 영사 경찰의 손에 붙들리게 된 것이라고 한다.

  그것은 단순히 남편의 죽음에 대한 한이 아니었다. 물론 독립운동에 뛰어들게 된 직접적인 동기가 남편의 죽음에 있다고 볼 수는 있으나, 지금까지 남자현이 보여 준 각종 독립운동은 지아비를 잃은 원한에서 비롯된 것만은 아니었다. 그것은 차라리 나라 잃은 한에서 비롯된 것이었지 결코 원수 갚기 위한 항일투쟁이 아니었다. 감옥에 갇혀 있을 때 아들에게 "복수는 하나님께 맡기고 너는 절대 복수할 생각은 말라"고 조용히 충고한 것이 이를 증명한다.

  하얼빈 감옥에 갇힌 남자현은 60세가 넘은 노인임에도 불구하고 심한 고문을 받았다. 잡혀 와 있는 두 동지를 살려 보내기 위해 엄청난 희생을 감수해야 했다. 그는 감옥에서 일본을 향한 마지막 투쟁을 벌였다. 단식투쟁을 시작한 것이다. 그러면서도 일본인이 눈에 띄기만 하면 "이놈들!" 하고 호령하였다. 간수들은 억지로 호스를 통해 음식물을 집어넣으려 했으나 남자현은 이를 악물고 거부했다. 단식 9일째로 접어들면서 혼

수상태에 빠지자 일본 경찰은 그를 병보석으로 하얼빈 적십자병원에 보냈다. 그러나 감옥을 나와서도 남자현은 단식을 중단하지 않았다. 단식을 하는 것이 감옥을 나오기 위한 투쟁의 수단이 아니었기 때문이다. 강자에 대한 약자의 최대 저항으로 단식을 시작했으니 일제의 패망이 아니면 그의 단식을 중단시킬 방법이 없었다.

시간이 얼마 남지 않았음을 깨달은 남자현은 아들과 친지들에게 조선인이 운영하는 여관으로 옮겨 달라고 요청하였고 거기서 자신의 삶을 정리했다. 그는 가지고 있던 249원 80전을 아들에게 맡기며 부탁했다.

"200원을 조선이 독립되는 날 독립 축하금으로 바쳐라. 손자 시연을 대학까지 공부시켜 내 뜻을 알게 하라. 남은 돈 49원 80전의 절반은 손자 공부하는 데 쓰고 나머지 반은 친정의 증손자에게 주어라."

그리고 나서 깨끗한 물로 세수하고 의복을 정제한 후 병상 주변에 모여 있던 5, 60명의 동지들에게 "독립은 정신으로 이루어지느니라", "조선 사람다운 조선 사람이 되어 달라"는 내용의 유언을 남긴 후 아들과 손자가 지켜보는 가운데 잠들 듯 별세하였다. 그때가 1933년 8월 22일, 단식 17일만이었다. 남자현의 유해는 하얼빈 남강에 있는 외국인 묘지에 안장되었다. 두 달 후 유족과 동지들은 그의 순국신앙을 기려 묘소에 십자가 묘비를 세웠다.

19. 애국 할머니
맹산호굴독립단장 조신성

내가 맡은 학급에 들어가는 첫날, 언문선생이 찾아와 내 과목인 셋째 시간에 학생들이 약간 늦게 들어올지라도 양해해 달라고 요청했습니다. 그들은 기도 모임을 갖고 있다고 했습니다. 며칠 지난 뒤 한 학생에게 매일 무엇을 위해 기도하느냐고 물었더니 그 학생이 "우리 나라를 위해 기도하고 있습니다"라고 대답했습니다. 매일 같은 시간에 수업을 중단하고 그들은 나라를 위해 간절히 기도회를 열고 있었습니다. 신년 방학이 끝난 직후 한 학생은 믿지 않는 가정에서 학교를 다니면서 어떻게 가정생활이나 영적 생활에서 승리를 체험하였는지를 말해 주었습니다. 믿지 않는 부모였지만 기도회에 참석하는 것을 허락하고, 부모들도 매일 점심 때 학생들과 함께 모여 나라를 위해 기도하였답니다. 우리의 기도를 들으시고 응답하시는 하나님께서 이처럼 겸손하게 정성을 바쳐 드리는 이 백성들의 울부짖는 기도를 들어주실 것이 분명합니다.

이 글은 이화학당 교장 페인 선교사가 미감리회 해외 여선교회 한국 선교회의 1906년 연례회에 보고한 내용의 일부이다. 1905년 연말 이화학당 학생들이 매일 오후 시간에 나라를 위한 기도회를 개최하였으며, 학생들은 방학을 맞아 고향으로 돌아가서도 집에서 기도하였는데 안 믿는 부모들까지 기도회에 참석했다는 보고를 받고 그것을 세계에 알렸던 것이다.

청일전쟁에 이어 러일전쟁에서도 승리함으로 주변의 견제 세력을 제거한 일본이 한반도 '보호'를 명분으로 주권을 상징하는 외교권을 늑탈한 것이 1905년 11월의 일이었다. 이에 조약 체결과 일본의 침략을 규탄하는 저항운동이 대대적으로 일어났다. 그 주요 시위장소는 고종 황제가 살고 있던 경운궁(덕수궁) 앞이었다. 민족의식이 강한 지도자들이 있던 교회와 기독교 학교에서도 국권회복과 자주독립을 위한 구국기도회를 개최하였으며 이화학당 구국기도회가 이런 상황에서 열렸던 것이다. 이화학당 교사와 학생들은 기도만 한 것이 아니라 학교에서 가까운 경운궁으로 나가 조약 체결 무효를 요구하며 시위도 벌였다.

페인의 보고서에도 나온, 이화학당 구국기도회와 시위를 주도한 '언문선생'이 바로 '애국 할머니'라 불렸던 조신성趙信聖이다.

평양 진명여학교 교장

조신성은 1867년 10월 3일 평북 의주에서 조춘택趙春澤의 무남독녀로 출생하였다. 여유 있는 집안 형편 덕에 개인선생을 두고 한문을 배웠으나, 오래지 않아 부친이 사업에 실패하고 중이 되어 산속으로 들어가면서 불우한 가정생활이 시작되었다. 16세 때 당시 풍습에 따라 출가하였으나 '아편쟁이' 남편은 3년이 못되어 자살하였고, 그 후 조신성은 비인간적인 시집 식구들의 학대를 참지 못하여 가출하고 말았다. 이 같은 좌절과 불우한 상황 속에서 기독교로의 개종이 이루어졌다.

조신성의 고향 의주는 한국 기독교회사에 비춰 볼 때 복음 유입의 관문이었다. 1870-80년대 만주를 오가며 장사를 하던 의주 출신 상인들 몇몇이 선교사를 통해 복음을 접하고 세례를 받은 후, 성경을 번역하거나 인쇄된 성경을 갖고 돌아와 고향에 전했다. 그래서 일찍이 자생적 신앙 공동체가 형성된 곳이 바로 의주였다. 그 뒤 1885년 내한한 아펜젤러와 언더우드를 비롯하여 마펫과 게일J. S. Gale, 스크랜턴 등 초기 선교사들이 의주를 방문하여 개종자들에게 세례를 베풀고 교회를 설립함으로, 의주는 기독교 복음에 제일 먼저 문을 연 곳이 되었다.

한편 고통스럽고 무의미한 시집살이로부터 '탈출한' 조신성은 선교사를 만나 그의 주선으로 서울 이화학당에 들어갔다. 그리고 신학문과 기독교 신앙을 접하고 1902년 어간부터 이화학당 언문 교사가 되었다.

조신성은 또한 상동교회 내에 있던 교원양성소에도 다니며, 상동교회 담임인 전덕기 목사를 비롯하여 도산 안창호·양기탁·이시영·이동휘·이준·이상설·유동열·주시경 등 소위 '상동 파'로 불리던 독립운동가들과 교류하였다. 또한 1905년 11월 상동교회 엡윗청년회원들이 구국기도회를 마치고 경운궁에 나가 조약무효 상소운동을 벌인 것과 때를 같이하여 조신성도 이화학당 구국기도회와 함께 상소운동을 이끌었다. 1907년 국채보상운동이 일어났을 때도 이화학당 학생들을 동원해 '5원 70전'을 모금하여 국채보상 헌금으로 보냈다. 이런 과정을 거치며 조신성은 기독교 여성 민족운동 진영을 대표하는 인물로 부각되었다.

조신성은 1908년 이화학당 선교사들의 도움을 받아 일본 유학을 감행하였다. "호랑이를 잡으려면 호랑이 굴로 들어가야 한다"는 생각에서 내린 결단이었다. 그러나 조신성의 일본 유학은 성공적이지 못했다. 유학한 학교도 어딘지 정확지 않다(자료에 따라, 시모노세키 바이코 여학교를 거쳐 요코하마 여자사범학교를 다녔다는 말과 도쿄 간다 성경학교를 거쳐 미감리회 해외 여선교부 소속 햄튼M. S. Hampton 선교사가 설립한 요코하마 여자성경학교를 다녔다는 말이 있다). 그나마 건강 때문에 수업을 온전히 마치지 못해 정식 졸업장도 받지 못한 것으로 보인다.

결국 제대로 일본 유학을 끝내지 못하고 귀국하였는데, 귀국길에 들른 부산에서 미국 북장로회 여선교사 어빈B. K. Irvin 부인의 부탁을 받고 '규범여학교' 교사로 취임하였다. 어빈 부인은 남편인 어빈C. H. Irvin 선교사와 함께 1893년 내한하여 의사인 남편은 부산 '전킨기념병원'을 맡았고 부인은 여학교를 설립하여 운영하고 있었다. 조신성은 이화학당 교사와 일본 유학 경험을 살려 학생들을 가르쳤다. 투철한 민족의식에 실력까지 갖추고 있어 학생과 학부모들에게서 큰 호응을 받았다. 그러나 그의 부산 생활은 오래 지속되지 못했다. 당시 부산에서는 미국 북장로회 선교사와 호주 장로회 선교사들이 선교활동을 하고 있었는데 1908년부터 시작된 선교지역 분할 협정이 1910년에 끝나면서 북장로회 선교부는 부산과 경남지방에서 철수하게 되었다. 이런 선교부 결정에 불만을 품은 어빈 부부는 북장로회 선교부를 탈퇴하고 밀양에 거점을 마련하여 독립 선교사로 활동하기 시작했다. 결국 북장로회 선교부에서 운영하던 규범여학교도 문을 닫을 수밖에 없게 되었다. 게다가 조신성은 일본의 한반도 정책과 지배를 옹호하는 선교사들의 태도에 분노를 느꼈기에 선교부에서 운영하는 학교를 떠날 수밖에 없었다.

이후 조신성은 1912년 평양 진명여학교 교장이 되면서 교육 일선에 다시 복귀하였다. 이 학교는 원래 평양 유지들이 1906년 '애국여학교'라는 이름으로 설립한 사립학교로, 그 얼마 뒤 엄비가 설립한 서울의 진명여학교와 같은 교명으로 이름을 바꾸었고 도산 안창호가 설립한 대성학교와 함께 평양의 대표적 민족주의 학교로 자리 잡았다. 그러나 1910년 한일합병 이후 경영난에 봉착하여 폐교 위기에 처해 있었다. 이것을 조신성이 인수한 것이다. 그는 직접 돌을 날라 담을 쌓고 맨바닥에 삿자리를 깔고 학생들을 모아 가르치기 시작했다. 그 결과 인수 당시 재학생이 30명이었던 것이 1915년에는 175명에 이르러 장로교 계통의 숭의여학교(163명)나 감리교 계통의 정진여학교(156명)보다 많은 학생 수를 자랑하게 되었다. 조신성은 우리 역사와 말뿐 아니라 일본어까지 가르쳤고, 일본어 공부를 마뜩찮아 하는 학생들에겐 교탁을 두드리며 이렇게 외쳤다.

"일본 말을 잘 배워야 그놈의 나라 문명을 빼앗아다가 원수를 갚지 않겠느냐!"

그러나 조신성의 진명여학교 생활도 오래가지 못했다. 합병 이후 한층 강화된 총독부의 간섭과 방해로 대성학교는 결국 1913년 문을 닫았다. 그 후에도 진명여학교는 얼마간 더 버텼으나 "학교 운영을 도와주겠다"며 접근한 어떤 남자에게 학교 운영권을 넘겨주었다가, 그가 학교를 공립학교에 통합해 버리는 바람에 학교가 없어지고 말았다. 그 남자는 위장한 일제의 하수인이었던 것이다. 학교를 잃어버린 후 조신성은 대동강 부근 장로교회 전도부인으로 전도와 목회 사역에 임하면서 다음 투쟁의 때를 기다렸다.

맹산호굴독립단

삼일운동은 조신성의 투쟁방법을 변화시킨 중대한 계기가 되었다. 그는 해외에 나가 있던 안창호·김구 등과 삼일운동 전부터 연락을 취하였으며 1918년 북경을 방문하여 조성환 등 독립운동가들을 만나고 돌아와 해외 민족운동 진영과 연락하면서 독립운동을 준비하였다.

삼일운동이 일어나자 조신성은 자신이 전도부인으로 시무하던 평남의 영원·덕천·맹산 지방 교회를 돌아다니며 만세운동을 독려하였다. 그러나 비폭력 평화적 시위로 일관된 만세운동이 일제의 잔혹한 무력탄압 앞에 너무나 힘없이 무참하게 무너지는 현실을 목격하면서 투쟁방법을 좀 더 적극적으로 바꿀 필요성을 느꼈다. 조신성은 계속해서 군자금을 모금해 상하이 임시정부로 보내는 한편, 임시정부 및 만주 독립운동단체들과 연계하여 국내에서 적극적이고도 투쟁적인 항일운동을 전개하기 위한 독립운동단체를 결성하는 데까지 나갔다. '맹산호굴독립단盟山虎窟獨立團'이 그것이다.

맹산호굴독립단은 만주 유하현에 근거를 두고 항일투쟁을 전개하던 대한독립청년단의 평남지역 총무인 김봉규 장로와 조신성이 1920년 여름에 조직한 단체로, 맹산 선유봉 호랑이굴에 투쟁본부를 두었기 때문에 '호굴독립단'이란 별명이 붙었다. 이 단체에 참여한 사람들은 조신성의 목회 구역인 맹산과 영원·덕천 일대 독립운동가들로서, 핵심 역할을 했던 김봉규는 대동군 임원면 청호리교회 장로였고 안국정과 방경수는 맹산읍교회 집사였다. 독립단원들은 군자금 모금과 독립단원 모집 외에 관공서나 경찰서에 근무하는 한국인 관리들을 설득하여 퇴직시키거나 기관 안에서 항일투쟁을 전개하도록 유도하였고 호랑이굴에서 인쇄한 격문檄文과 경고문을 친일파 유지들에게 발송하기도 하였다. 조신성은 독립단 총참모가 되어 이 모든 투쟁을 지휘하였다.

1920년 11월 6일, 조신성은 김봉규 장로와 안국정 집사, 맹산면장 방임주 등과 영원으로 가던 중, 일본인 순사 세 명의 불심검문을 받아 체포될 위험에 처하게 되었다. 그 상황에서 조신성은 무장한 순사를 끌어안고 뒹굴면서 "오라버니 뛰소!" 하고 외쳤고, 그 사이 남성 독립운동가들은 탈출에 성공했으나 조신성은 현장에서 체포되고 말았다. 그리고 1921년 2월 평양지방법원에서 공무집행방해죄로 징역 6개월을 선고받았다.

조신성은 징역 8개월을 복역하고 석방되기로 한 1921년 9월 21일, 또 다른 사건에 연루된 것이 탄로나 그날로 다시 감옥에 들어갔다. 독립단원을 추적하던 일경에 의해 김봉규 장로와 호굴독립단원들이 대동군에서 체포되었던바, 조신성이 '총참모장'이었음과 그간의 행적이 드러난 것이다. 그 사실을 상하이 임시정부 기관지인 〈독립신문〉(1921. 9. 28.)이 자세히 보도하였다.

> 동 단의 총참모로 된 전前 평양 진명여학교 교장 조신성 여사는 작년 11월 상순 김봉규와 함께 맹산으로 가서 동 군 군수 전덕룡을 권고하여 사직시키고 그달 6일 영원 서창이란 곳에 갔다가 영원의 적경敵警이 잡으러 옴을 보고 조신성 씨는 순사의 팔을 부여잡고 군도軍刀를 빼앗아 던진 후 함께 가던 수인數人을 도망시키고 자기는 적경에게 잡혀 평양지방법원에서 역역役 6개월의 판결을 받고 복역하던 중 다른 단원들이 잡혀 다른 사실까지 드러났음으로 그가 만기되어 출옥하는 날에 다시 구류되어 또

한 공판을 받게 되었고.

80여 명의 피의자들은 모진 고문을 받았고 그중에 김봉규와 조신성을 비롯하여 맹산군의 안국정·방경수·방임주·이인탁·조정하·김윤홍·최석모·최석홍·김병훈, 영원군의 나신택·나민택·이운서·예준기·김영선, 덕천군의 나병삼·나병열 등 열아홉 명이 재판에 회부되었다. 조신성은 1921년 10월 21일 평양지방법원에서 2년 6월 징역형을 선고받고 또다시 긴 투옥생활을 시작했다.

당시 평양형무소에는 대한애국부인회사건과 만세사건으로 체포된 여성 독립운동가들이 다수 수감되어 있었는데 조신성은 최매지·박승일·이성수·최영보·안신행·박치은 등과 함께 같은 방에서 생활하였다. 이들 모두 독실한 기독교인들로 감방 교회가 자연스럽게 조직되었다. 주일만 되면 이들은 변기통 위에 올라서서 창살 밖으로 장대현교회 종탑을 바라보며 찬송을 불렀다. 그 소리를 듣고 간수가 달려와 "금지한 찬송을 부른 자가 누구냐?" 하고 물으면 누구보다 먼저 조신성이 "내가 했노라" 하고 나서서 독방과 금식의 고통을 겪었다. 감옥 안이나 밖이나 그에겐 똑같은 독립운동 현장이었다.

그렇게 옥중 투쟁을 계속하면서 3년여 옥고를 치르고 1923년 6월 13일 가출옥 석방되었다. 출옥 후 조신성에게는 '후테이센진(不逞鮮人, 불온하고 불량한 조선인이란 의미로 일본제국주의자들이 이르던 말)'이란 호칭과 함께 일경의 삼엄한 감시와 통제가 따라다녔다. 학교를 빼앗긴 지 이미 오래고 가족도 없던 그가 감옥을 나와 갈 수 있는 곳은 교회밖에 없었다. 그렇게 해서 조신성은 평양 감옥 동지 박치은과 함께 평원군 한천면 한천교회에 정착하였다. 둘은 한천교회 부인전도회 회장과 총무가 되어 교회 부흥을 위해 헌신하였다. 그 사실을 〈기독신보〉(1925. 7. 28.)가 이렇게 보도하였다.

> 평남 평원군 한천교회 조신성, 박치은 여사는 작년부터 전도부인의 봉급을 전담하여 전도에 열심한 결과 남녀교우가 많이 증가하였고 또 청산의숙青山義塾을 설립하고 교사의 봉급과 제반 비용을 전담하는 중 조 씨는 교수까지 친히 함으로 4,50명 학생이 3년 동안을 수업료 한 푼도 없이 잘 공부하며 또 야학을 권장하여 남녀 노동자들도 보통 지식을 얻었고 또 부인전도 회장과 총무의 직임을 띠고 열심 시무하며 빈한한 동포를 될 수 있는 대로 도와주고 또 금년 6월 평서노회 시에 회표會表를 아름답게 만들어 많은 회원에게 드렸음으로 교회 일에 대하여 이렇게 충심 시무한다고 모두가 칭선한다더라.

조신성은 전도 외에 청산의숙을 통한 민족 교육, 야학을 통한 사회적 소외계층 계몽사업, 부인전도회를 통한 빈곤층 구제사업 등을 추진하였다. 그는 여전히 '일하는 여성'이었다.

근우회와 수양동우회

1927년 조신성은 '부름을 받고' 다시 평양으로 나왔다. 삼일운동 직후 민족운동 세력은 좌파와 우파로 나뉘어 심각한 내분을 겪었는데 여기에 좌파(사회주의) 계열의 반反기독교 운동까지 겹쳐, 모든 세력이 단결하여 항일 민족운동을 힘 있게 추진할 수가 없었다. 총독부가 바라던 바였다.

이에 이념과 종파를 초월하는 단일 민족운동 연합전선을 구축하려는 의식 있는 민족운동 지도자들의 움직임이 1925년 이후 나타나기 시작했고 그 구체적인 결실로 1927년 2월 이상재를 회장으로 한 '신간회新幹會'가 조직되었다. 비로소 기독교와 불교, 천도교 민족주의자들과 그동안 민족주의나 종교에 비판적이고 배타적이었던 사회주의 계열이 함께 모인 것이다. 여성 민족운동 진영에서도 같은 움직임이 일었다. 그 결과 1927년 5월 신간회 자매기구로 근우회槿友會가 서울에서 조직되었다.

근우회는 서울에 중앙본부를 두고 전국에 지회를 만들어 전국적인 단체로 확산해 나가던 중 평양지회 조직을 조신성에게 부탁하였다. 기독교와 민족주의, 사회주의 세력을 하나로 묶을 수 있는 권위와 지도력을 갖춘 여성 지도자로 조신성만한 인물이 없었다. 조신성은 그 역할을 기꺼이 감당하였다. 60세의 나이에도 불구하고 평양지회 회원 확보 및 조직에 나섰고, 초대 회장이 되어 평양지회를 탄생시켰다. 평양지회 창립기념식에서 조신성은 두 주먹을 불끈 쥐고 강단을 치며 다음과 같이 외쳤다.

"노세 노세 젊어서 노세. 늙어지면 못 노나니"가 글쎄 무엇입니까? 우리나라를 요 꼬라지로 만들어 놓은 것이 바로 그것입니다. "일하세 일하세 젊어서 일하세. 늙기 전에 빨리 일하세" 하는 정신과 노력으로 우리 민족이 합심해 나가야 소원이 성취됩니다.

조신성은 평양 수옥리에 근우회 평양지회 회관을 2층 벽돌집으로 마련하였고, 나중에는 중앙본부 회장에까지 추대되어 '애국 할머니'로 각지에 알려지게 되었다. 늘 일경의 감시를 받으면서도 굽힐 줄 모르는 투지로 일을 추진함으로 일경들로부터 '불떡'이란 별명을 들을 정도였다.

그러나 좌·우의 동거는 오래가지 못했다. 신간회와 마찬가지로 근우회도 1928년 '광주학생사건'을 계기로 투쟁노선을 두고 내부 갈등이 빚어지기 시작했고 좌파 계열이 중앙 조직을 장악한 이후 투쟁방법이 과격해지고 폭력적으로 바뀌면서 민족주의, 종교 세력은 조직을 이탈하기 시작했다. 결국 코민테른의 지시를 받은 사회주의 세력이 1931년 신간회와 근우회 '해소解消'를 선언함으로 한국 근대 역사상 유일했던 좌·우 연합 전선은 소멸되고 말았다. 이런 과정에서 조신성은 마지막 순간까지 양측을 설득하며 근우회 조직을 유지하려 애를 썼으나 역부족이었다.

근우회 해체 이후 조신성은 평양을 떠나지 않고 안창호의 흥사단興士團을 후원하면서 그의 민족운동을 도왔다. 오랜 투옥생활로 건강을 해친 안창호를 위해 1935년 대동군 대보산 중턱에 송태산장松笞山莊이란 아담한 수양소를 건축하여 안창호와 그의 동지들이 휴양 겸 집회장소로 사용하게 하였다. 이 집에 모인 민족주의자들은 자연스럽게 '수양동우회修養同友會'라는 또 다른 민족운동 비밀결사를 조직하였다. 이 모임은 일제 말기 국내에서 조직된 마지막 항일 민족운동단체였다. 그러나 이 조직도 오래지 않아 탄로나 1937년 소위 '수양동우회사건'이 터지면서 안창호를 비롯하여 180명 회원들이 체포되었다. 일제 말기 국내에 남아 있던 민족운동 세력을 '완전 소탕'하기 위한 마지막 탄압이었다.

흥사단과 민족운동의 중심인 안창호는 옥중에서 심한 고문과 악형을 받았고 결국 치명적인 상태로 경성대학병원으로 옮겨졌으나 회복하지 못한 채, 1938년 3월 10일 별세하였다.

안창호와 피를 나눈 형제 이상의 '금란과 같은 우정[金蘭之交]'을 나누었던 조신성은 장례식이라도 참석하겠다며 집을 나섰다. 기차를 못 타게 막는 일본 경찰에게 그는 "이놈들아 내 배를 갈라라. 도산 안창호 선생이 작고하셨는데, 내가 어째서 못 간단 말이냐"라고 일갈한 후 일경들을 밀치고 기차에 올랐다. 일경이 그에게 붙여 준 별명, 불떡다운 행동이었다. 그리고 서울에 올라와 망우리 묘지에 쓸쓸히 묻히는 안창호의 마지막을 지켜보았다.

조신성은 1935년 송태산장을 지을 무렵부터 평양 교외에 흩어져 있던 취명학원과 신흥학원, 대동학원 등 사립학원 원장이 되어 민족 교육을 시도하였는데 수양동우회사건으로 그마저 폐쇄되자, 해방되기까지 7년 동안 평양 교외 대성산 광법사[廣法寺]라는 절에 들어가 정신 나간 사람 노릇을 하며 숨어 지냈다. 그러지 않고는 일제의 단말마적인 탄압과, 변절과 배반으로 얼룩진 사회를 감내할 수 없었기 때문이었다.

궁핍한 말년

1945년 8월 15일, 광복은 되었지만 민족의 운명과 조신성의 삶은 그가 바라던 대로 이뤄지지 않았다. 평양에 진주한 소련군과 이들의 지원을 받아 권력을 장악한 공산주의자들은 조신성에게 북조선여성동맹위원장이란 직책을 주며 정권 수립에 참여할 것을 요청하였다. 하지만 조신성은 "공산당은 동포가 아니다. 공산당이 무슨 사람이야. 한 사람이라도 제정신을 가진 놈이 있어야 내 동포지" 하면서 거부하였다. 이미 근우회 시절부터 나타났던 공산주의자들의 반민족·반종교적 행태가 그를 분노케 했던 것이다. 조신성은 신탁통치문제로 한창 시끄럽던 1945년 11월 27일에 월남하였다. 그때 나이 78세였다.

그러나 서울에서의 삶도 행복하지 못했다. 그와 마음이 통하던 상하이 임시정부 출신들은 미군정과 이승만 세력에 의해 견제를 당했고 좌·우 세력의 갈등과 충돌 상황에서 김구와 김규식 등의 '중도통합론'과 '단일정부 수립운동'은 설자리가 없었다. 이런 서울에서 조신성은 대한부인회 부총재, 재남在南 조선민주당 고문 등 별로 영향력이 없는 직책을 맡아 후배와 제자들이 하는 일을 걱정스럽게 지켜보며 기도할 뿐이었다.

그러다가 결국 동족상잔의 전쟁이 터졌고 그도 부산까지 피란을 갔다. 피란생활은 말 그대로 "모시치마 밑의 광복 고쟁이가 오줌에 절어서 쥐어짜게 될 정도"로 극심한 가난과 고통의 연속이었다. 모두가 가난하고 어려웠던 피란생활에서 80세가 넘은 노老 애국 부인을 부모님처럼 모실 만큼 여유 있는 후배는 없었다. 결국 조신성은 한형세 장로가 운영하던 부산 초읍동 신망애 양로원에 들어가 그곳에서 일 년 9개월을 살다가 1953년 5월 5일 86년의 삶을 조용히 마감하였다.

장례식은 5월 9일 조선민주당 주최 사회장으로 양로원에서 엄수되었는데 일점혈육이 없던 그의 상여가 금정산 공동묘지로 향할 때 박순천과 박현숙, 김활란 등 제자들과 후배 여성 수백 명이 그 뒤를 따랐다. 그 광경을 〈기독공보〉에서 이렇게 보도하였다.

해가 서산에 기울 때 식은 끝나고 유해는 양로원 후록 금정산으로 향하였다. 고인을 추모하는 대표들이 높은 산길에 상여를 따라 올라간다. 18

세에 가정생활을 청산하시고 일생을 나라와 겨레 위해 바치고 아들 딸 하나 없이 고독히 양로원에서 최후를 맞은 이의 상여 뒤에 눈물을 뿌리며 많은 무리가 뒤따르고 있는 것은 덕불고(德不孤, 덕이 있는 사람은 외롭지 않다)라는 고성古聖의 교훈이 헛되지 않았다.

뒤늦게 대한민국 정부는 조신성의 독립운동 경력을 인정하여 1977년 대통령 표창, 1991년 건국훈장 애국장을 추서하였고 유해도 서울 동작동 국립현충원으로 이장하였다.

20. 독립운동의 어머니
대한애국부인회 총재 오신도

비밀결사 대한애국부인회 검거! 예수교 장로·감리 양兩 파派의 신도 100여 명은 상해 가정부(假政府, 임시정부의 일제 측 표현)의 독립운동을 원조할 목적으로 외국인이 경영하는 기홀병원과 예수교회당에 회집하여 의논한 결과 평양을 중심으로 삼고 각지에 비밀결사 대한민국부인회라는 것을 조직하고 군자금 2,400여 원을 모집하여 가정부로 보낸 사실을 평남도에서 발견하고 거의 모두 검거하여 취조한 후 대정大正 9년 10월 15일 관할하는 검사에게로 보내었는데 이 사실의 내용은 이와 같더라.

조선총독부 기관지 노릇을 하던 〈매일신보〉에 실린 기사다. 삼일운동의 열기가 채 가시지 않은 1920년 10월, 평양지방을 중심으로 교회 여성들이 대한애국부인회라는 항일 비밀결사를 조직해서 상하이 임시정부를 돕다가 일본 경찰망에 탄로나 그 관련자 50여 명을 체포해서 조사한 후 주모급 20여 명을 검찰에 송치한다는 내용이었다. 그러면서 관련 인사 명단을 실었는데 제일 앞머리에 나오는 인물의 인적 사항은 다음과 같았다.

본적 평안남도 평양부 하수구리 40번지

감리파 신도

주소 동상同上

무직 (상해 가정부 의정부 의원 손정도 실모)

연합회 본부 총재(체포)

여 오신도(61년)

대한애국부인회 총재 오신도吳信道. 당시 61세 나이로 피의자 중 최고령. 그가 사건의 주모자였다. 일본 경찰이 오신도를 특별히 주목했던 것은 당시 상하이 임시정부 의정원 원장으로 활약하고 있던 손정도 목사의 어머니라는 점 때문이었다. 일제는 오신도가 이끄는 애국부인회가 손정도 목사가 참여하고 있는 상하이 임시정부의 국내 연락 및 활동 거점이 되어 국내외 독립운동 세력의 연대가 이루어진 것으로 봤다. 그래서 이 조직을 일망타진함으로 그 연결 고리를 끊으려 했던 것이다. 그 때문에 애국부인회 인사들의 옥중 고통이 심할 수밖에 없었다. 그러나 이 사건에 연루된 여성들은 그 아픔과 고통을 오히려 자랑스럽게 여겼다. 외국에 나가 어려운 환경에서 독립운동을 벌이고 있는 아들과 남편, 오빠와 동생들의 투쟁에 동참할 수 있다는 것만으로도 그들에겐 감격이고 기쁨이었다. 손정도 목사의 어머니, 애국부인회 총재 오신도의 마음 또한 그러하였다.

독립운동가 손정도의 어머니

이처럼 일제가 주목했던 오신도는 1860년(철종 11년) 5월 26일 평남 강서에서 출생하였다. 평범한 양반 가문의 딸로 성장하여 성년이 된 후 강서군 증산면 오흥리에 사는 유생 손형준孫亨俊과 결혼하였다. 스물두 살에 맏아들 정도貞道를 낳았고 이어 경도敬道, 이도利道 등 네 아들을 낳았다. 맏아들 정도가 평양으로 관리시험을 보러 갔다가 돌아오기 전까지는 평범한 전통 유교 집안의 안주인이었다. 집안의 희망이었던 아들이 관리시험을 위해 평양으로 가던 중, 기독교인 마을에 묵은 것이 화근(?)이었다. 하룻밤 동안 전도를 받고 '예수쟁이'가 된 아들은 상투를 자르고 집으로 돌아왔다. 그러고는 집안 사당을 때려 부숴 버렸다. '미쳐도 크게 미친 사람'으로 낙인찍힌 아들은 집 밖으로 쫓겨났다. 그 일로 가정의 평온은 깨졌고 오신도 자신의 삶에도 큰 변혁이 찾아왔다.

쫓겨난 아들 정도는 평양으로 가서 선교사 무어J. Z. Moore의 도움으로 숭실중학교에 들어갔다. 졸업반인 1907년에 평양 대부흥운동을 맞아 회심을 체험하고 목회자가 되기로 결심했다. 감리교 협성신학교에 진학한 손정도는 그 무렵부터 도산 안창호와 전덕기 목사 등 민족운동가들과도 교류하기 시작했다. 그리고 1910년 중국 선교를 자원하여 북경을 거쳐 하얼빈에서 목회하면서 독립운동에도 적극 참여하였다.

이런 아들을 둔 오신도의 삶도 평안할 수 없었다. 아들이 평양으로 떠난 직후 며느리 박신일朴信一도 평양에 나가 기홀병원 잡역부로 일하면서 남편의 학업을 도왔다.

오래지 않아 오신도 역시 아들과 며느리의 전도를 받고 기독교인이 되었다. 그리고 1909년 무렵부터 미감리회 여선교회의 유급 전도부인이 되어 평양지방에서 전도활동을 했다. 오신도는 선교사 루퍼스M. Rufus 부부, 로빈스H. P. Robbins, 노블 부인 등과 함께 주로 평양·강서·진남포·증산·봉산 등지에서 활약하였다. 나이로는 이미 활동 적령기를 지났으나 오신도의 활동은 선교사들의 놀라움을 자아낼 만큼 혁혁하였다. 그래서 미감리회 여선교회 연례보고서에는 오신도의 활동에 대한 선교사들의 보고가 종종 눈에 띈다. 1910년 로빈스 선교사의 보고에 나오는 대목이다.

> 내가 운영하고 있는 학교와 연관해 다섯 곳에서 성경반을 열고 있습니다. 고맙게도 루퍼스 부인께서 자신의 전도부인인 오 씨(오신도)를 내게 붙여 주었는데 이 전도부인이야말로 무궁무진한 능력을 지니고 있습니다. 오전에 내가 학교 일을 보는 동안 오 씨가 아이들을 가르칩니다.

노블 부인도 오신도에 대해 이렇게 적고 있다.

> 봉산의 학교엔 여학생이 23명 있습니다. 오신도가 이곳에서 훌륭한 일을 이루었습니다. 그는 또 주변 마을 여러 곳에 기도처를 세웠습니다. 교인들이 매달 그에게 3원을 주어 돕고 있습니다. 최근에 보내 온 편지에 보면 새로 믿기 시작한 어느 교인이 자기 집 안에 있는 귀신 사당을 부수는 데 그의 도움을 요청했다고 합니다.

그런데 오신도의 눈부신 활동은 1912년 일단 중단되었다. 표면적 이유는 둘째 아들의 죽음과 남편의 질병 때문이었다. 그러나 실상은 그해 맏아들 손정도 목사가 중국에서 활동하다가 일제가 조작한 '가츠라佳太郎 암살음모사건'에 연루되어 체포됨으로 모친인 오신도의 활동까지 제약을 받게 된 것이었다. 체포된 손정도 목사는 무관학교 설립기금 모금운동 혐의까지 받아 모진 고문을 받고 전남 진도에 일 년 유배되는 악형까지 겪어야 했다. 민족운동가 아들을 둔 탓에 오신도의 행동은 일경의 감시를 받을 수밖에 없었다. 결국 자의반 타의반으로 전도부인 직을 내놓았다. 당시 오신도의 나이 53세였다.

일 년간 진도 유배생활을 마치고 풀려난 손정도 목사는 중국 선교의 길이 막히자 서울 동대문교회와 정동교회를 담임하였다. 이 시기에 두 교회는 모두 크게 부흥하였다. 손정도 목사의 '복음적이면서도 민족적인 설교'가 젊은 청년들을 교회로 끌어들였기 때문이다.

그러다가 1918년 11월 손정도 목사는 교회를 사임하고 하란사와 연락을 취하며 의친왕의 해외망명운동을 추진하였다. 그리고 1919년 2월 중국으로 망명하여 베이징과 상하이를 오가며 임시정부 조직에 참여하여 의정원 원장을 지냈다. 삼일운동 직후 해외에서는 상하이 임시정부를 중심으로 민족운동 단체와 세력들이 힘을 모아 독립운동을 추진하였다. 이와 함께 국내에서도 임시정부를 지원하는 다양한 민족운동 단체들이 나왔는데, 이 점에서 여성도 남성과 다를 바 없는 활약을 보였다. 임시정부를 돕기 위한 여성 독립운동단체의 대표적인 곳이 애국부인회였고 이를 통해 오신도가 다시 한 번 활동 전면에 나서게 되었다.

애국부인회 총재

　삼일운동 직후 조직된 여성 항일비밀결사들은 수감 중인 독립운동가와 그 가족의 생계를 돕는 것으로 출발하였다. 그러다가 상하이 임시정부를 비롯하여 해외에 설립된 독립운동 단체들의 조직과 활동이 알려지면서 이들을 재정적으로 돕기 위한 모금운동과 그 특파원들의 입국활동을 지원하는 형태까지 나아갔다. 이런 목적에서 조직된 여성 항일비밀결사로는 애국부인회 외에 향촌회, 부인청년단, 부인관찰단, 여자복음회, 결백단, 적십자회 등이 있었다. 이들 대부분은 교회를 중심으로 조직되어 남성 독립운동 단체들과 연결을 맺으며 항일전선을 구축하였다. 이미 삼일운동 대중투쟁 과정에서 시위에 참여하고 투옥된 여성 운동가들의 7, 80퍼센트가 기독교인이었다는 사실에서, 기독교가 다른 어느 종교보다도 진취적이고 '자유와 해방'을 중요 가치로 인식하여 여성들도 이에 활발히 동참했음을 알 수 있다. 그렇기 때문에 삼일운동 직후 전개된 독립운동에 기독 여성들이 적극 참여할 수 있었던 것이다.

　이런 여성 항일비밀결사의 대표격인 애국부인회는 서울과 평양을 중심으로 조직되었다. 서울에서는 정신여학교 교사 김마리아와 이화학당 교사 황애덕을 중심으로 장로교와 감리교 여성들이 대한민국애국부인회를 조직하였고 평양에서도 장로교와 감리교 여성들이 대한애국부인회를 조직하여 활동했다. 오신도는 평양 애국부인회 총재였다.

　서울 애국부인회도 그러했지만 평양 애국부인회는 철저히 교회 중심으로 조직되고 활동하였다. 처음에는 장로교와 감리교가 별개 조직으로 출발하였다가 나중에 합쳤다. 장로교의 경우 1919년 6월 장대현교회 유치원 보모로 있던 한영신이 주동이 되어 같은 교회 교인인 김보원·김용복·김신희 등이 "일신一身의 생명을 희생으로 바칠지라도 열심으로 조선독립에 분주히 활동하겠다고 각각 맹서"하면서 조직하였다. 같은 시기 감리교 남산현교회에서도 그 교회 교인이며 기홀병원 전도부인으로 활동하고 있던 박승일을 비롯하여 손정도 목사의 딸인 손진실, 교사 출신의 이성실, 최신덕 등이 서문 밖 백동엽의 집에 모여 조직하였다.

이처럼 처음에는 장·감 별도로 조직되고 운영하다가 같은 목적의 같은 운동체가 연합하는 것이 더 효율적이라는 의견이 대두되어 1919년 8월부터 양 단체의 통합이 활발하게 논의되었다. 여기엔 상하이 임시정부에서 파견된 김정목, 김순일 등의 권고가 상당한 영향력을 발휘하였다. 그 결과 1919년 11월, 평양 신양리에 있는 숭의여학교 출신 김경희의 집에서 두 단체가 통합하여 대한애국부인회가 결성되었다. 이날 회의에서 다음 몇 가지 사항을 결의하였다.

- 명칭을 대한애국부인회라 정하고 본부를 평양에 두고 지부를 각부各部에 설치할 것.
- 본부 임원은 양 파에서 공평히 선임할 것.
- 설치한 각파 부인회는 여전히 지회로 할 것.
- 지방 각파 부인유지를 권유하고 지회를 설치할 것.
- 회비 외에 일반에게 군자금을 모집할 것.

조직은 총재 밑에 회장과 부회장, 재무부장, 교통부장, 적십자부장, 서기, 평의원 등 중앙 조직을 갖추고 지역별로 지회를 설치하였다. 회원들이 체포될 당시 일경이 파악한 바로는 평양·진남포·강서·함종·증산 등지에 일곱 개 지회가 있었다. 지회 회원은 모두 100명이었다. 장·감양 교파의 여성들이 조직한 단체인 만큼 임원 선출도 신경을 써야만 했다. 두 애국부인회의 산파 역할을 했던 한영신과 박승일은 중앙본부 부회장과 평양지회 회장이란 제2선 직책을 갖고 실무적인 일을 추진하였다. 총재와 회장은 장·감 양 교파는 물론 사회적으로도 인정받을 수 있는 영향력 있는 인물이어야 했다. 먼저 회장에는 장로교의 안정석이 선출되었다. 당시 안정석은 대동군수의 조카 며느리였던 관계로 일경의 감시와 간섭을 피할 수 있는 방패막이로 적격이었다. 그리고 최고위 직인 총재로 상하이 임시정부 의정원 원장 손정도 목사의 어머니 오신도를 추대했고 그는 흔쾌히 이를 수락하였다.

오신도는 이미 환갑이 넘은 노인이었으나 장·감 양 교파 교회 여성들에게 폭넓은 지지를 받고 있었다. 10여 년 전도부인으로 활동하면서 평양과 그 인근 지역 사정을 누구보다 잘 알고 있었으며 더욱이 상하이 임시정부 의정원 원장이 아들이라는 사실에서 그의 총재직은 적임이었다. 이리하여 그는 애국부인회 평양지회 서기로 뽑힌 손녀 손진실과 함께 군자금 모금운동을 비롯한 지방조직 확산에 박차를 가하였다. 그는 전도부인 시절, 복음을 들고 찾아다니던 평남 일대를 순회하며 군자금을 모금하고 조직을 확대해 나갔다. 그렇게 해서 모은 헌금을 김정목·김순일·김경희 등을 통해 상하이에 전달하였다. 체포되기까지 평양 애국부인회 회원들이 일 년 동안 모금하여 상하이에 보낸 헌금은 (경찰발표로) 2,417원에 달했다. 이 중에 오신도 자신이 모금한 것만 2백 원이었다.

그러나 이 조직은 1920년 10월 초 일경에 탄로나 회원들이 체포됨으로 중단되었다. 강서군 증산지회 회장 송성겸이 독립운동가 박세환과 접촉하는 것을 강서경찰서 형사들이 탐지하였고, 결국 송성겸 취조로 애국부인회 조직이 세상에 드러났다. 이를 계기로 평양·강서·진남포·증산·함종에서 검거 선풍이 일어 피신한 자를 제외한 50여 명 회원이 체포되었다. 이때 오신도는 물론 안정석·한영신·김세지·김보원·최매지·이성실·박승일·박현숙·김용복·양진실 등 주모자들이 모두 체포되었다. 다행히 이화여중을 졸업한 손녀 손진실은 1919년 말 아버지가 있는 상하이로 건너갔기 때문에 체포를 면할 수 있었다. 오신도를 비롯한 교회 여성들의 체포 소식은 교계와 일반사회에 큰 반향을 일으켰다. 〈기독신보〉(1920. 10. 13.)는 그 사실을 "평양 전도부인 체포"라는 제목으로 다음과 같이 보도하였다.

> 이달 2일에 평남 강서경찰서로부터 형사가 평양 시내로 출장하여 그곳 예수교회에서 전도하는 전도부인 5명을 체포하여 동일 강서경찰서로 압송하였다는 대사건은 아직 알 수 없다 하며 그 체포된 부인들의 성명은 좌와 같더라. 손정도 모친, 박현숙, 주광명, 김세지.

감옥에서 일경의 비인간적인 고문과 악형은 지독하였다. 상하이 임시정부 수뇌의 어머니라는 사실 때문에 오신도는 더욱 가혹한 고문을 받았다. 혹독한 심문과 조사과정을 거쳐 주모급 10여 명이 진남포지청 법정에 회부되었고(1920. 12.) 6개월에서 1년 6개월의 징역형을 선고받았다. 이들은 다시 불복 항소하여 평양 복심법원에서 최종 판결을 받았는데 형량은 오히려 1심보다 더 늘어났다. 박승일이 3년, 최매지·안애자·양진실·김성심·이겸양·김용복이 각 2년 6개월, 안정석이 2년, 박현숙이 1년 6개월, 오신도는 62세의 고령이라는 점이 참작되었는지 가장 적은 1년 징역형을 선고받아 평양 형무소에서 옥고를 치렀다. 노령에다 고문으로 약해진 몸으로 옥중생활이 편할 리 없었다. 하지만 해외의 열악한 환경에서 일경에 쫓기며 독립운동을 하고 있는 아들 손정도와 고난을 함께한다는 생각에서 오히려 어머니의 마음은 편안했다.

조용한 말년

오신도는 출옥 후 상한 몸을 이끌고 며느리 박신일과 함께 아들이 있는 중국 길림으로 망명하였다. 당시 손정도 목사는 세력 간의 갈등과 암투가 난무한 상하이 임시정부 활동을 접었다. 그리고 목회 본업으로 돌아가 길림의 한인교회를 맡고 있었다. 손정도 목사는 안창호와 함께 길림에 '농민호조사農民互助社'를 설립하여 오갈 데 없는 교민들을 모아 초대교회 시절의 신앙공동체(이상촌) 운동을 펼쳤다. 한편, 만주지역 독립운동가들과 연락을 취하여 독립운동도 지속적으로 전개했다. 그러나 그의 목회와 민족운동은 만주까지 손을 뻗친 일본 경찰과 만주 군벌의 방해와 탄압을 받았다. 그리고 결국 농민호조사 운동마저 일제와 만주 군벌의 방해공작으로 파산당했다. 뿐만 아니라 가족을 북경으로 옮긴 손정도 목사는 농민호조사 뒷마무리를 하다가 가츠라암살음모사건 때 당한 고문 후유증으로 건강이 급속히 악화되어, 길림의 한 여관에서 갑자기 피를 토하며 숨을 거두었다. 1931년 2월 19일의 일이었다.

7년 만에 아들을 만난 오신도는 과거 전도부인의 경험을 살려, 길림에서도 심방과 전도로 아들의 목회를 도왔다. 그렇게 말년의 행복을 잠시 누리는 듯하였는데, 얼마 지나지 않아 아들의 객사로 큰 충격을 받게 되었다. '규방 여인'으로 평생 방 안에 갇혀 살아야 했던 자신을 기독교로 안내하고, 이어 민족 독립운동의 선봉에 서게 만들었던 아들의 죽음은 어머니를 깊은 슬픔 속으로 몰아넣었다. 그러나 슬퍼할 수만은 없었다. 오신도는 아들이 소개한 기독교 신앙에서 위로와 소망을 찾았다.

 이후 북경에서 공부하고 있는 손자 손녀의 뒷바라지를 하다가 셋째 아들 경도가 미국에서 귀국하자 오신도도 북경생활을 청산하고 귀국하였다. 그리고 강서군 증산 고향집에 내려가 지내던 중 1933년 9월 5일 조용히 숨을 거두었다. 아들과 함께한 신앙과 독립운동의 길이었다. 오신도를 독립운동의 어머니라 부르는 이유가 여기에 있다.

 남은 두 아들은 해방 후 월남하지 못했거나 요절하였지만 손자 원일(국방부장관 역임)과 원태(재미 의사), 진실, 성실, 인실(YWCA 회장 역임) 등이 해방 후 남한과 미국에서 사회활동가로서 신앙의 맥을 이었다.

21. 꺼지지 않는 저항의 불꽃
독립운동과 유린보육원 설립자 어윤희

사람이 세상에 나서 나라가 없으면 짐승만도 못합니다. 개도 죽으면 임자가 개 값을 받으러 오는데 하물며 나라 없는 백성은 이 사람 저 사람이 때려죽이고도 죽였다는 말 한마디 안 합니다. 그러니까 어떤 고난과 죽음이 닥쳐오더라도 독립정신 하나만은 잃지 말고 남북이 통일된 완전한 독립국가를 만들어야 합니다.

강당을 가득 메운 4천여 명의 여학생들은 팔십 노인의 카랑카랑한 목소리에 긴장감을 늦출 수 없었다. 팔십 평생을 나라와 민족, 교회를 위해 헌신한 할머니는 증손녀뻘 되는 학생들에게 "남북통일이 되어야 완전한 독립이 되는 것입니다"라며 눈물로 호소하였다. 1961년 3월 1일, 서울 중앙여자중고등학교가 주최한 삼일운동 선도자 찬하식에서 선도자 찬하를 받은 어윤희魚允姬 장로가 답사로 한 말이다.

결혼 3일 만에 홀로 된 여인

어윤희는 1880년 6월 30일 충북 충주군(현 중원군) 소태면 덕은리 산골에서 전통적인 선비 어현중魚玄仲의 무남독녀로 출생했다. 어윤희는 아홉 살 때부터 부친에게 한문을 배우기 시작하여 《대학》까지 떼었다. 부친은 특별히 '언충신행독경(言忠信行篤敬, 말은 충성되고 미쁘게 하며 행실은 착실하고 남을 공경하라)'이란 글귀를 강조하였기에 이것이 어윤희 일생의 좌우명이 되었다. 열두 살 때 어머니를 잃었지만 혼인하기 전까지는 유복한 집안의 귀여움 받는 딸이었다. 그러나 결혼하면서부터 거친 삶이 시작되었다. 그 시절 대부분의 조선 여성들이 그러하였듯, 어윤희도 부친의 결정에 따라 열여섯 살에 시집을 갔다. 그런데 결혼한 지 3일 만에 남편은 동학군이 되어 집을 나갔고, 얼마 안 있어 전사했다는 소식을 들었다. 결혼생활은 3일로 끝났다. 게다가 남편이 죽은 지 2년 뒤 든든한 후원자였던 친정아버지까지 별세함으로 과부에 고아가 되어 버렸다.

당시 기준으로 보면 '하늘이 버린 여인', '복도 없고 운도 없는 여성'의 전형이었다. 부모도, 남편도, 자식도 없는 그가 살기에는 친정도 시집도 불편하기는 마찬가지였다. 결국 고향을 떠나기로 했다.

이후 어윤희가 어떤 신분으로 무슨 일을 했는지는 정확히 알 수 없다. 다만 충주를 떠나 황해도 평산, 해주 등지를 전전하다가 나이 서른에 경기도 개성에 와서 인생의 전기를 맞게 되었다. 우연히 개성북부교회 예배에 참석했다가 정춘수 전도사의 설교를 듣고 감명을 받아 기독교인이 되기로 결심한 것이다. 기독교는 고향을 떠나 방랑하는 여인에게 위로와 안식을 보장해 줄 것만 같았다. 어윤희는 스스로 신앙을 고백하였고, 교리

교육을 받은 후 갬블F. K. Gamble 선교사에게 세례를 받았다(1909년). 기독교는 그에게 인생의 새로운 전기를 마련해 주었다.

　세례를 받은 후 어윤희는 갬블 선교사의 추천으로 미리흠여학교에 입학하여 정규 교육을 받기 시작했다. 당시 개성에는 남감리회에서 운영하던 여학교가 두 개 있었다. 그중 호수돈여학교는 정상 과정인 반면 미리흠여학교는 주로 과부나 기생 출신 등 기혼여성들을 위한 교육기관이었다. 따라서 미리흠여학교는 나이 많은 여성들, 불우한 환경에 처한 학생들이 대부분이었다. 어윤희는 어려서부터 한문을 공부하여 학문적 소양이 풍부했지만 미리흠에서 전혀 새로운 세계를 접할 수 있었다. 그는 미리흠에 다니면서 개성동부교회 부속학교 교사로도 활약하였고, 미리흠을 거쳐 호수돈여학교에 진학한 뒤 1915년 3월에 졸업하였다.

　호수돈을 졸업한 어윤희는 남감리회 전도부인으로 파송받아 개성동부교회에서 전도활동을 시작하였다. 그리고 개성 북지방 토산 동구역에 파송되었다. 그는 황해도 금천군 합탄면 매후리 매동교회에 근거를 두고 인근 토산교회와 시변리교회, 상사리교회, 구난리교회 등 주로 농어촌 산간벽지의 교회들을 순회하며 복음을 전하고 여성 교인들의 신앙을 지도했다. 그러던 중 삼일운동을 맞았다. 어윤희의 삶에 다시 한 번 전기가 찾아왔다.

개성 만세운동을 주도

　개성지방 삼일운동은 초기 시위단계에서 여성들이 주도적 역할을 하고 남성들이 뒤이어 참여한 것이 특징이다. 정보나 독립선언서를 개성에 전달한 것은 남성들이지만 시위를 주도한 것은 여성들이었다.

독립선언서에 서명한 민족대표 33인 중 한 명인 오화영 목사는 1918년 가을까지 개성북부교회에서 목회하다가 서울 종교교회로 자리를 옮겼다. 그런 관계로 1919년 2월 중순부터 서울에서 민족대표들이 삼일운동 논의를 진행할 때 개성 연락을 오화영 목사가 맡게 되었다. 그는 개성에 와서 김지환·이경중·오은영·이만규 등을 만나 만세시위를 논의한 바 있으며 자기 후임으로 개성북부교회를 담임하고 있던 강조원 목사 앞으로 〈독립선언서〉 100여 매를 전달하였다. 그러나 소심한 성격의 강 목사는 독립선언서를 직접 처리하지 못하고 호수돈여학교 직원인 신공량을 시켜 북부교회 석탄 창고에 갖다 두도록 하였다. 그 결과 3월 1일 당일 개성에서는 아무런 움직임도 없었다.

교회 석탄 창고에 '방치된' 독립선언서를 다시 끄집어 낸 사람은 호수돈여학교 출신이자 개성북부교회 유치원 보모로 있던 권애라였다. 신공량에게서 독립선언서 이야기를 들은 권애라는 그것을 찾아내 '어윤희 전도사라면 이만한 일을 할 수 있으리라'는 생각에 어윤희 전도사에게 전달했다. 그렇게 해서 오화영 목사가 보낸 독립선언서가 어윤희 손에 들어왔다. 그리고 이와 별도로 2월 하순, 역시 민족대표 33인 중 한 명인 박희도 전도사의 지시를 받은 안병숙이 개성에 내려왔다. 그는 조숙경·이경지·이봉근·권명범·박마리아 등 호수돈여학교 학생들을 포섭하여 서울에서 진행되는 독립선언식과 만세운동 계획을 알리고 개성에서도 호응해 줄 것을 부탁하고 갔다. 이들 여학생들은 '믿을 수 있는 어머니' 어윤희를 찾아가 상의하였다. 이렇게 어윤희는 독립선언서와 그것을 배포하면서 시위를 주도할 학생들을 얻게 되었다.

사실 같은 교단에 속해 있었지만 오화영 목사나 강조원 목사는 남감리교 소속이고, 박희도 전도사는 북감리교 소속이어서 이들 사이에 정보 교환이나 협조는 이루어지지 않았다. 그래서 연락도 따로 취하고 접촉 대상도 달랐던 것인데, 별개의 두 흐름이 모두 어윤희에게 모아진 것이다. 그만큼 어윤희는 삼일운동 당시 개성에서 교파를 초월하고 남녀를 불문하여 독립운동을 이끌 만한 의지와 지도력을 갖춘 인물로 인식되어 있었다. 이는 그가 '동학군' 아내로서 평소 학교에서나 교회에서 설교나 강의를 할 때마다 민족의식과 독립을 강조했기 때문이었다.

개성 만세시위는 자연스럽게 어윤희를 중심으로 추진되었다. 어윤희는 우선 개성 남지방 소속으로 경기도 장단지역에서 전도부인으로 활동하던 신관빈을 만나 의기투합하였다. 두 전도부인은 호수돈과 미리흠여학교 학생과 교사, 그리고 개성 시내교회 여성 교인과 연락을 취하며 개성 여자성경학원 기숙사에서 2천여 매의 독립선언서와 격문을 인쇄하고 태극기 등을 제작하였다. 그리고 개성 거사 날짜를 3월 3일 월요일 오후 2시로 정했다. 서울에서는 고종 황제의 상여가 나가는 날이라 오히려 시내 전체가 침울하고 조용했는데, 그날 개성에서는 우렁찬 만세 함성이 터져 나온 것이다.

예정된 날 예정된 시각이 되자 만월정에 위치한 호수돈여학교 교사와 학생들이 찬송가와 만세를 부르며 시내로 향하였다. 어윤희를 선두로 한 여학생 시위대는 언덕을 내려오던 중 고려정에 위치한 남자학교 한영서원 앞을 지날 때, '가위를 꺼내 흔들며' 야유성(?) 만세를 외쳤다. 같은 남감리교 계통 학교였지만 윤치호가 교장으로 있던 한영서원은 독립운동과 만세시위에 비판적 입장을 취하였고, 따라서 교사와 학생을 통제했던 까닭에 만세운동의 무풍지대로 남아 있었다. 그러나 한영서원 남학생들도 호수돈 여학생들의 '가위 시위'에 자극을 받아 3월 4일 오전부터 시위에 참여하였고 많은 투옥자들을 냈다. 개성 만세운동은 어윤희가 지도하는 호수돈여학교 학생시위로 시작하여 일반 시민들이 참여하는 형태로 한 달 이상 진행되었다.

옥중 투쟁

어윤희는 3월 3일 만세시위를 이끌고 숙소로 돌아와 저녁식사를 하던 중 일본 경찰에 연행되었다. 그는 자신을 연행하러 온 형사들에게 "당신들이 내 몸을 묶어 갈망정 내 마음은 못 묶어 가리라" 하며 당당하게 따라나섰다. 감옥 안에는 이미 신관빈 전도사와 시위를 주도했던 학생들이 대거 잡혀 와 있었다. 남성 경찰들에게 여성 피의자들은 조사 대상이 아니라 성희롱과 성폭력 대상이었다. 나체로 만들어 심문하는 것쯤은 보통이고 옷을 벗긴 채 짐승처럼 기어 다니게 하고, 그것을 보면서 희롱하고 끌어다가 때리고 불로 지졌다. 특히 어윤희는 개성 만세시위를 촉발시킨 주요 인물이었기 때문에 경찰의 고문과 악형은 상상을 초월하는 것이었다. 그것은 검찰에서도 마찬가지였다. 서울로 압송되어 경성지방법원 검사국에 끌려가서 조사를 받던 중 고분고분 대답을 하지 않는다며 검사가 호통을 쳤다.

"저 앙큼한 년 봐라. 다 아는 거짓말을 하는구나. 저년 발가벗겨라."

그러나 어윤희는 전혀 주눅 들지 않고 오히려 당당하게 "내 몸에 누가 손을 대. 발가벗은 내 몸뚱이 보기가 그렇게 소원이거든 내 손으로 직접 옷을 벗겠다" 하며 옷을 훌훌 벗었다. 그러고 나서 "자, 실컷 보시오. 당신 어머니도 나 같을 게고, 당신 부인도 나 같을 거요" 하고 소리를 지르니 오히려 검사가 당황하여 똑바로 바라보지도 못하고 "어서 옷을 입히고 데리고 나가라"고 하였다.

이렇게 전혀 기를 굽히지 않은 어윤희에게 경성지방법원은 징역 1년 6개월을 선고하였다. 독립선언서에 서명한 민족대표들의 평균 형량을 여성의 몸으로 받은 셈이다. 그만큼 그의 독립의지와 기개가 강했다는 뜻이기도 하다. 그때 어윤희의 나이 마흔이었다.

어윤희는 서울 서대문 형무소 8호 감방에 수감되었다. 어윤희에게 감방은 기도방이 되었다. 그는 나라와 민족을 위해 그리고 해외에 나가 독립투쟁을 하고 있는 민족운동가들을 위해 수시로 금식기도를 하였다.

그런데 그 8호 감방 안에는 천안 아오내장터 만세시위를 주도하고 끌려 온 열여섯 살의 이화학당 학생 유관순도 함께 있었다. 덩치가 크고 식사량도 많았던 유관순에게 어윤희는 금식기도를 핑계 삼아 곧잘 자기 몫의 밥을 넘겨주곤 했다. 그뿐만 아니라 나이 어린 유관순이 취조와 고문을 받고 감방으로 돌아오면 어윤희는 어머니처럼 그를 품에 안고 어루만지며 위로해 주었다.

어윤희와 유관순이 함께 있던 8호실은 기독 여성들의 옥중 투쟁본부였다. 감옥 안에서도 그의 투쟁은 계속되었다. 어윤희는 감옥 안의 여성들을 전도하기에 힘썼고, 일본인 간수의 앞잡이 노릇을 하며 밥을 나르던 죄수를 혼내 주고 오히려 독립투사들의 비밀연락원으로 전향시킨 일도 있었다.

특히 1920년 3월 1일을 기해 서대문 형무소 안에서 여성들이 전개한 삼일운동 1주년 기념 만세운동은 유명하다. 그 일 때문에 투옥자들은 더욱 심한 고문을 받아야 했고 결국 유관순은 고문 후유증으로 끝내 목숨을 잃고 말았다.

그 무렵 세브란스 병원에 있던 의료 선교사 스코필드가 형무소를 자주 방문하였다. 그는 수감자들을 면회한 뒤 이들이 감옥에서 당한 고문과 악형의 처절한 실상을 정리하여 미국으로 보냈다. 이로써 일제의 만행을 전 세계에 폭로하여 '34번째 민족대표'라는 별명을 얻었는데, 무엇보다 어윤희에게서 교회 여성들이 겪은 옥중 고난과 저항 소식을 들으며 깊은 감명을 받았다. 스코필드는 어윤희를 비롯한 투옥 여성들의 옥중 수난과 투쟁활동을 기록한 노트에 "꺼지지 않는 불꽃 The Unquenchable Fire"이라는 제목을 붙였다. 스코필드는 감옥 안에서 만난 어윤희를 통해, 모세가 호렙산에서 목격한 꺼지지 않는 불꽃, 바로 그 저항의 불꽃을 발견한 것이다. 이를 계기로 스코필드와 어윤희는 '의남매'를 맺게 되었다.

여선교회 회장

만기 출옥한 어윤희는 개성북부교회 전도부인으로 파송받아 전도활동을 시작했다. 그리고 좀더 조직적인 항일 민족운동을 전개하였다. 교회의 여성을 조직화하여 이를 통한 민족 계몽과 교육을 추진했다.

이미 선교사 부인들이 주동이 된 여선교회가 있긴 했지만, 한국인이 주체가 되는 모임은 아니었다. 그리하여 각 지방 교회 단위의 여선교회를 전국적으로 규합하는 남감리회 여선교회 전국연합회가 1920년 12월 6일에 결성되었다. 이때 어윤희는 부회장으로, 개성 성경학원 출신 최나오미가 회장으로 선출되었다. 비록 외국 선교사들이 총무와 회계를 맡고 있어 아직은 선교사들이 정책 결정에 큰 영향력을 발휘하는 상태였으나, 이 조직을 통해 전국 규모의 여성집회가 가능하게 되었고 민중 계몽과 해외선교 등 다양한 사업을 추진할 수 있었다. 이 남감리회 여선교회가 1931년 북감리회 여선교회와 합하여 오늘날의 감리교 여선교회가 형성된 것이다.

한편 어윤희의 집은 해외에서 파견 온 무장 독립운동가들의 은신처 겸 연락처로 사용되었다. 양자로 삼았던 봉성환이 1921년 만주로 건너가 이동휘 휘하에서 독립운동을 하다가 전사한 후로는 더욱 그러했다. 어윤희는 개성경찰서 폭파를 목표로 하여 밀파된 청년 세 명을 집에 숨겨 주었다가 발각되는 바람에 경찰에 잡혀 가 곤욕을 치렀고, 수차에 걸친 가택 수색을 피해 권총을 화분 속에 숨기기도 여러 차례였다. 1923년에는 경찰관 출신 독립운동가 김성권을 집에 숨겨 두었던 것이 탄로나 남천경찰서까지 붙잡혀 가기도 했다.

1927년 여선교회는 일본에 선교사를 파송하기로 했다. 그리고 그 적임자로 어윤희를 선택해 보내기로 모두 결의하였다. 그러나 일본 당국이 어윤희에 대해 불온사상가라고 제동을 거는 바람에 출국이 막히고 말았다. 이렇듯 그에겐 항상 일경의 감시와 통제가 따라 다녔다. 그러나 어윤희는 개의치 않고 개성북부교회 전도부인으로 활동하면서 교회 교인들뿐 아니라 호수돈·미리흠·성경학원 학생들을 자식처럼 돌보며 민족의식을 고취하였다.

 1929년 광주학생사건의 여파로 개성 호수돈여학교에서도 동맹휴학사건이 터졌다. 이 사건의 주모급 학생들이 경찰에 체포되어 모진 형벌을 당하다가 석방되었는데, 학교에선 이미 정학 처분을 받아 갈 곳이 없는 상태였다. 이때 어윤희는 그 학생들을 자기 집으로 데리고 가 밥을 해 먹이며 독립 의지를 굽히지 말 것을 당부하였다. 그리고 각자에게 차비를 마련해 주면서 고향으로 가도록 돕는 세심한 배려를 아끼지 않았다. 어윤희는 언제나 버림받은 사람, 옳은 일을 하다가 박해받은 사람들의 편이었다.

고아들의 할머니

 신사참배와 중일전쟁 등으로 점차 시국이 어려워져 가던 1937년, 어윤희는 개성 유지인 한철호와 오기환의 도움을 얻어 고려정에 유린보육원이라는 고아원을 설립하였다. 그때 그의 나이 57세, 일점혈육도 없던 어윤희는 이후 남은 생애를 버려진 고아들의 어머니, 할머니로 살기로 결심했다. 신혼 3일 만에 깨어져 버린 가정의 꿈을 고아원에서 실현하게 된 것이다. 태평양전쟁 발발(1941년) 후 그 어려운 상황 속에서도 고아들을 돌보며 새날을 기다렸다.

 마침내 해방이 되었다. 그러나 기쁨도 잠시뿐 그 해방은 남북분단으로 인해 반쪽 독립일 뿐이었다. 곧 6·25전쟁이 터졌고 어윤희는 남쪽으로 피란을 내려왔다. 1952년 남쪽에서 그는 서강감리교회 장로로 피택되었고 미국 감리교회 여선교부 지원을 받아 서울 마포구 서강에 유린보육원을 설립한 후 별세하는 날까지 고아들의 할머니로 지냈다.

그의 고아 사랑은 남달랐다. 고아들은 그곳에서 친부모 이상의 사랑을 받았다. 유린보육원 출신의 증언이다.

> 저의 할머님은 저의 동무들의 할머니와 달라요. 안락의자에 앉아 계시지도 않으시고 방 안에 누우셔서 낮잠도 주무시지 않으시고 보육원 아이들과 함께 계시어 그들을 돌보아 주십니다. 할머님은 밤에도 편히 주무시지도 못하시지요. 제일 작은 아이 아홉 명을 한방에 같이 데리고 쉬시면서 몇 번이고 일어나시어 아이들을 돌보아 주십니다. 우리 할머님은 예수님 그대로라고 생각하였습니다.

어윤희는 사회사업의 공로로 나이팅게일기장을 받았으며, 인권옹호 공로표창을 받았다. 그리고 1961년 11월 18일, 보육원 원아들이 지켜보는 가운데 조용히 숨을 거두었다.

별세 후 그의 유언에 따라 장롱을 열어 본 보육원 직원들은 다시 한 번 고개를 숙였다. 장롱 속 흰 주머니에는 교회에 헌금으로 내라는 글과 함께 2만 환이 들어 있었고, 검정 주머니에는 자신의 장례비로 쓰라며 4만 환이 들어 있었다. 그리고 장례비가 부족하면 팔아 쓰라며 금반지 세 개, 직접 만든 수의와 색신발도 있었다. 또 관의 길이와 넓이를 잰 척수, 관 덮을 보 위에 두를 백무궁화 견본까지 들어 있었다. 시체는 화장하고 가루는 한강에 띄워 달라는 유서와 함께 뱃삯까지 준비되어 있었다.

너무도 완벽한 죽음의 준비였다. 그는 죽음을 한 많은 이 땅에서의 생을 영광스런 영원한 생으로 옮겨 놓는 하나의 과정으로 이해했던 것이다. 이것이야말로 10대에 생과부가 되어 20대에 방황과 고난을 겪은 후, 30대에 그리스도를 만나 40대에 독립운동에 헌신하고, 50대 이후 고아들의 할머니로 일평생을 정리하기까지 어윤희를 지탱해 준 그리스도교 신앙의 힘에서 비롯된 것이었다. 스코필드 선교사의 표현대로 "꺼지지 않는 불꽃"으로 산 일생이었다. 오늘도 서강교회 뜨락에 외롭게 서 있는 '장로 어윤희 여사 기념비'가 그것을 증언하고 있다.

22. 죽어서도 만세를 부르리라
요절한 처녀 독립운동가 김경희

평소에 형을 사모함은 두 가지 이유니 그중 하나는 세상에 온 후로 아름다운 지조를 일찍이 험악하고 무지스럽고 무정한 세상풍파에 더럽히지 아니하고 32세까지 보관하였다가 가지고 돌아가심이요 또 하나는 충의열사忠義烈士 뜻을 받아 오늘날까지 광복사업光復事業에 힘쓰셨음이로소이다.

중국 상하이에서 독립운동에 몸을 바쳐 일하던 독립운동가 김원경이, 불의에 작고한 독립운동 동지 김경희金敬喜를 애도하며 임시정부 기관지 〈독립신문〉(1919. 10. 4.)에 쓴 추모사의 일부이다. 서른두 살의 젊은 나이로 순결을 지키며 항일 독립운동을 하다가 요절한 김경희의 이야기다.

숭의여학교 1회 졸업생

안타깝게도 김경희의 가정환경과 어린 시절에 대해 밝혀 줄 자료는 별로 없다. 단지 알려진 사실은, 그가 평양 출신이라는 것과 그의 가정이 일찍이 개화한 집안이라 동생 애희愛喜와 함께 어려서부터 교회에 나갔고 교회에서 운영하는 학교에서 신교육을 받을 수 있었다는 것이다.

1897년 선교사들은 교인 자녀들을 가르치기 위한 초급과정 학교 네 개를 평양에 세웠다. 남자학교 두 개와 여자학교 두 개로 모두 '예수교 소학교'라 불렸다. 김경희는 동생과 함께 신양리에 있던 리G. Lee 선교사 소유의 ㄱ자형 단층 기와집에서 배웠다. 1898년 미국 북장로회 평양 선교부 보고서를 통해 당시 여학교의 상황을 엿볼 수 있다.

> 평양에는 남자학교가 둘, 여자학교가 둘 있는데 남녀 학교 각각 하나씩은 성 밖에 있습니다. ……여학교들은 재적이 48명인데 한국인 부인과 리 부인, 베스트Best 양이 가르치고 있습니다. 최근 성 밖에 있던 학교는 리 부인이 관장하던 것을 웰즈Wells 부인에게 넘겼습니다. 두 학교 모두 성공적으로 운영되고 있으며 얼마 전까지만 해도 자기 딸들의 교육에 대해서 무관심했던 교인들도 점점 호응을 해 오고 있습니다.

교과과목은 찬송·성경암송·산술·지리 등이었다. 김경희는 이 학교 한국인 교사 송정신에게서 많은 영향을 받았다. 김경희는 이 학교를 1903년 1회로 졸업하였는데, 동생 애희와 김유선이 동기생이었다.

졸업하던 그해에 김경희는 역시 김애희, 김유선과 함께 숭의여학교에 진학하였다. 숭의여학교는 초등교육을 마친 교인 자녀들이 계속적으로 교육을 받도록 하기 위해 장로교 선교부에서 1903년 10월에 설립한 중등 교육기관이었다. 처음 시작할 때 입학한 43명 중 23명은 시골에서 온 학생들이었다. 교과과목은 성경·산술·지리·물리·화학·수예·음악 및 기독교 교리였다. 일 년 내내 수업이 있는 것은 아니고 10월부터 이듬해 1월까지 3개월 동안만 수업을 하는 형태의 학교였다. 1906년부터는 감리교가 이 학교 운영에 참가하게 되어 초교파적인 학교가 되었다.

민족주의 교육자

1908년 5월, 김경희는 김애희·김유선·김보원·김신보 등과 함께 숭의여학교 제1회 졸업생이 되었다. 졸업 후 김경희는 동생과 함께 학교에 남아 선생으로서 학생들을 가르치기 시작했다. 김경희가 주로 맡은 과목은 수학과 지리였다. 졸업 성적이 제일 우수했던 동생 애희는 4년 후에 중국 북경으로 건너가 북경대학에서 의학을 전공했다. 그 후 귀국하여 여의사로 평양기독교연합병원에서 활동했고 해방 후 월남하여 숭의여학교 재건을 위해 헌신하였다.

모교인 숭의여학교에서 3년간 가르친 김경희는 그 후 목포에 있는 정명여학교로 갔다가 다시 평양의 숭현崇賢여학교 교사가 되었다. 숭현여학교는 그가 졸업한 예수교 소학교와 다른 여학교들을 합하여 세운 초등학교였다.

숭현여학교 교사로 부임한 김경희는 처음 교사로 출발하던 때와는 크게 달라져 있었다. 한일합병을 경험했으며, 기독교인 민족운동가들이 대거 체포되어 모진 고문을 당한 105인사건을 목격하는 그 사이 그는 민족주의 독립사상으로 무장되어 있었다.

1913년은 김경희가 독립운동 전면에 나타나기 시작한 해이다. 숭의여학교 후배이자 숭의여학교 교사로 있던 황애덕이 김경희를 찾아왔다. 숭의여학교 졸업생 및 재학생들로 비밀결사를 조직하자는 뜻에서였다. 김경희는 쾌히 응낙했고 숭의여학교 교사 이효덕과 재력을 갖춘 교인 안정석 등이 핵심 참모로 추가되어 1913년 송죽형제회가 조직되었다. 송죽형제회는 주로 숭의 출신 졸업생들로 조직된 송형제회松兄弟會와 재학생들로 조직된 죽형제회竹兄弟會를 통괄해서 부르던 칭호였는데, 이 비밀결사 조직의 초대 회장으로 김경희가 선출되었다.

이 조직은 대외적으로는 친목단체처럼 꾸몄으나 회비 명목으로 일정 금액을 거두어 해외에 나가 있는 독립운동가들을 지원하려는 의도에서 만든 비밀조직이었다. 특히 졸업생들로 조직된 송형제회는 졸업생들의 지방 취업으로 전국적인 조직망을 갖출 수 있었다. 이혜경이 원산에서, 서매물이 부산에서, 박현숙이 전주에서, 황애덕이 서울에서 각각 교회 여성들과 기독교 학교 여학생들을 중심으로 신앙동지회와 기도모임 등을 만들어 비밀조직을 키워 나갔다.

김경희는 이처럼 전국 규모의 비밀결사를 지휘하면서 독립운동에 대한 확고한 신념을 갖게 되었다. 그의 투철한 독립사상은 교실에서도 그대로 드러났다. 그에게 교육을 받은 제자의 증언이다.

한번은 지리 시간에 '하르삔'이 나오자 이곳이 바로 안 의사(안중근)가 우리나라의 원수 이등박문을 쾌살快殺한 곳이라고 설명하고는 우리나라가 독립한 후에는 이곳에다가 안 의사의 동상을 건립하자는 말을 하였다. 학생들은 이 수업을 감격과 울분의 교착으로 숨죽이고 들었을 것이다. 그리고 그의 애국적 인격에 감동되었을 것이다. 그러나 이 수업 내용이 일 년 만에 발각되고 말았다. 김경희는 경찰에 끌려가 수주일간 그곳에 감금된 채 온갖 악형을 받아야 했다. 김경희는 악형을 이기지 못하여 심한 폐질환에 걸려 병석에 눕고 말았다.

송죽형제회는 삼일운동 이전에 국내에 존재하던 유일한 독립 비밀결사조직이었다. 이 조직의 핵심 멤버들은 삼일운동 당시 전국 각지에서 여성 중심으로 만세시위를 주도하였고, 삼일운동 후 본격화된 독립운동 지원을 목적으로 한 비밀조직의 핵심세력이 되었다.

삼일운동 참여와 상하이 망명

1919년 2월 하순, 상하이에서 온 김순애가 부산과 서울을 거쳐 평양에 도착하였다. 상하이 및 서울의 만세시위 계획을 알리고 동지를 구하려는 목적이었다. 김순애는 친구였던 김애희를 찾았고, 김경희도 동생 애희를 통해 김순애를 만나게 되었다. 당시 김경희는 결핵을 앓고 있었음에도 김순애를 데리고 평양지역의 동지들을 만나러 다녔고, 송죽형제회 회원들을 중심으로 한 평양 만세시위 계획을 주도하였다. 2월 28일 밤, 김순애를 상하이로 떠나보내는 시간에 김경희는 품속에서 작은 성경책을 꺼내

어머니에게 주면서 "제가 내일 외출하여 집에 돌아오지 않더라도 염려하지 마십시오. 만일 제가 내일 죽지 않고 적의 옥중에 들어가게 되면 이 성경을 들여보내 주십시오"라며 자신의 결의를 밝혔다.

3월 1일의 평양 만세시위는 남산현교회에서 초교파적으로 시작되었다. 송죽형제회 회원들은 태극기 제작과 배포를 맡아 시위에 참여하였다. 김경희는 만세시위 직후 평양을 탈출하여 중국 망명길에 올랐다. 그리고 상하이로 가던 중 봉천에서 우연히 김원경을 만났다. 김원경은 1919년 4월에 교회 여성 중심으로 서울에서 결성한 비밀결사 조직인 대조선독립애국부인회와 혈성부인회 대표자격으로 상하이 임시정부로 가던 길이었다.

김경희는 김원경과 이내 친한 동지가 되었다. 상하이에 도착해서 장빈로長濱路 애인리愛人里에 함께 살면서 상하이 임시정부 조직과 활동에 참여했으며, 특히 여성을 중심으로 한 애국부인회 조직에 심혈을 기울였다. 그러나 김경희의 상하이 체류는 잠시뿐이었다. 임시정부가 그에게 특별한 임무를 부여하고 국내 귀환을 명령했기 때문이다. 김경희가 맡은 임무가 무엇이었는지는 분명치 않으나 임시정부 기관지 〈독립신문〉이 "어떤 사명을 가지고 환국還國하였더니"(1919. 10. 2.)라고 쓴 것을 보아 비밀로 할 수밖에 없는 중대 임무였던 것만은 확실하다. 다만 추측할 수 있는 것은, 서울에 조직된 것처럼 여성이 중심이 된 강력한 단일 지하운동체가 평양에도 있어야겠다는 임시정부의 판단 아래, 그 조직의 결성 임무가 김경희에게 주어진 것이 아닐까 한다. 기존의 송죽형제회와는 다른 적극적인 항일 독립운동단체의 구성이 필요했을 것이다.

김경희는 1919년 8월경 다시 평양으로 귀환하였다. 그때부터 평양의 감리교와 장로교 애국부인회의 통합이 본격적으로 논의되기 시작했다. 숭의여학교에는 장로교·감리교가 섞여 있었기에 두 단체의 통합은 순조롭게 추진되었다. 그러나 투병 중인 김경희의 건강은 계속 악화되었다.

"나는 죽어서도 대한독립의 만세를 부르리라"

더욱이 삼일운동 전에 일경에게 체포되어 당한 고문으로 얻은 폐질환은 계속 김경희를 괴롭혔고, 결국 그는 앓아눕게 되었다. 독립운동에 대한 뜨거운 열의도 쇠약해진 육체 때문에 제대로 펼칠 수가 없었다. 그는 병상에서 우는 시간이 많았다. 아픈 몸으로 일본 경찰의 감시까지 받던 김경희는 결국 회복되지 못하고 1919년 9월 19일 숨을 거두었다. 임종 직전, 나이 많은 어머니와 동지들에게 이렇게 유언을 남겼다.

나는 독립을 못 보고 죽으니 후일 독립이 완성되는 날 내 무덤에 독립의 뜻을 전해 주시오. 나는 죽어서도 대한독립의 만세를 부르리라.

그의 죽음 소식이 상하이에 전달되자 임시정부 관계자들은 충격과 비탄에 빠졌다. 특히 그와 한방을 쓰던 김원경의 충격은 더욱 컸다. 그의 추도사 끝 부분을 읽어 보자.

슬프다. 형을 따라가고 싶은 마음 불일 듯 간절하오나 광복의 사업은 앞으로 갈 길이 태산泰山 같고 소수의 여자계女子界는 무력함이 이러하오니 참아 어찌 이를 두고 가오리까. 맡기신 사임事任을 전할 곳이 전무全無하니 만일이라도 다 하고 가야 후일 형을 대할 낯이 있을지라. 이것이 고苦의 고苦를 무릅쓴 험악한 앞길을 불식행진不息行進하는 까닭이로소이다. 응당 나의 앞에 태산과 대해大海가 막힐지요 모진 풍파가 나를 엄습할지니 아 형아, 나를 사랑하실진대 어찌 이같이 무거운 짐을 쓸어맡기시고 혼자만 주님 슬하膝下에 돌아가시나이까. 아니라, 형의 가심은 주께 우리 소원을 하소거리하려 함이로다. 형아, 나를 도우소서. 태산과 대해가 막았거든 헤쳐 탄탄대로를 만드시고 세상풍파가 나를 해치려거든 사랑하는 날개로 나를 덮어 안으소서. 우리는 살아도 대한大韓 죽어도 대한大韓, 잊지 못할 이 사업을 마친 후야 죄악에 더럽힌 몸이 영생의 길을 향하리로소이다. 가실 때 주신 물품 볼 때마다 마음 상합니다. 형아, 영이 계시거든 만 리를 지척같이 자주 살펴 주옵소서. 할 말씀 맡기신 사임 쓰려면 한이 없사오매 단장의 수구어數句語로 가신 형의 영전에 알외나이다.

23. 만세 부른 것도 죄란 말이오?

선천 독립운동과 여성운동 선구자 강기일

"죄요? 나는 결코 죄라고 생각지 않소. 우리 조국을 위하여 당신 총창銃槍에 맞고 찔리고 죽은 나의 형제자매를 위로하기 위하여 만세 한번 부른 것이 죄요?"

만세 부르다 총에 맞고 창에 찔리고 옥에 갇힌 형제자매를 위로하기 위해 삼일운동 1주년 만세시위를 주도하고 체포된 여인의 옹골찬 항변이었다. 그 당당함에 심문하던 일본인 판사는 당황할 수밖에 없었다. 선천의 여성 독립운동가 강기일姜基一의 이야기다.

매큔의 양녀

강기일은 1893년 10월 16일 평북 정주군 곽산에서 출생했다. 다섯 살

되던 해부터 예수를 믿었다는 사실밖에는 어린 시절을 밝혀 줄 자료가 없다. 그가 선천에 와 있던 선교사 매큔의 양녀였다는 사실에서 출신과 가정환경이 그리 썩 좋지 않았음을 짐작할 수 있다. 어려서부터 선교사 양녀로 들어가 양육되었다는 사실은 부모가 일찍 별세했거나 자식을 키울 수 없는 형편이었음을 반증하기 때문이다. 아무튼 그는 어려서 선천 선교사 집으로 들어갔다.

선천에는 북장로회 선교사 휘트모어N. C. Whittemore가 정착하면서 본격적인 선교가 시작되었다. 선교사가 들어오기 전에 이미 선천읍교회(후의 선천북교회)가 세워져 있었고, 초등교육기관인 명신학교가 일찍이 설립되었다. 명신학교 졸업생이 배출될 무렵인 1906년, 중등교육기관으로 신성중학교와 보성여학교가 설립되었다. 이들 학교는 양전백·김석창·이창석 등 민족의식이 강한 교인들이 세운 학교였다.

보성여학교는 1910년 4월 7일에 제1회 졸업생 8명을 배출했다. 강기일도 김성무·차경신·오순애 등과 함께 이때 졸업하였다. 명신학교를 거쳐 보성여학교를 졸업한 것이다. 게다가 강기일은 양아버지 매큔 선교사 덕에 그 당시 여성으로서는 좀처럼 하기 힘든 미국 유학까지 다녀왔다.

매큔은 한국에 나와 일하던 선교사들 가운데 한국 민족을 사랑하고 이해했던 몇 안 되는 선교사 중 한 사람이었다. 매큔은 1905년 내한하여 1909년부터 선천에 정착하였는데, 그의 선교활동은 목회보다 교육이었다. 그가 교장으로 있던 신성중학교는 이승훈이 설립한 정주 오산학교, 안창호가 설립한 평양의 대성학교와 함께 서북지역의 대표적인 민족주의 학교였다. 양전백·김석창을 비롯하여 선우혁·길진형·강규찬·곽태종·홍성익 등 골수 민족사상가들이 교사로 포진해 있었다. 그런 관계로 일제가 민족주의 세력을 말살시킬 목적으로 105인사건을 조작했을 때 신성학교에서만 교사 9명, 학생 30여 명이 체포되었다. 매큔도 이들을 보호·지원하였다는 혐의로 일경에 체포되어 심문을 받았다.

매큔은 이 사건이 마무리될 즈음인 1913년 6월, 안식년 휴가를 얻어 미국으로 귀국했다. 이때 양녀였던 강기일도 동행한 것으로 보인다. 강기일이 미국의 어떤 학교에서 어떤 교육을 받고 돌아왔는지 구체적으로는 알 수 없으나 2년 동안 미국의 기초 교육을 받았을 것으로 추측된다. 귀국 후 강기일은 1915년부터 모교인 보성여학교 교사로 봉직하였다. 그러다가 1917년에는 다시 일본으로 건너가 요코하마 쿄리츠共立여자신학교에 들어가 2년 정도 신학을 수학하고 돌아왔다.

삼일운동 1주년 기념시위

강기일은 일본 유학을 마치고 돌아온 직후에 삼일운동을 겪었다. 때문에 1919년 3·1만세 시위에는 직접적인 참여를 하지 않은 것으로 보인다. 한편 서울과 평양에서 투옥된 민족운동가들과 그들의 가족을 구호할 목적에서 혈성애국부인회, 대한애국부인회, 대한민국애국부인회가 생겨나 비밀 지하단체로 항일 민족운동을 추진했는데 선천에서도 그 같은 지하 여성단체가 생겨났다. 즉 보성여학교 동창들을 중심으로 검박회儉朴會가 조직된 것이다. 이 단체는 보성여학교 교사로 있던 강기일과 보성여학교 출신으로 선천군 공단면에서 대동大同소학교를 설립·운영하던 김신의 등이 주동하여 창립하였다. 단체 이름에서 보듯 겉으로는 여성들의 절제운동단체 성격을 표방했다. 검소하고 소박한 생활을 하며 물자를 아껴 쓰자는 대외적 취지를 내세웠던 것이다. 그러나 실질적으로는 군자금 모금이 주목적이었다.

강기일은 김신의와 함께 이 단체를 이끌면서 김성무·김옥석·오순애·김강석·엄승도 등 보성 동창들을 포섭하였다. 모아진 군자금은 만주로 망명해 있던 애국청년단 총무 차경신을 통해 상하이로 전달되었다. 서울과 평양의 애국부인회가 6개월이 못 되어 동지들의 배반으로 조직이 탄로 나고 일경에 의해 회원들이 체포되어 해체된 것에 비해 검박회는 상당 기간 동안 활동을 계속할 수 있었다. 회원들 간의 비밀 유지가 그만큼 철저했기 때문이다.

1920년 3월 1일을 기해 만세운동 1주년 기념시위가 선천에서 일어났다. 이때 강기일이 선두에 나서 주도하였다. 그는 보성여학교 동창이자 동료 교사인 김성무와 함께 이 일을 계획하였다. 1920년 3월 1일, 강기일은 선천남교회 새벽예배 후 예배에 참석했던 교인들, 그리고 미리 연락받고 나온 보성여학교와 신성중학교 학생들과 함께 대대적인 만세시위를 벌였다.

급작스런 새벽 만세시위에 놀란 일경이 처음에는 신성중학교 학생들이 주동인 것으로 알고, 신성학교 기숙사를 급습하여 김선량을 비롯해 학생 15명을 체포하였다. 일경은 학생들을 취조하는 과정에서 보성여학교 교사 강기일·김성무 2인이 주동한 만세시위였음을 알고 10여 일 후 강기일·김성무 외에는 모두 석방하였다. 강기일이나 김성무는 3월 1일 시위 현장에서 선두에 섰다가 체포된 상태였다. 결국 강기일과 김성무는 구속 기소되어 3월 21일 신의주지방법원에서 재판을 받았다. 당시 재판

과정이 〈독립신문〉(1920. 4. 15.)에 상세하게 소개되었다.

다음에 강기일 양이 판사 앞으로 나온다. 양은 회색 주의周衣에 나막신을 신고 감옥 규례로 머리를 뒤로 꼰졌다. 양은 쾌활하고 열렬한 기상이 얼굴에 나타난다. 판사는 예例와 같이 성명 직업을 물은 후,

-판사 : 본월 1일에 누다리에서 만세를 불렀지?
-강기일 양 : 나는 작년 이날에 만세운동에 참여하지 못하였으나 우리 형제자매는 많이 죽고 맞고 옥중에 갇혔소. 우리를 위하여 또 대한의 독립을 위하여 찬송가를 부를 즈음에 좌우노변에서 동포의 만세를 부르는 소리가 들리기로 나도 가서 참여한 것이오.
-판사 : 작년에 여러 사람이 만세를 부르고 벌을 당하는 것을 보았지? 그렇게 법률에 죄 되는 줄 알면서 왜 짐짓 범죄하였소?
-강기일 양 : 죄요? 나는 결코 죄라고 생각지 않소. 우리 조국을 위하여 당신 총창에 맞고 찔리고 죽은 나의 형제자매를 위로하기 위하여 만세 한 번 부른 것이 죄요?
-판사 : 네가 서양인가西洋人家에 오래 있었다 하니, 네가 좋지 못한 사상을 품게 됨이 서양인의 가르친 까닭이로구나. 민족자결이니 자유니 하는 말이 다 거기서 배운 것이지?

하여 외인外人의 사주使嗾라는 구실을 꾸미려 하매 양은 화를 내어 얼굴빛이 변하고 화가 난 음성으로, "서양인은 우리나라에 하나님의 도를 전

하려고 온 선교사라, 선교사의 입으로 민족자결이니 자유니 한 말을 할 리가 어디 있소? 삼척동자라도 발을 벗고 만세 부르러 뛰어 나오는 때에 서양인이 가르쳤다는 것은 무슨 말이오?" 심문을 마치고 징역 3개월 선고를 받다.

선천 YWCA 조직

3개월 옥고를 치른 후 출옥한 후에도 강기일의 투쟁은 계속되었다. 그러나 전처럼 공개적인 만세시위로는 더 이상 독립운동을 추진할 수 없었다. 대신 무지한 여성을 깨우치고 의식화해서 응집된 힘을 바탕으로 새로운 차원의 민족운동을 전개해 나갔다. 그것은 한국에서 시작된 YWCA운동을 통해 이루어졌다. 1922년 3월, 서울에서 김활란·유각경·김필례·신의경 등이 중심이 되어 조선 YWCA가 창설될 무렵, 이미 선천에서는 독자적인 여자청년회가 활발한 활동을 보이고 있었다.

선천 YWCA는 1920년 6월 29일에 창설되었다. 그 창설 기사가 〈동아일보〉(1920. 7. 5.)에 수록되어 있다.

> 지난 6월 29일 하오 8시 30분에 선천읍 북예배당에서 선천 여자기독청년회 총회를 열고 지휘장指揮長 김성무 씨의 인도로 회장 김신의 씨가 등석登席하여 개회사가 있은 후 계속하여 길진주 씨의 독창과 김옥석 씨의 "조선 여자의 사정"이라는 강연과 강기일 씨의 "우리의 사명"이라는 강연과 다시 김신의 씨의 강연이 있은 후 당석에 입회入會 지원자가 2백여

명에 이르고 남녀 방청원은 2천 여인에 달한 대성황을 이뤘고 10시 30분에 마쳤더라.

총지휘 김성무, 회장 김신의, 강사 김옥석, 강기일. 이들은 모두 1919년 8월에 지하단체로 결성된 검박회 핵심 인물이었다. 그리고 모두 보성여학교 동창들이었다. 1920년 3월에 삼일운동 1주년 만세시위를 주도하고 신의주 형무소에서 2개월씩 옥고를 치르고 나온 강기일과 김성무가 또 다른 교회 여성 중심의 운동단체를 조직한 것이다. 이처럼 그들의 투쟁은 계속 이어졌다. 검박회라는 비밀 지하단체가 아닌 YWCA라는 외국 단체 이름으로 활동하니 일경의 감시와 간섭을 피할 수 있어 더욱 좋았다.

초기 YWCA 활동은 여성을 대상으로 한 계몽 강연이 위주였다. 글을 모르는 여성들을 깨우치고 그들을 의식화시켜 집결된 민족운동 세력으로 키워 나가는 것이 초기 여성운동 선각자들의 사명이었다. 강기일은 출옥 후 선천뿐 아니라 지방 교회들을 순방하며 강연회 연사로 활약하였다.

1922년 3월, 서울에서 한창 조선 YWCA 조직이 추진될 무렵에도 강기일은 평북지방을 돌며 강연을 하고 있었다. 전과자로 일경의 감시가 늘 뒤따랐지만 그의 강연과 설교는 중단된 적이 없었다. 1922년 2월 평북 용천군 광화교회에서 강기일이 강연한 사실을 〈동아일보〉(1922. 3. 5.)가 보도하고 있다.

용천군 양광면 용계동 광화예수교회 부인전도회에서는 2월 19일 오후 7시 30분 본 예배당 내 전도사업에 대한 강연회를 열었는데 본 전도회장 이애신 씨의 사회로 본교 사경회 선생으로 강빙講聘한 강기일 씨의 "하나님의 전^{田}"이란 제목의 1시간 열변이 있었으니 회원 40여 명을 포함하여 90여 명 청중의 큰 감상을 일으켰는데 당석에서 입회 지원자가 12인에 달하고 동 9시 10분에 폐회하였더라.

선천 YWCA는 응집된 힘을 바탕으로 더욱 체계적인 일을 추진하였다. 그것은 유치원과 야학 설립이었다. 강기일·김성무·박명철·박준신 등은 유치원 설립기금을 마련하기 위해 순회강연단을 만들어 지방 교회를 순방했다. 그렇게 해서 1924년에는 1,500원의 기금을 모을 수 있었고 총독부로부터 정식 유치원 설립인가까지 받아 선천유치원을 설립하였다. 유치원은 전도부인 김성무가 맡았다. 그외에 불우한 환경의 여성들을 위해 영덕여학교를 설립하여 운영하기도 했다.

이처럼 선천 YWCA와 유치원, 그리고 야학이 본 궤도에 올라서자 강기일은 중단했던 신학 공부를 계속하기 위해 평양여자고등성경학교에 진학했고 1929년에 졸업하였다. 그러나 당시 장로교회 상황에서 여성이 단독으로 목회 일선에 나설 수 없었다. 졸업 후 강기일은 1930년 황해도 은율읍교회를 담임하고 있던 김경하金京河 목사와 결혼했다. 평북 강계 출신의 김경하는 1919년 강계 만세운동을 주도하고 6개월여 옥고를 치른 민족주의자였다. 병보석으로 출옥한 후 중국으로 망명하여 화북신학교를 졸업하였고, 귀국하여 1928년 목사안수를 받은 뒤 은율읍교회에서 목회하고 있었다. 두 사람 모두 삼일운동을 전후하여 옥고를 치른 민족운동가였다. 그때 김경하 목사가 35세, 강기일이 37세였다. 당시로서는 '대단히' 늦은 결혼이었다.

결혼 후 강기일은 목회자의 아내로 남편을 도우며 교인들을 돌보는 일에 전념하였다. 1936년에는 신천읍 서부교회로 전임하였으며 강기일은 재령여자고등성경학교에 나가 강의도 하면서 황해노회 여전도회 회장을 역임하였다. 그러나 이들 부부 모두가 삼일운동에 관계된 '후테이센진'이었기 때문에 일경의 감시를 피할 수 없었다. 일제 말기인 1943년에는 사상범 예비검속령에 걸려 부부가 함께 신천경찰서에 구금당하기도 했다.

전쟁난민 구호사업

강기일은 해방 후 계속 신천에 남아 동부교회에서 남편과 같이 목회하였고, 1948년 2월 '면려회사건'으로 김경하 목사가 공산당에 체포되었다가 풀려난 후에는 월남하여 대구 침산교회와 서울 서대문교회를 개척하였다. 강기일은 남편과 함께 수난과 박해를 받으면서 목회를 도왔고, 6·25전쟁 중에는 부산에서 목사부인회 회장이 되어 전쟁난민 구호사업에 헌신하였다. 대구 피란 시절에는 대구 고등성경학교 교수로도 봉직하였다. 수복 후에는 서울에 올라온 후 상이군인 수용소를 찾아다니며 그들을 위한 구호활동을 계속 벌이다 과로로 쓰러져 1956년 1월 1일 설날 아침에 별세하였다.

24. 무궁화 바느질 할머니
자수를 통한 민족혼 수호자 장선희

외국 여자들보다 조선 여자들은 손재주가 퍽 많습니다. 그 기능을 발휘시켜 주며, 또는 미망인들이나 경제적으로 살길을 찾으려는 수많은 여자들에게는 이런 기관이 얼마나 필요한지 모릅니다. 공예품을 만들어 외국 시장으로 내보내면 훌륭한 성공과 환영을 받을 줄 알면서도 경영곤란으로 생각만 굴립니다.

일제 시대 〈신동아〉(1932. 7.)에 실린 글이다. 이 글을 쓴 사람은 조선 여자들이 뛰어난 손재주를 썩히지 않고 그 재능을 개발하여 수예·공예품을 제작할 수 있도록, 그리고 불우한 환경의 여인들에게 자활의 길을 열어 주고자 '조선여자기예원朝鮮女子技藝院'이라는 무료 강습소를 차려 조선의 전통 수예를 문화로 승화시키고자 노력하였다. 또한 일제 시대 암흑기에 '근역 삼천리槿域三千里'라 이름 붙인 자수 도안을 전국 학교에 보급하여 학생들이 수를 놓으면서 전국 13도에 무궁화가 피어나는 꿈과 희망을 심어 주었다. 이는 모두 수예와 조화造花의 달인 장선희張善禧에 관한 설명이다. 그는 또한 삼일운동 재령 만세시위의 주역이었고 애국부인회 지도자의 한 사람이었다.

그림 그리는 집안

장선희는 1893년 2월 19일 평양 박구리에서 장준강張俊綱의 둘째 딸로 출생했다. 그 위로 오빠 장인석張仁錫과 언니 장인덕張仁德이 있다. 할아버지는 진사를 지냈으며 중국을 드나들며 한약 건재 도매상을 해 큰돈을 벌어 만석군 부자 소리를 들었다. 대원군이 경복궁을 수축할 때 할아버지는 엽전 열 바리를 원납전願納錢으로 바치고 아들 준강의 벼슬을 보장받고 돌아온 뒤 오래지 않아 병으로 세상을 떠나고 말았다. 그런 관계로 부친 대에 와서는 가세가 많이 기울었다. 부친 장준강은 해강 김규진에게 서화書畵를 사사받아 화가가 되었다.

장선희가 태어난 그 다음 해에 동학농민혁명이 일어나고 이어 청일전쟁이 터져 평양이 청·일 양국 군대의 격돌장소가 되는 바람에 장선희 가족은 멀리 강원도 회양 산골로 피란을 갔다. 그곳에서 5년 세월을 보낸 후 정착한 곳이 황해도 안악이었다.

장선희는 남자 복장을 하고 오빠를 따라 읍내에 있는 양산소학교에 다니다가, 1905년에 안악읍교회 내에 여학교인 안신安新소학교가 설립되자 학교를 옮겼다. 이미 안악읍에는 1897년에 장로교회가 설립되었고 교회 안에 남학교가 설립되어 있었는데, 여학교는 나중에 생긴 것이다. 이 안신소학교에서는 김구의 부인 최준례가 아이들을 가르쳤다.

장선희는 안신소학교에 다니는 동안 을사5조약과 정미7조약, 헤이그 밀사사건과 고종의 강제 퇴위를 경험하였다. 일본의 강압적인 조선 침략을 감수성이 예민한 십대에 체험한 것이다. 민족주의 사상이 강했던 부친은 1907년에 일어난 국채보상운동에 적극 참여했는데, 그림 외에 수공예품을 만들어 팔아서 번 돈을 국채보상금으로 냈다. 어린 장선희도 언니와 함께 고두막이·골무·오목다리·타래버선·수주머니·수돌띠·베갯모 등을 수놓아 팔아 함께 그 운동에 참여하기도 했다.

장선희가 안신소학교를 졸업한 것이 1908년이었다. 안신소학교가 교회에서 운영하던 학교였던 만큼 장선희와 그 일가가 교인이 된 것은 안악읍에 정착한 이후로 볼 수 있겠다. 졸업과 함께 장선희는 바로 그 학교 교사가 되어 아이들을 가르쳤고, 틈틈이 수놓아 베갯모와 침낭을 만들어 팔았다. 그 돈의 일부는 서울 세브란스 학교에서 공부하는 오빠 학자금으로 쓰였다. 또 상당한 액수의 돈이 모이자 계속 공부할 결심을 하고 평양의 숭의여학교로 진학했다. 그는 열여덟 살의 나이로 평양 숭의여학교에 입학해 공부를 하면서도 손에서 수틀을 놓은 적이 없었다.

정신여학교 교사

장선희는 숭의여학교에 일 년 정도 다니다가 오빠의 권면에 따라 서울의 정신여학교로 옮겼다. 1912년 2학년으로 편입한 정신여학교 재학 중에도 저녁이면 기숙사에서 자기보다 나이 어린 동급생들을 모아 놓고 수를 가르쳤다. 1914년 6회 졸업생으로 정신여학교를 졸업한 뒤 바로 경성여자고등보통학교 기예과에 편입해 들어가 전문 수예교육을 받는 한편, 정신여학교 자수 선생으로 학생들을 가르치기 시작했다. 일 년 만에 경성여자고등보통학교를 마치고 정식으로 정신여학교 교사로 부임했다.

장선희가 맡은 과목이 미술·자수·편물 등 주로 실습과목이어서 침묵 속에 수업이 진행되는 경우가 더 많았다. 옷감을 뚫고 지나가는 바늘과 실 소리만 들리는 교실 안에서 장선희는 며느리에게 가문의 전통을 가르쳐 주는 시어머니처럼 조선의 전통 수예를 가르쳐 주었다. 그리고 가끔 잔잔한 음성으로 다른 어느 시간에도 들을 수 없는 얘기를 들려주었다.

> 여러분, 깎아 세운 절벽이 아무리 위태로워도 아름다운 꽃은 뿌리를 튼튼히 바위 속에 박고 피어납니다. 사나운 비바람처럼 일본 침략의 정치가 우리 민족의 생명을 억누르고 있어도, 우리 민족정신의 뿌리가 실력을 토대로 깊이 박히는 날, 우리 앞에는 서광이 비쳐 오고 우리 민족은 희망에 찬 웃음을 웃게 될 것입니다……. 왜놈의 정치가 우리에게 사탕발림으로 유혹을 한다 해도 우리 민족의 혼은 왜놈의 그물에 걸린 채로 있을 리가 만무합니다. '달은 차면 기울기 시작하고[月滿則虧]' '만물은 이루면 쇠하기 시작하는[物盛則衰]' 것은 자연의 공리입니다. 우리는 은인자중隱忍自重하여 모름지기 때가 오기를 기다리며 오직 학문을 탐구해야 할 것입니다.

그렇게 기다리던 때가 마침내 왔다. 1919년 2월 하순에 정신여학교 동창인 김마리아가 그를 찾아왔다. 김마리아는 도쿄에서 있었던 2·8독립선언에 참여하고 독립선언서를 몸에 숨기고 들어와 민족지도자들에게 해외 사정을 알려 주는 한편 국내에서 거족적으로 추진되고 있는 만세시위 계획에 깊숙이 참여하고 있었다. 장선희는 김마리아를 통해 국내외의 독립운동 상황을 알 수 있었다. 이 같은 과정을 통해 장선희도 삼일운동에 참여하게 되었다.

장선희는 3월 1일 서울에서 만세시위에 참여한 후 김태련 목사가 전해 주는 독립선언서를 비롯한 몇 종류의 선언문을 옷 속에 감추고 3월 3일에 서울을 떠났다. 당시 그의 가족은 모두 재령 해안병원 원장으로 있는 오빠의 집에 있었다. 재령에서는 명신학교 교장인 안병균과 김성무 부부, 재령읍교회의 김용승 목사, 교인 김말봉이 중심이 되어 만세시위를 준비하고 있었다. 오빠 장인석도 적극 돕고 나섰다. 재령에서 구체적인 만세시위 계획이 수립된 것을 확인하고 장선희는 3월 6일에 다시 서울로 귀환하였다.

장선희는 정신여학교 숙소로 가려 하였으나 전날 교사와 학생 수십 명이 체포되어 끌려갔고 일본 경찰의 계속적인 감시 때문에 들어갈 수 없었다. 그는 세브란스 병원에 근무하고 있던 이갑성 부인 차숙경의 권유에 따라 세브란스 병원에 위장 입원한 채 독립운동가들과 접촉을 계속했다. 삼일운동 기간 중에 김마리아를 비롯한 그의 동지들이 많이 붙잡혀 들어갔지만 잡혀 가지 않은 동지들은 투옥인사들과 그 가족을 위한 비밀결사를 만들었다. 3월 중순, 정신여학교 출신인 오현주와 오현관 자매, 세브란스 병원 간호사로 있던 이정숙과 이성완이 주동이 되어 만든 단체에 동대문부인병원으로 옮겨 위장 입원하고 있던 장선희도 가담하였다. 혈성

애국부인회로 이름 붙여진 이 단체가 상하이 임시정부에서 파견된 임득산과 연결되면서 더욱 적극적인 항일 민족운동단체로 변모했다. 이 단체는 일반 여자고등보통학교 출신 기독교인들로 조직된 대조선독립애국부인회와 합동, 대한민국애국부인회가 되었다. 장선희는 이 조직의 지방 통신원이 되어 지방 조직의 책임을 지게 되었다. 장선희는 정신여학교 동창들을 찾아다니며 애국부인회 지방 조직 및 군자금 모금운동을 본격적으로 추진하기 시작했다. 황해도 홍수원·재령·대구·영천 등지의 지방 조직은 그가 직접 내려가 이루어 놓은 성과였다.

애국부인회 사건

1919년 8월, 삼일운동 혐의로 체포되었던 김마리아와 황애덕이 예심면소 처분을 받아 출옥하였다. 그리고 1919년 10월 19일에 김마리아 출옥 환영회로 위장한 대한민국애국부인회 조직 개편 모임에서 장선희는 재무부장이 되었다. 전국에서 보내오는 독립운동자금을 수합하여 상하이 임시정부에 전하는 핵심적인 일을 맡게 된 것이다.

그러나 이 조직은 동지의 배반으로 2개월이 채 못 되어 폭로되었고 동지들이 체포되었다. 장선희도 11월 28일 학교에서 체포되었고, 정신여학교 동료 교사들과 함께 종로경찰서에 연행되었다. 그곳에는 이미 여러 동지들이 체포되어 와 있었다. 그들은 다시 대구로 압송되었다. 대구경찰서에서 처음 이 조직을 탐지했기 때문이었다. 대구의 이혜경·유인경, 부산의 백신영도 체포되어 왔다. 멀리 원산·북간도에서도 동지들이 잡혀 와 모두 50여 명의 여성들이 체포되었다.

　이미 애국부인회의 기밀 서류는 배반자의 손을 거쳐 경찰이 가지고 있었다. 그래도 조직과 다른 동지들의 피해를 줄이기 위해 고문과 악형을 받아가면서도 비밀을 지켰다. 김마리아와 백신영은 고문으로 빈사상태에 이르러 병보석으로 풀려났다. 1920년 6월, 예심 종결을 마쳤을 때에는 장선희를 비롯한 일곱 명의 핵심 간부만이 기소되었다. 대구지방법원은 장선희에게 징역 2년형을 선고하였다. 복심법원도 같은 형량을 선고하였다. 길고도 힘든 투옥생활이 시작되었다.

　장선희에게 대구 감옥에서의 생활은 낯설고 힘들었지만 시간이 흐를수록 죄수와 간수들에게 인정을 받게 되면서 조금씩 익숙해졌다. 주일마다 예배를 드렸고 감방 안에서 무식하고 거친 죄수들을 대상으로 성경과 한글을 가르쳤다. 무엇보다 다행스러운 것은 다시 바느질을 할 수 있게 된 것이었다. 처음엔 죄수들 옷을 깁는 것으로 시작했으나 차츰 그가 경성여자고등보통학교 기예과 출신이라는 사실이 알려지면서 형무소 당국은 특별히 장선희에게 자수공부방을 만들어 죄수들을 가르치게 하였다. 비록 일본 옷 하오리나 오비에 수를 놓는 일이었지만 바느질을 하는 것만큼 행복한 일은 없었다. 특히 남편을 독살시키고 들어온 270호 죄수를 제자로 삼아 자수와 함께 신앙을 전수하였다.

　장선희는 4년여 옥고를 치른 후 1922년 5월 만기를 석 달 앞두고 가출옥 석방되었다. 감옥에서 생활하는 동안 그는 또 다른 결심을 하게 되었으니, 남은 평생을 여성들의 기술 교육, 특히 자수 교육에 헌신키로 한 것이다. 그 대목을 〈신동아〉는 이렇게 증언하였다.

30년 이상 형 받은 여자들만 15명 이상을 모아 놓고 여사 친히 수繡의 그림을 그리고 수놓은 법을 가르쳐 줄 때 문득 '조선 여자에게 가장 적당한 실제적 지도는 미술공예품을 가르치는 것이로구나' 하는 깨달음과 거기에 대한 결심이 있어 모든 것을 그 안에서 계획하고 설계해 가지고 나왔었다.

무궁화꽃 할머니

출옥 후 장선희는 일본으로 건너가 도쿄여자미술전문학교 자수과에 들어갔다. 그는 관동대지진 때 일본인들의 무자비한 조선인 학살을 목격하면서 민족적 울분을 바느질 속에 삼킨 채 1924년 봄에 학교를 졸업하고 귀국했다. 귀국할 때엔 대구 감옥 때부터 장선희에게 관심을 갖고 일본 유학까지 함께한 대구 청년 오학수吳鶴洙가 동행하였다. 장선희는 신학을 마치고 목사가 된 오학수와 1926년 3월에 재령읍교회에서 결혼했다.

서울로 올라온 장선희는 정신여학교와 경성여자상업학교에서 자수를 가르치다가 1927년 8월에는 목적했던 대로 조선여자기예원이라는 전문 자수학원을 설립하였다. 일 년 과정으로 도화圖畵, 조화, 면사포 제조법, 자수 등을 가르쳤는데 전통 조선 자수뿐 아니라 중국·일본 등의 동양 자수와 서양 자수까지 가르쳤다. 학비는 무료였으며 불우한 환경에 놓인 여인들이 주로 찾아와 배웠다.

장선희는 애국부인회사건 이후 일경의 계속적인 감시를 받으면서 자수를 통한 민족혼 수호를 위해 애썼다. 그가 고안해 낸 '근역 삼천리'도안은 조선 13도에 무궁화 꽃이 만발한 모양을 그린 것으로 함흥·재령·진주 등지의 기독교 학교에서 자수도안으로 채용해서 일경의 신경을 건드리기도 했다. 장선희는 자수로 번 돈을 은밀히 상하이 임시정부에 보내거나 계몽운동 자금으로 여러 차례 내놓았다.

해방 후 서울에서 목회하던 남편 오학수 목사는 한민당에 가입하고 정치 일선에 나섰다가 6·25전쟁 중 공산군에 납치되어 북으로 끌려갔다. 그러나 장선희는 이러한 가정의 불행 속에서도 바늘을 놓지 않았고, 1955년에는 '장선희조화연구소'를 설립하여 일제 시대부터 해 온 여자 기술교육을 계속 추진하였다. 6·25전쟁 통에 대한민국 국기 및 대통령기와 유엔기를 제작하는 영예를 누렸고 국전에 초대 작가로 활약했으며 1959년에는 '대한여자미술학원'을 설립하는 등 여성 공예 미술 발전에도 큰 공을 남겼다. 미국에서 개최된 만국박람회에도 여러 차례 출품하여 '꽃 할머니' 장선희란 이름은 국제적이 되었다.

만년에는 새문안교회에 출석하며 교회 일을 돕고 자신의 연구실에서 꽃을 만들며 지내다가 1970년 8월 28일 별세하였다. 광복회장으로 엄수된 장례식에서 애국부인회 동지 황애덕은 눈물을 흘리며 그의 마지막 길을 전송하였다.

> 사랑하는 동지여, 어째서 그리 발걸음이 빠르시오.
> 해방을 함께 즐겼거니, 통일도 같이 보렸더니, 무엇이 그리 바빠서요.
> 비상한 재주를 가졌던 그 손!
> 사랑하는 우리 강토를 꽃으로 꾸미던 그 손재주!
> 아아, 애석하구나! 아아, 애통하여라!

참고문헌

I. 복음을 받아들인 처음 여성들

1. 전삼덕

〈神學月報〉, 제3권 4호, 1903. 4;제3권 11호, 1903. 11.

전삼덕, "내 생활의 략력", 《승리의 생활》, 조선예수교서회, 1927.

장병욱, 《한국감리교여성사》, 성광문화사, 1979.

Fifty Years of Light, Woman's Foreign Missionary Society of the Methodist Episcopal Church, 1938.

Annual Report of the Korea Woman's Conference of the Methodist Episcopal Church, 1903.

2. 김세지

김셰듸, "나의 과거생활", 《승리의 생활》, 조선예수교서회, 1927.

〈神學日報〉, 제3권 12호, 1903. 12.

《朝鮮獨立騷擾史論》, 1921.

〈東亞日報〉, 1922. 5. 23.

〈監里會報〉, 1권 9호, 1933. 8. 28.

《기독교대한감리회 여선교회 육십년사》, 대한감리회총리원 부녀국, 1966.

이호운, 《그의 나라와 그의 생애》(총리사 양주삼 박사 전기), 감리교대전신학대학 출판부, 1965.

장병욱, 《한국감리교여성사》, 성광문화사, 1979.

《한국여성독립운동사》, 3·1여성동지회, 1980.

Annual Report of the Korea Woman's Conference of the Methodist Episcopal Church, 1903-1916.

M. W. Noble, *Victorious Lives of Early Christians in Korea*, Tokyo, 1933.

M. W. Noble, "Bible Woman Sadie Kim", *The Korea Mission Field*, vol. 3, No. 6,

1907. 6.

The Journals of Mattie Wilkox Noble 1892-1934, 한국기독교역사연구소, 1993.

3. 여메례

金九植, 《續陰晴史》, 국사편찬위원회, 1959.

〈大韓每日申報〉, 1907. 7. 18.

〈皇城新聞〉, 1910. 7. 17.

〈活泉〉, 1922-1932.

《朝鮮耶蘇敎東洋宣敎會聖潔敎會略史》, 1929.

崔恩喜, 《祖國을 찾기까지》, 下, 探求堂, 1973.

《韓國女性史》, II, 이화여자대학교, 1972.

《梨花八十年史》, 이화여자대학교, 1967.

《基督敎大百科事典》, 11권, 기독교문사, 1984.

"정동 새회당에서 행한 일", 〈대한크리스도인회보〉, 1897. 12. 29.

"보호여회 설립함을 말씀함", 〈신학월보〉, 1901. 8.

Annual Report of Woman's Foreign Missionary Society of the Methodist Episcopal Church, 1894-1895.

"Ewa Haktang", *Annual Report of Korea Woman's Conference of the Methodist Episcopal Church*, 1903.

Annual Report of the Woman's Conference of the Methodist Episcopal Church in Korea, 1899-1906.

4. 박에스더

〈大韓興學報〉, 3號, 1909. 5.

〈大韓每日申報〉, 1909. 4, p. 28-29.

최은희, 《韓國開化女性列傳》, 정음사, 1985.

《梨花八十年史》, 이화여자대학교, 1967.

《한가람 봄바람에》, 知人社, 1981.

張炳旭, 《韓國監理敎女性史》, 聖光出版社, 1979.

E. A. Lewis, "A Korean Girl", *Heathen Woman's Friends*, Vol. XXV., No. 2, Aug.,

1893, pp. 49-50.

W. E. Griffis, *A Modern Pioneer in Korea, The Life Story of Henry G. Appenzeller*, 1922.

R. S. Hall, *The Life of Rev. William J. Hall*, 1897.

S. Hall, *With Stethoscope in Asia* : Korea, 1978(김동열 역, 《닥터홀의 조선회상》, 동아출판사, 1984).

5. 주를루

J. Bailow, "Haju District", *Fifty Years of Light*, Woman's Foreign Missionary Society of the Methodist Episcopal Church, Seoul, 1938.

쥬를루, "믿음의 권능", 〈基督申報〉, 1917. 3. 28.

쥬눌누, "예수는 내 생활의 피란처", 《승리의 생활》, 조선예수교서회, 1927.

〈神學月報〉, 1903. 1.

6. 이경숙

리경숙, "예수는 내 생활의 보혜사", 《승리의 생활》, 조선예수교서회, 1927.

《梨花九十年史》, 이화여자중고등학교, 1975.

《梨花八十年史》, 이화여자대학교, 1967.

《尙洞敎會九十年史》, 상동교회, 1980.

M. W. Noble, *Victorious Lives of Early of Christians in Korea*, Tokyo, 1933.

M. F. Scranton, "Missionary Work Among Woman", *The Korean Repository*, Vol. 5, No. 8, 9, Sep., 1898.

Annual Report of the Korea Woman's Conference of the Methodist Episcopal Church, 1898-1911.

7. 노살롬

"로살놈녀사략력", 《승리의 생활》, 조선예수교서회, 1927.

Annual Report of Korea Woman's Conference of the Methodist Episcopal Church, 1903.

Official Minutes of the Korea Mission of the Methodist Episcopal Church, 1900.

8. 하란사

《梨花九十年史》, 이화여자고등학교, 1976.

《梨花七十年史》, 이화여자대학교, 1956.

《梨花八十年史》, 이화여자대학교, 1967.

崔恩喜,《祖國을 찾기까지》, 下, 探求堂, 1973.

崔恩喜,《韓國開化女性列傳》, 정음사, 1985.

閔淑鉉, 朴海璟,《한가람 봄바람에》, 知人社, 1981.

《정동제일교회구십년사》, 정동제일교회, 1977.

《韓國女性史 II》, 이화여자대학교, 1972.

장병욱,《한국감리교여성사》, 성광문화사, 1979.

〈獨立新聞〉, 1920. 1. 22.

전택부,《人間申興雨》, 대한기독교서회, 1971.

Flowler-Willing, Jane's and Mrs. George H. Jones, *The Lure of Korea*, Woman's Foreign Missionary Society, Boston, 1913.

A. B. Chaffin ed, *Fifty Years of Light*, Woman's Foreign Missionary Society of the Methodist Episcopal Church, 1938.

Annual Report of the Korea Woman's Conference of the Methodist Episcopal Church, 1903-1919.

M. F. Scranton, "Sang Dong and Southern Districts", *Annual Report of the Korea Woman's Conference of the Methodist Episcopal Church*, 1907.

Nansa K. Hahr, "A Protest", *The Korea Mission Field*, Dec. 1911.

M. M. Albertson, 'The Bible Woman's Training School?', *Annual Report of the Korea Woman's Conference of the Methodist Episcopal Church*, 1911.

II. 민중과 교회를 위해 몸 바친 여성들

9. 왕재덕

〈東亞日報〉, 1926. 2-5, 1928. 12, 1929. 10, 1930. 3. 10, 1934. 4, 6.

崔恩喜,《祖國을 찾기까지》, 下, 探求堂, 1973.

《黃海道天主教會史》, 韓國教會史研究所, 1984.

金九, 《百凡逸志》, 1947.

崔明植, 《安岳事件과 三一運動과 나》, 1970.

《독립운동사자료집》, 11권 (의열투쟁사자료집), 1976.

10. 김정혜

《貞和五十年史》, 貞和五十週年紀念事業會, 1958.

崔恩喜, 《祖國을 찾기까지》, 下, 探求堂, 1973.

崔恩喜, 《韓國開化女性列傳》, 정음사, 1985.

South Methodism in Korea Thirtieth Anniversary, ed. by J. S. Ryang, Seoul, 1929.

Minutes of the Annual Meeting of the Korea Mission of the Methodist Episcopal Church, South, 1904–1929.

11. 최나오미

〈基督申報〉, 1920–28.

"서비리아 녀전도인쳐리 최내오미 보고," 〈南監理教會 西北利亞宣教處 朝鮮人教會 事業部 第五回年會會錄〉, 1925.

양주삼, 《조선 남감리교회 30주년 기념보》, 1929.

Lilli R. Smith, *Korea Aflame for Christ*.

Minutes of the Annual Meeting of the Korea Mission of the Methodist Episcopal Church, South, 1901.

F. Hinds, "Woman's Work in Sondo for the year ending Sep., 30, 1901", *Minutes of the Annual Meeting of the Korea Mission of the Methodist Episcopal Church, South,* 1901.

A. Caroll, "Report of Woman's Work in Wonsan", *Annual Meeting of the Korea Mission of the Methodist Episcopal Church, South,* 1902.

A. Caroll, "Report of Woman's Work in Wonsan", *Annual Meeting of the Korea Mission of the Methodist Episcopal Church, South,* 1904.

12. 손메례

《청파교회 50년사》, 1981.

〈東亞日報〉, 1930. 4. 13.

〈基督申報〉, 1924. 12. 24. 1930. 1. 22, 1930. 4. 30.

손메례, "朝鮮의 禁酒運動", 〈基督申報〉, 1930. 4. 30.

손메례, "깃붐과 예수", 〈基督申報〉, 1930. 1. 22, p. 4.

A. G. Waller, "Evangelistic work of the Sang Dong Church", *Annual Report of the Korea Woman's Conference of the Methodist Episcopal Church*, 1913.

13. 김성무

〈東亞日報〉, 1922. 8. 16, 9. 10.

《독립운동사》, 제2권, 3·1운동사(상), 독립운동사편찬위원회, 1971.

《독립운동사자료집》, 4(3·1운동사자료집), 독립운동사편찬위원회, 1972.

《한국여성독립운동사》, 3·1여성동지회, 1980.

추영수, 《久遠의 햇불》, 중앙여자중고등학교, 1971.

《한국 YWCA반백년》, 대한 YWCA연합회, 1976.

《信聖學校史》, 信聖學校同窓會, 1980.

《宣川郡誌》, 1977.

《장로교여성사》, 대한예수교장로회여전도회 전국연합회, 1978.

《만년꽃동산-장선희 여사 일대기》, 단운선생기념사업회, 1985.

The Korean Situation, Commission on Relations with the Orient of the Hederal Council of the Churches of Christ in America, 1919.

14. 문준경

吳永必, 《聖潔敎會愛難記》, 기독교대한성결교회출판부, 1971, p. 69.

裵可禮, 《聖潔敎會女性史》, 기독교대한성결교회출판부, 1987.

성결교회역사와문학연구회, 《성결교회 인물전》 제1집, 1987.

〈活泉〉, 15권 8·9호 1937.

〈기쁜소식〉, 4권 9호, 1937. 7. 8.

文俊卿, "茌子島敎會後興記", 〈활천〉, 15권 8·9호, 1937.

문준경, "後會島敎會聖殿建築記", 〈기쁜소식〉, 4권 7호, 1937. 7. 8.

김동길, "문준경 전도사", 《聖潔敎會受難記》, 기독교대한성결교회출판부, 1971.

15. 장정심

張貞心, 《琴線》, 敬天愛人社, 1957.

〈東亞日報〉, 1920. 6. 16.

〈靑年〉, 1927. 2.

張貞心, 《主의 勝利》, 漢城圖書株式會社, 1933.

張貞心, 《조선기독교50년사화》, 1934.

16. 방애인

배은희, 《조선성자 방애인소견》, 전주유치원, 1934.

《기전 70년사》, 전주 기전여자중고등학교, 1974.

〈東亞日報〉, 1923. 10-11.

《한국인명대사전》, 신구문화사, 1967.

《한국 YWCA반백년》, 대한 YWCA연합회, 1976.

〈東亞日報〉, 1923. 10. 27, p. 3.

III. 민족과 나라를 사랑한 여성들

17. 김마리아

〈東亞日報〉, 1920-1925.

《高等京察歷史》, 1921.

《朝鮮獨立騷擾史論》, 1921.

〈김마리아判決文〉, 1921.

정일형, "김마리아론", 〈우라키〉, 6호, 1933.

《정신 75년사》, 1962.

〈나라사랑〉, 30호, 외솔회, 1978.

金永三, 《김마리아》, 한국신학연구소, 1983.

최은희,《祖國을 찾기까지》, 中, 探求堂, 1973.
《만년 꽃동산-장선희 여사 일대기》, 단운선생기념사업회, 1985.
《한국여성독립운동사》, 3·1여성동지회, 1980.

18. 남자현

《獨立血史》, 1949.
〈復興〉, 제2권 2호, 1948. 3.
〈朝鮮日報〉, 1933. 6. 11.
〈조선중앙일보〉, 1933. 8. 26, 1933. 8. 27, 1933. 8. 31, 1933. 10. 12.
〈국민보〉, 1959. 5. 20, 1959. 5. 27.
《한국여성독립운동사》, 3·1여성동지회, 1980.
박용옥, "만주벌판에 핀 구국의 꽃",《한국 역사 속의 여성인물》, 한국여성개발원, 1998.
박영석, "남자현의 민족독립운동-중국동북지역에서의 활동을 중심으로",〈한국학연구〉2집, 숙명여자대학교 한국학연구소, 1992.

19. 조신성

〈대한매일신보〉, 1907. 8. 4.
〈每日申報〉, 1915. 2. 14.
〈東亞日報〉, 1921. 9-1922. 1.
〈基督公報〉, 1953. 5. 18.
〈中外日報〉, 1927. 5-7.
"趙朴兩氏美擧",〈基督申報〉, 1925. 7. 28.
《江西郡邑誌》, 1967.
《독립운동사》, 제7권(의열투쟁사), 1976.
崔恩喜,《祖國을 찾기까지》, 下, 探求堂, 1973.
崔恩喜,《韓國開化女性列傳》, 정음사, 1985.
주요한,《安島山全書》, 1963.
《梨花九十年史》, 이화여자고등학교, 1975.
《한국여성독립운동사》, 3·1여성동지회, 1980.

주태익,《늘봄선생과 함께》, 종로서적, 1978.
《基督敎大百科事典》, 13권, 기독교문사, 1984.
Annual Report of the Korea Woman's Conference of the Methodist Episcopal Church, 1906.

20. 오신도

〈每日申報〉, 1920. 11. 4, 11. 7.
〈基督申報〉, 1920. 10. 13.
이덕주, "손정도 목사의 생애와 사상",《손정도 목사의 생애와 사상》, 감리교신학대학교출판부, 2004.
〈東亞日報〉, 1921. 2. 27.
《朝鮮獨立騷擾史論》, 1922.
《한국여성독립운동사》, 3·1여성동지회, 1980.
《基督敎大百科事典》, 11권, 기독교문사, 1984.
손원일, "나의 이력서", 〈한국일보〉, 1976. 9. 29-11. 20.
Annual Report of the Korea Woman's Conference of the Methodist Episcopal Church, 1910-1912.

21. 어윤희

〈東亞日報〉, 1923. 3. 5.
梁柱三 編,《朝鮮南監理教會 三十年紀念譜》, 1929.
〈3·1운동 재판기록〉, 경성지방법원, 1919. 4.
《久遠의 햇불》, 중앙여자고등학교, 1971.
《한국여성독립운동사》, 3·1 여성동지회, 1980.
《독립운동사》, 제3권(3·1운동편), 독립유공자협회.
장병욱,《한국감리교여성사》, 성광문화사, 1979.
《기독교대한감리회 여선교회 육십년사》, 대한감리회총리원 부녀국, 1966.
최은희,《韓國開化女性列傳》, 정음사, 1985.
차경수 장로의 서한, 1986. 8. 1.
이장락,《한국 땅에 묻히리라》(프랭크 윌리엄 스코필드 박사 전기), 정음사, 1980.

22. 김경희

〈獨立〉, 제16호, 17호, 1919. 10. 2-4.

《한국여성독립운동사》, 3·1여성동지회, 1980.

《숭의 60년사》, 숭의여자중고등학교, 1963.

《崇義八十年史》, 崇義學園, 1983.

이신덕 선생의 증언, 1987. 4. 3.

《독립운동사》, 제4권(임시정부사), 독립운동사편찬위원회, 1969.

Annual Report of Pyeng Yang Station, Korea Mission of the Presbyterian Church in the U. S. A, 1898-1911.

23. 강가일

〈信聖女學校〉, 保聖學教同窓會, 1980.

〈獨立新聞〉, 제65호, 1920. 4. 15.

《東亞日報》, 1920. 7. 5, 1922. 3. 5.

《基督教大百科事典》, 1권, 기독교문사, 1980.

《한국 YWCA 반백년》, 대한 YWCA연맹, 1976.

24. 장선희

〈新東亞〉, 제2권 7호., 1932. 7.

《만년 꽃동산-장선희 여사 일대기》, 인물연구소, 1985.

《한국여성독립운동사》, 3·1여성동지회, 1980.

한국 교회 처음 여성들
The First Women of Korean Churches

지은이 이덕주
펴낸곳 주식회사 홍성사
펴낸이 정애주
국효숙 김경석 김의연 김준표 박혜란 오민택
오형탁 임영주 주예경 차길환 허은

2006. 8. 21. 초판 발행   2020. 12. 10. 7쇄 발행

등록번호 제1-499호 1977. 8. 1.
주소 (04084) 서울시 마포구 양화진4길 3   전화 02) 333-5161   팩스 02) 333-5165
홈페이지 hongsungsa.com   이메일 hsbooks@hongsungsa.com   페이스북 facebook.com/hongsungsa
양화진책방 02) 333-5161

ⓒ 이덕주, 2006

• 잘못된 책은 바꿔 드립니다.   • 책값은 뒤표지에 있습니다.

ISBN 978-89-365-0249-2 (03230)